民國歷史與文化研究

三　編

第 **4** 冊

商務印書館企業制度研究
（1897-1949）

范軍、何國梅　著

花木蘭文化出版社

國家圖書館出版品預行編目資料

商務印書館企業制度研究（1897-1949）／范軍、何國梅 著—
初版 — 新北市：花木蘭文化出版社，2016〔民 105〕
序 2+ 目 2+236 面；19×26 公分
（民國歷史與文化研究 三編；第 4 冊）
ISBN 978-986-404-548-8（精裝）
1. 商務印書館 2. 企業制度 3. 歷史
628.08   105002073

ISBN-978-986-404-548-8

9 789864 045488

民國歷史與文化研究
三 編 第四冊   ISBN：978-986-404-548-8

商務印書館企業制度研究（1897-1949）

作　　者　范軍、何國梅
總 編 輯　杜潔祥
副總編輯　楊嘉樂
編　　輯　許郁翎
出　　版　花木蘭文化出版社
社　　長　高小娟
聯絡地址　235 新北市中和區中安街七二號十三樓
　　　　　電話：02-2923-1455／傳眞：02-2923-1452
網　　址　http://www.huamulan.tw 信箱 hml 810518@gmail.com
印　　刷　普羅文化出版廣告事業
初　　版　2016 年 3 月
全書字數　189181 字
定　　價　三編 6 冊（精裝）台幣 11,000 元

商務印書館企業制度研究

（1897-1949）

范軍、何國梅　著

作者簡介

　　范軍，男，漢族，1961 年出生，湖北省荊門市人。華中師範大學新聞傳播學院二級教授、博士生導師，華中師範大學出版社有限責任公司董事長、社長、編審，武漢華大鴻圖文化發展有限責任公司董事長，華中師範大學出版科學研究中心主任。

　　1977 年參加工作，1981 年考入華中師範大學中文系，先後獲文學學士、碩士學位和歷史學博士學位。畢業後留校工作，曾先後任《華中師範大學學報》編輯室主任、副主編，出版社總編輯。2002 年晉升編審，2003 年評爲教授。

　　主要社會兼職有中國出版協會理事，中國版權協會理事，中國編輯學會理事，中國圖書評論學會理事，中國大學版協理事，湖北省版協常務理事，湖北省編輯學會副會長。

　　獨立出版《中國出版文化史研究書錄（1978～2009）》、《中國出版文化史論稿》、《出版文化散論》、《中國古代詩歌編輯專題研究》等著作 7 部，發表專業學術論文近百篇，承擔和參與國家級、省部級科研專案 8 項，多項成果獲政府獎勵。先後獲得首屆湖北出版學人獎（2003）、第五屆全國百佳出版工作者（2004）、湖北省新聞出版系統先進工作者（2006）、首屆湖北出版政府（人物）獎（2008）、中國大學出版社首屆高校出版人物獎（2009）等榮譽，先後入選湖北省宣傳文化系統首批「五個一批」人才（2006）、國家新聞出版總署首批「全國新聞出版行業領軍人才」（2008）。

　　何國梅，女，漢族，1984 年生，江西贛州人，傳播學碩士。華中師範大學出版社編輯，華中師範大學出版科學研究中心助理研究員。主要研究方向爲出版史、出版文化等。

提　　要

　　1897 年創建於上海的商務印書館是近代中國最重要的民營出版機構。它的出版活動是近代中國文化最重要的組成部分，它的經營方式也是中國近代大型文化企業的一個楷模。其發展與興盛，在很大程度上得益於現代企業制度的探索和逐漸完善。本書作者將晚清民國時期的商務印書館置於中國近現代企業制度形成和發展的背景之下，較爲全面深入地探討了它在產權制度、組織制度和管理制度方面的嘗試，以期爲當下中國出版業的企業制度建設和改革創新提供某些啓示與借鑒。

　　本書除了前言和結語部分外，主體部分分爲四章。第一章分析了中國近代出版企業的產生與發展，對近代中國出版業的近代轉型及近代出版企業的基本形態進行了梳理，爲商務印書館的企業制度研究做了時代背景和理論基礎上的準備。第二章從企業產權制度出發，從產權歸屬、股東收益、股權流轉等角度勾勒了商務印書館產權制度建立的概貌，進而分析商務印書館的資本運營方式及其成效。第三章主要分析商務印書館的法人治理結構和直線職能型組織機構，從機構建設的角度對商務印書館的股東大會、董事會、經理層及相關職能部門的運行做了詳細的考察。第四章主要分析商務印書館的管理制度，從人員管理、財會制度建設、生產管理、促銷策略、版權管理等角度分析了商務印書館的成功經驗。最後是結語。本書認爲，雖然商務印書館在當時的背景下在企業制度方面做了諸多嘗試，也有不少成功經驗，但由於歷史的局限，亦存在不少缺憾。這些成功和缺憾，共同構成近代出版企業的商務印書館留給現代出版業的借鑒和參考。

序　言

　　一生與書爲伴，因此對出版社感情甚深。小學時代多讀開明書局所出兒童書刊，中學到大學多讀商務印書館的萬有文庫與大學叢書，及至解放以後終生從事史學工作，又與中華書局結下不解之緣。上個世紀 60 年代前期，我還曾在中華書局借住並工作將近一年，與李侃、趙守儼等朝夕相處，情逾手足，特別是對中華這家老字號增進許多認識。

　　那時北京的中華書局與商務都在公主墳附近翠微路同一幽靜院落，所以我常常把這兩家出版社聯想在一起，在我的心目中彷彿是相互映照的雙子星，在漫長的黑夜中爲國人增添了光明。當時，這兩家出版社雖然都已改爲公營，但原有的業務骨幹留用者尚多，其中有些人就是從實習生（相當於學徒）幹起的「老中華」、「老商務」，從他們身上，乃至從整個出版運營過程，仍然可以看到當年出版界兩大時代驕子的流風遺韻。也許是我情有獨鍾，甚至在共產黨派來的書局領導與重要骨幹金燦然、李侃等人身上，也可以看到商務、中華的學脈傳承。即使是在充滿偏見乃至敵意的海外學界，稍有良知者對於這兩家出版的學術佳作也不能不刮目相看。

　　我常說，好校長不如好制度，因爲好校長終將輪換，但好制度則必然留存。出版社也是一樣，出版家並非絕無僅有，但如果沒有不斷更新完善，形成一套相對合理而又穩定的制度，有些出版社雖然也曾經歷過自己的鼎盛春秋，但仍難免出現過早隕落。本書兩位作者都是業內行家，深知制度研究對於出版史與出版學的重要性。他們在前言中已經深刻指出：「在那個動亂的年代，商務印書館以人才立館，以制度建館，以文化興館，實現了傳統印刷業向出版業的進步，並進而實現了以出版業務爲主體，輻射甚廣的行業拓展，

其多元化的經營方式、產業化的管理模式，對於我們今天出版行業的集團化、多元化發展有著巨大的借鑒和指導意義。出版機構的歷史地位和社會作用，既要看他的出版物，也要看他的出版管理。而商務印書館在這兩個方面都創造了一流，留給後人太多的感慨和啟示。」

　　正如各行各業一樣，出版業已經形成巨大的改革潮流，而由於電子讀物的迅速興起，更使傳統出版業面臨嚴峻的挑戰，但對於智者勇者強者而言，這也正是革故鼎新，脫胎換骨，開拓進取的大好時機。但願有更多的出版人從商務的歷史得到有益的啟示，把出版業各項改革做得更為穩妥紮實而又勇猛精進。

　　近 30 年來，我一直致力於海峽學術文化交流，與臺灣出版界亦多有接觸。1993 年在政大執教期間，博士生中間就有錦繡出版社的副總編輯，她曾經交來一篇有關經營管理與技術更新的論文詳細提綱，使我進一步瞭解出版業與出版學的江湖之深與運營之難，現今《商務印書館企業制度研究（1897～1949）》將由臺灣花木蘭文化出版社以繁體字付印。欣悅之餘，略綴數言為序。

章開沅

甲午盛夏於桂子山

目

次

前　言

　　數字化傳播方式的轉換、更迭，使人類在傳播理念、研究範式、媒介形態等各個方面迎受了巨大挑戰。「互聯網＋」與其說是一種行業融合路徑，倒不如說首先是一種人類生存理念的進化。它所要實現的，是人類整體的融合。這就不僅將原本「各自為政」的各行各業都納入數字化發展中，而且將在更大程度上打破行業壁壘，實現以技術手段為契合點的重新組合、排列。內向化的傳播逐漸被推向外場，數字化對社會各行業都形成了技術性倒逼，承載文化傳承重任的出版業也未能幸免。如何在數字化的強大攻勢下實現自身的產業更新與升級，在內容生產、經營理念、管理方式、運營模式、渠道重建等方面擺脫困境，進行有效的自我淘汰與自我優化，是擺在傳統出版業面前的重大課題。

　　「人事有代謝，往來成古今。」借古鑒今，以史為鑒，從歷史發展的軌跡中尋找經驗與教訓，為未來發展提供啟示與參考，這對於現今出版業在面對全球化、集團化、股份化、數字化發展，力圖改革與調整以實現行業競爭力的提升顯得尤為重要。這既是由其歷史發展遵循的固有規律所決定的，也是出版業作為人類文化選擇、傳播、傳承的手段和方式所決定的。為此，我們以新中國成立以前的商務印書館為個案，剖析其何以在紛繁複雜的時代背景下，歷經幾代掌權人的努力，有意識地摸索學習西方現代企業制度的先進思想和理念，建立起具有「中國特色」的企業制度；從歷史的視角、以思辨的方式，力求盡可能客觀地觀照商務印書館在產權制度、組織機構設置及其運行、管理制度建設及其維護等方面取得的成績；並基於發展的眼光，從出版業行業更新升級的需求出發，宏觀地探究商務印書館這一成功案例給我們

帶來的啓示，並反觀當下出版業的不足與困境，試圖尋找發展的新思路和新突破。

任何事物的發展都離不開特定的時代背景和行業環境，它所處的具體活動背景和大的社會、政治、經濟、文化環境在某種程度上決定了事物發展的幅度與路徑。商務印書館作爲我國近代出版業的成功案例，是與中國近代出版企業的時代背景息息相關的。可以說，正是中國出版企業的近代化造就了商務印書館的成功，商務印書館的成功又在一定程度上推動了中國出版業走向近代化。本書首先對中國近代企業產生和發展的歷史軌跡做了梳理，進而分析了中國出版業的近代化轉型。正是在華教會和傳教士的出版活動對中國出版業的示範和影響，爲後者提供了人員、技術、組織、管理、思想等各方面的準備，國人（首先是在官方）自辦新式出版邁開了第一步。從晚清到民國，中國近代出版企業大體經歷了從業主制到合夥制，再到公司制的一個總的、大的發展趨勢。晚清創立的商務印書館，最初也只是股份合作制的小型家族式印刷所，封建家族色彩濃厚。後在夏瑞芳、張元濟、王雲五等幾代人的辛苦努力下，大致呈現出相對規範的產權制度、組織制度、管理制度運行良好的現代企業經營特徵。

現今對商務印書館的研究，多著眼於其具體的出版活動及其成果，而從企業屬性的角度研究「商務」的雖亦有出現，但它們或是側重從文化企業管理的某一個具體方面，或是從某一個具體的個人，或選擇某一個特定時段做微觀研究，而從企業制度的宏觀視角切入，對商務印書館進行專門而系統的研究尚不多見。有鑒於此，本書嘗試以現代企業制度理論爲指導，通過對史料的分析探討了商務印書館在企業制度建設上的成就，希望在挖掘商務印書館的歷史價值之時，生發出更多的現實意義。眼下，出版業已逐漸進入融合發展時代。傳統出版與新興媒體的融合發展，當堅持二者的優勢互補、一體發展，堅持先進技術爲支撐、內容建設爲根本，推動傳統出版和新興出版在內容、渠道、平臺、經營、管理等方面的深度融合。這種全面而深度融合，仍離不開出版主體的變革，離不開企業制度與運行機制的創新。

最後，需要特別說明的是，本書幸得花木蘭文化出版社同仁抬愛，即將在臺灣推出繁體字版，其情可感，其義可嘉。藉此機會，我們對原版附錄部分進行了適當調整和補充。主要是把原先收錄的商務印書館總務處、總管理處、編譯所、印刷所、發行所、研究所等組織系統圖示合而爲一，著者收錄

與商務印書館有關的研究論文部分增加了新近撰寫的《20 世紀二三十年代新聞出版企業的會計改革》一文並分列各篇，正好可補原著某些方面的不足。我們也希望，本書的臺灣版能引起臺港及海外中國出版大學者及業界同行的關注與批評。

緒　論

　　20 世紀 80 年代以來，以數字化爲表徵的人類傳播方式的更迭宣告了信息時代的誕生。在歷經了以文本方式爲主的印刷時代和以電磁波爲手段的電子傳播時代之後，人類傳播在其載體、媒介形態、功能和傳播模式上實現了巨大的範式轉換。數字時代的來臨，使信息服務產業以更爲獨立的姿態，區別於電子信息產業而獲得了高速的發展。而隸屬於信息服務產業的出版業，在內外環境的交互影響之下，亦面臨著更加複雜的生存與發展的選擇。出版競爭加劇，不僅僅在行業內部的操作層面和戰略層面呈現，更表現在相關聯行業替代品的交叉競爭以及經濟全球化所帶來的國際競爭之上。數字化帶來的出版傳播形態更替和全球化、集團化、股份化發展引發的出版改革與調整，使出版業面臨著新的競爭環境。技術、資本和市場成爲決定市場化條件下出版行業角逐的重點和動力，而完善的現代企業制度則成爲出版業競爭的內部驅動力，「制度決定高度」、「向管理要效益」逐步成爲共識。

　　出版競爭在深度、廣度和表現態勢上的與日俱增，使世界範圍內的出版集團化進程加快。20 世紀 90 年代，我國也開始了出版集團、發行集團或出版傳媒集團的組建。1992 年 4 月，山東出版（集團）總社被批准成立。迄今爲止，中國出版集團、中國科技出版傳媒集團、中國教育出版傳媒集團、上海世紀出版集團、江蘇鳳凰出版傳媒集團、浙江出版聯合集團、遼寧出版集團、四川出版集團、湖北長江出版傳媒集團等陸續獲批。我國的出版行業開始了集約化、多元化、產業化經營模式的更新，出版行業的宏觀調整和微觀改革也勢在必行。而一些單體的出版機構包括上百家大學出版社也完成了從事業單位到文化企業的身份轉化，建立現代出版企業制度被提上了議事日程。如

何推動中國出版事業的繁榮、出版產業的發展，制度變革是關鍵的關鍵，從某種意義上甚至可以說「制度決定成敗」。我國當今的出版傳媒業改革，無疑借鑒和學習了西方發達國家的經驗；但「數典未敢忘中華」，如何從中國出版史特別是近現代優秀出版企業的發展史中汲取養分、總結經驗和教訓，也是可以而且必須做的功課。這裏就有一個「路徑依賴」的問題。

「路徑依賴」理論是諾貝爾經濟學獎獲得者道格拉斯‧C‧諾斯針對制度變遷問題而提出來的。他認為，制度變遷過程與技術變遷過程一樣，存在著報酬遞增和自我強化的機制。這種機制使制度變遷一旦走上了某條路徑，它的既定方向會在以後的發展中得到自我強化。所以人們過去做出的選擇決定了他們現在可能的選擇。沿著既定的路徑，經濟和政治制度的變遷可能進入良性的循環軌道，迅速優化；也可能順著原來的錯誤路徑往下滑，甚至被「鎖定」在某種效率的狀態下而導致停滯。諾斯強調，社會文化路徑選擇與一個民族的文化傳統有關。在諾斯看來，「路徑依賴」中起關鍵作用的是文化。他尤其強調瞭解周圍，認識自己，知道自己是如何走過來的，現在到了什麼階段，然後再看有什麼可供選擇的方案以及可以選擇什麼方案。諾斯認為，改革路徑的選擇是歷史在起作用，經濟的發展也是如此。無論政治制度本身，還是信仰制度，都與歷史密切相關。它們的產生和演變受過去的影響，同時也限制了當前和過去改革路徑的選擇。如果我們不知道自己是如何走過來的，就不知道今後前進的方向。所以，對於企業改革問題的研究，十分重要的是瞭解自己的國情，瞭解自己的歷史，從以外國經驗為基礎的理論模型回到以本國歷史道路為背景的現實的選擇中來。這個道理也完全適用於出版企業的改革。晚清以降特別是民國時期出版企業產生、發展的歷史，尤其是當時出版中心上海出版業的產生、發展和壯大，也包括它的曲折、失誤，無疑都是我們今天繞不開的「路徑依賴」。而在舊時滬上的出版企業中，最具典型意義的當屬商務印書館（為求行文簡潔，下文中我們多以「商務」代稱「商務印書館」）。

於甲午戰爭戰敗之後、百日維新呼之欲出之時創辦的商務印書館，不論是在中國現代出版史還是文化產業發展史上，其璀璨與耀目都是不容置疑的。商務印書館在社會激烈動盪、內外環境複雜糾結的情勢下，順應時代發展，吸收了那一時代的各界精英和有志之士，凝聚成一支有著共同奮鬥目標和滿腔為國為民熱忱的文化衛隊，形成了權責相對明確、組織比較有效、管

理較爲科學的規範化的制度體系。儘管商務印書館並沒有明確自己近代企業的市場主體地位，其領導者也未以明確而嚴謹的出版產業理論、企業發展理論等作爲立館治館之指導，但它卻以一個時代使者的姿勢，在中國的近代化過程中，自覺或不自覺地走出了一條企業化、現代化的道路。它的諸多行之有效的規章制度以及在具體實踐中彰顯的管理理念等，都與現代企業制度有著某種程度的契合與接軌，有些實際上是自覺地學習和移植了西方現代企業制度，同時又結合中國國情加以消化改造。這種契合與接軌、學習與改造，與其說是單純的時代變革使然，是機緣巧合，不如說是商務印書館幾代領導者自覺地以開放的眼光、謙虛的態度，面向世界，審時度勢，順勢而爲，不斷吸取內外部先進經驗並積極與自身發展優勢相結合的結果。

　　1897 年至 1949 年這一段時期，雖然中國實行的並不是市場經濟，商務印書館的企業制度並沒有堅實的存在基礎和完全適宜的土壤環境，但這個期間民族資本主義的發展、市場的逐步發育，尤其是租界的存在留下的特殊空間以及外國資本主義企業的示範作用，都爲我國近代企業的生存和發展提供了有利的條件和可以仿傚的模板。從現有資料來看，這一時期的商務印書館，其法人制度是實際存在的，其核心是有限責任制度，其主要形式爲公司制，而現代企業制度所應有的產權清晰、權責明確、政企分開、管理科學的基本特徵，在這一時期的商務印書館中在一定程度上得到了體現。這一時期，商務印書館建立了相對完善的企業法人制度，它對自身的盈虧亦能自行負責，同時其出資者對商務印書館負有有限責任並建立了較爲科學的領導及組織管理制度。從這個意義上講，我們對於商務印書館的現代企業制度分析是可能的，也是有歷史意義和現實價值的。雖然從我們現在的企業觀來看，那一時期的商務印書館，其資本管理、領導體制、組織制度、管理制度還較爲初級，但是，「合夥制」也好，「公司制」也罷，相對於「原始」的混亂不堪與「傳統」的低效繁雜，相較於完全以血緣親情爲紐帶的家庭式作坊，它都更具有「先進性」和「世界性」。因而，我們對於商務印書館現代企業制度的解讀儘管還只是寬泛意義上的，但仍然具有重要的啓示作用。

　　1897 年，夏瑞芳、高鳳池、鮑咸恩、鮑咸昌等就職於洋人印務機構的同道，因爲無法忍受西人輕視華人、怠慢華人的做法，集資 3,750 元大洋（下同）於上海江西路德昌里創辦了商務印書館。1901 年，張元濟、印有模入股，實現商務的第一次增資。1903 年，商務與日本金港堂主原亮三郎等各出資 10 萬

元進行合作，後於 1905 年 12 月正式成立股份有限公司（註冊資金 100 萬元），開始了艱難而堅定的近代化進程。不論是早期合夥制的初創，還是張元濟時期對於商務體制的不斷改進和完善，乃至王雲五時期科學管理的逐步推行，商務印書館在產權制度、組織制度和管理制度方面，都走在了時代之前列，領出版企業之風騷。無論在出版文化界還是整個工商企業界，它都具有一定的典型性和代表性。

近些年來，對商務印書館及其相關方面的研究成果日益豐富，其內容涉及商務印書館的館史研究、人物研究和商務書刊的個案研究三個方面，而從企業經營的角度對商務進行探討的，專著方面目前主要有汪家熔的《商務印書館史及其它──汪家熔出版史研究文集》、法國學者戴仁的《上海商務印書館 1897～1949》以及朱永剛的《王雲五的出版經營管理思想與實踐》等。汪家熔嘔心瀝血、深入耙梳，研究了商務的一手資料，從其資本管理、經營方針、選題管理等六個方面進行整理和分析。戴仁則從出版史的角度出發，側重探討了商務印書館在中國近代出版史上的地位和對時代的影響。比較而言，前者的資料豐富、論說有據，後者則在資料上顯得單薄。兩部都是從商務的經營管理層面進行研究的代表作，但汪先生的著作更重在對史料的輯錄，因此在系統性上和理論深度上尚有挖掘空間，戴仁的著作則存在立論不穩和論述不深入的問題。朱永剛將王雲五的出版管理進行貫通研究，對其上海時期、重慶時期和臺灣時期的出版管理思想與實踐都作了梳理與總結，擴大了既往的研究範圍。而在此研究中，作者帶著強烈的問題意識，用現代眼光觀照歷史，運用現代經營管理的理論如核心競爭力、學習型企業之類來進行歷史的分析論述，使課題呈現出更多的新意和價值。但作者的年輕和實踐經驗的欠缺，以及歷史掌握和學理準備的某些不足，使得論述的問題淺嘗輒止，歷史的厚度和理論的深度皆有待加強。2012 年，由華中師範大學出版社引進版權出版的王學哲、方鵬程合著的《商務印書館百年經營史（1897～2007）》，則是對商務印書館進行縱向研究的代表。作者是兩位實業派人士，就職於臺灣商務印書館，熟悉商務歷史，實踐經驗豐富。他們對商務印書館跨越三個世紀的發展歷程做了回顧和分析，將其百年發展史分為前後兩個階段進行介紹，其歷史跨度大，涉及的範圍包括上海、臺灣、香港、吉隆坡及新加坡五處的商務發展。但該書側重於寬角度和廣視野的回望，因而在資料挖掘及整理、學理總結與理論昇華上仍顯得單薄。因此，從現有資料看，對

於商務印書館從產權、組織和管理三個方面的系統研究仍然是一個空白。但毋庸置疑的是，汪家熔和戴仁等人的著作對於本書的撰寫都是具有極大的借鑒和參考意義的。

此外，王建輝的《出版與近代文明》、《文化的商務——王雲五專題研究》對上海商務印書館企業制度的某一方面或幾個方面，也進行了或點或面的研究，且大多提綱挈領，把握到位。論文方面主要有潘文年的《20 世紀前半期的商務印書館給我國現代出版企業的啓示》(《出版科學》，2007 年第 2 期)、李映輝的《論商務印書館早期的成功之道》(《長沙大學學報》，2003 年第 3 期)等。以上研究成果從總體上來看，對上海商務印書館的企業制度研究還過於零散，缺乏全面性和系統性，縱向角度與橫向視野相結合的研究目前還沒有，從而凸顯出本書的研究價值與研究意義。

現代企業制度是以企業法人制度爲基礎，以企業產權制度爲核心，以產權清晰、權責明確、政企分開、管理科學爲條件而展開的，由各項具體制度所組成，用於規範企業基本經濟關係的制度體系。在那個動亂的年代，商務印書館以人才立館、以制度建館、以文化興館，實現了傳統印刷業向出版業的進步，並進而實現了以出版業務爲主體，輻射甚廣的行業拓展，其多元化的經營方式、產業化的管理模式，對於我們今天出版行業的集團化、多元化發展有著巨大的借鑒和指導意義。出版機構的歷史地位和社會作用，既要看它的出版物，也要看它的出版管理。而商務印書館在這兩個方面都創造了一流，留給後人太多的感慨和啓示。

需要說明的一點是，雖然本書對於從成立至 1949 年前後的商務印書館的產權、組織和管理進行了力所能及的整理和分析，但由於時代因素和社會環境的約束和影響，對於商務印書館的現代企業制度體系並不做嚴格界定，而是力圖以以史觀史的觀察視野對其進行解讀。事實上，我們無法苛求歷史，而只是做些史海拾貝的工作，力求能更加清晰地認識商務印書館在這一時期乃至很長一段時期的先進性、「早熟性」、超越性和前瞻性，以期能對我們今天出版行業的企業化、產業化和集團化發展提供有益的參考。

第一章　中國近代出版企業的產生與發展

　　上海商務印書館創辦於西學東漸、各種思潮迭起的晚清時期，起初以3,750元的資金組建而成，主要是承接印刷業務，故以此爲名。建立之初，商務僅僅是一家單純以牟利爲目的的家庭式作坊，最多算是一個合夥制的小型工場。1902年，張元濟受夏瑞芳的盛情邀請，在輔助教育的共同心願之下，離開南洋公學，開始其「永不敍用敍大用」的歷程。有著深厚儒學背景同時又受西學影響的張元濟的加入，不僅使商務在管理上、業務上有很多提升和拓展，也改變了商務作爲單純營利機構的初級形態，逐漸走上了一條有著明確的出版志願和文化自覺的道路。1903年，日本金港堂方面的股東爲轉移國內投資失利的壓力與負面影響，打算在中國投資。商務利用這一大好機會，開展了近11年的與日方合作的合資時期。與金港堂股東方的合作，使商務在技術、出版結構、出版人才等方面都受益匪淺。更重要的是，商務通過這次合作，實現了自身股本的迅速增長。王雲五的加入，使商務印書館如虎添翼。在王雲五的帶領下，儘管商務歷經諸多磨難，但仍然迎來了20世紀30年代中期的出版高峰期和事業鼎盛期。抗戰時期的商務是艱難的，雖苦苦支撐但卻始終堅持著出版的崇高使命。新中國成立之際，商務印書館在張元濟等董事的積極主導之下，順應歷史潮流，走上了新的發展道路。

　　商務印書館的出現和崛起不是孤立的歷史現象，而是有著自身政治的、文化的、經濟的包括企業發展的時代背景和歷史邏輯。有學者著眼於文化，對商務印書館的因緣際會做過這樣的分析：「在研究近現代中國出版業時，我

們必定首先會想到商務印書館，這不僅因為商務印書館開創了中國近現代出版業，更主要的是，商務印書館的歷史命運，是與整個中國近現代文化問題的探討結合在一起的。誕生於 1897 年的商務印書館其本身就是近代中國文化發展的產物。如果不是近現代中西文化的交往，如果不是 1895 年甲午戰爭失敗對廣大中國士人形成巨大的思想衝擊，如果不是戊戌變法失敗，一大批士人流落民間，就不會有商務印書館，也就不會有中國的近現代出版業。同樣，如果不是商務印書館中的一批文化人有意識地扶持和推動當時的各種文化思潮，有意識地出版各種思想文化出版物，中國的近現代文化探索，無疑也要遜色得多。翻閱商務印書館的館史資料，人們會注意到，差不多所有第一流的現代學人，都與商務印書館打過交道……甚至一些重要的政界人物，如盛宣懷、孫中山、汪精衛、陳獨秀等，也與商務印書館有密切的交往關係。同樣，影響近現代中國學術文化的許多重要著作、重要刊物，也都是由商務印書館組織出版、發行的……因此，一部商務印書館的歷史，從一個側面能夠反映出中國思想文化的近現代歷史，而且，從出版與文化史、文學史的關係著眼，將會使我們獲得單單從文化史、文學史研究中所無法獲得的新感受。」
〔註1〕在此，作者是從文化的視角探尋商務印書館產生和發展的背景、條件及貢獻，言之成理，持之有據。國內還有研究者如王建輝把商務印書館和北京大學比作中國現代學術文化的「雙子星座」〔註2〕，這裏的著眼點也還是文化。李家駒供職於香港商務印書館，作為「商務人」，他並不拘於「館見」，在其博士學位論文《商務印書館與近代知識文化的傳播》中，一方面充分利用商務的第一手豐富資料，另一方面，所「採取的學術進路和研究方法」，又超越館史之立場，而把「商務史」放置於知識史及文化史的範疇內作客觀的考察和分析〔註3〕。給李著作序的梁元生本人其實也是特別看重商務的文化史意義的。在這篇序言中，他就開宗明義寫道：「1897 年商務印書館在上海成立和開業，標誌著近代中國出版史及文化史的一個新里程。從此商務印書館走進中國近代史，並且起著轉換文化及改變歷史的作用，生產新知識、培養新國民和促進新社會的誕生。」

〔註 1〕楊揚：《商務印書館：民間出版業的興衰》，上海教育出版社，2000 年，第 2 ～3 頁。

〔註 2〕王建輝：《出版與近代文明》，河南大學出版社，2006 年，第 221 頁。

〔註 3〕梁元生：《序李家駒〈商務印書館與近代知識文化的傳播〉》，見李家駒：《商務印書館與近代知識文化的傳播》，商務印書館，2005 年。

我們知道，商務印書館屬於典型的文化企業，既有文化的屬性，又有經濟的屬性。商務人講求文化爲本，昌明教育，同時也一再聲稱「在商言商」。商務的出現和成熟、發展與壯大除了文化的邏輯，還有經濟的邏輯、市場的邏輯、企業發展的邏輯。只有這兩重邏輯在相當程度上契合，出版才有力量。「說到底，在一個市場化的文化空間中，思想是需要市場來支撐。」〔註4〕本書的主旨是研究商務印書館的企業制度，因此我們這裏有必要首先探討它生長發育的「文化土壤」以外的「經濟土壤」，有必要探討它作爲現代企業形成和發展的企業環境和內在邏輯。

第一節　近代中國企業產生和發展的歷史軌跡

作爲現代經濟微觀基礎的企業，一直受到經濟學家的高度重視。事實證明，企業的組織形態、運行機制和發展狀況對整個國家、社會的經濟乃至其它方面都有著巨大的影響。我們這裏所說的企業是基於最普遍認可的概念，它是市場經濟中的行爲主體，通過一定的組織形式集合生產要素；它是獨立進行產銷活動的經濟實體，有盈利的衝動。

有著幾千年封建社會歷史的中國，其基礎是自給自足的農業經濟，或者說就是一種自然經濟。在自然經濟占統治地位的社會，農民小生產者的主要生活和生產資料都是在經濟單位內部得到滿足的，同時也以自己的部分剩餘產品去交換那些自己不能生產的產品。這種不以交換爲目的的經濟單位，無疑有別於市場經濟條件下的行爲主體。兩千多年的封建中國像汪洋大海一樣存在著這樣的經濟組織，世代綿延、生生不息。正如馬克思在分析傳統中國社會經濟狀況時所說，在「中國，小農業和家庭手工業的統一形成了生產方式的廣闊基礎」〔註5〕。

一、傳統社會的市場經濟及其影響

說中國封建社會是自然經濟的汪洋大海，其實並不意味著數千年間中國沒有市場、市場行爲和市場經濟。「在進入近代以前的中國傳統社會，商業和

〔註4〕楊揚：《都市社會與五四運動——以民初商務印書館的知識群體爲例》，見《文學的凝視》，上海文藝出版社，2011年。
〔註5〕《馬克思恩格斯全集》第25卷，人民出版社，1975年，第373頁。

手工業都具有悠久的歷史，市場經濟曾相當繁榮。」〔註6〕中國傳統的企業組
織存在獨資經營與合夥經營兩種形式。獨資經營即所謂的業主制，在中國傳
統社會，業主制企業普遍存在於中小工商業者中，也存在於規模較大的工商
業資本家中。合夥經營即所謂的合夥制企業，包括一般合夥和股份合夥兩種。
一般合夥與股份合夥最重要的區別在於合夥資本是否劃爲等額「股份」。股份
合夥普遍存在於晉商、徽商等地方商人的商業經營之中。不過，封建時代的
商業、手工業活動中，活動主體缺乏明確的法律保護，財產權利受到家族、
社會、國家等各方面非市場規範的制約，人格的獨立是不完整的，資本與雇
傭勞動的交換關係也尙未確立。行爲主體的活動不能遵循追求利潤最大化這
種現代意義上的經濟人的行爲規範。儘管如此，傳統商業和手工業的經營結
構也是一種將生產要素組合起來進行產銷活動的組織形式，特別是明清以來
的私營商業和民間手工作坊、手工工場，更是一種以盈利爲目的的經濟組織。

　　因此，研究者認爲：「傳統商業和手工業既不同於近代企業，又有作爲市
場主體的某些共性。這種前近代社會的經濟組織在進入近代社會後仍會長期
存在，並對新式企業產生影響。」〔註7〕這種影響是廣泛的、深入持久的，也
是十分複雜的。無論是傳統社會中的官府手工業、官營商業，還是民間作坊、
工場、商號、行棧，其組織形式與經營方式，無不對近代企業造成影響。有
的新式商業企業原本就是從傳統的商號演變而來的，如上海早期的百貨店是
從傳統的京貨店、廣貨店演變而來，北京的瑞蚨祥、達仁堂等也是歷史悠久
的大商號。有的近代企業，特別是工業交通等新興產業部門，是在外國資本
主義的影響下形成的，但是傳統經濟中的合夥、合股等方式也對它們產生影
響。如早期官督商辦企業的官利制度、北洋政府時期的保息政策，都有著傳
統經濟的痕跡。

　　中國古代的書籍生產、流通與消費，在相當長的時期都不足以構成一個
行業，還稱不上「出版業」。我國古代的雕版印刷術大抵是在唐朝發明的，而
活字印刷術的出現則到了宋代。隋唐之前，「圖書的手抄生產雖有一定的組織
形態，政府部門管轄的抄書人數不少，一些書坊書肆也經常雇傭讀書人爲之

〔註6〕沈祖煒主編：《近代中國企業：制度和發展》，上海社會科學院出版社，1999
　　　年，第5頁。
〔註7〕沈祖煒主編：《近代中國企業：制度和發展》，上海社會科學院出版社，1999
　　　年，第5頁。

抄書，但畢竟不能成百上千地複製同一本書籍。……由於手抄的限制，書籍的生產和流通都難以得到發展。那時用手抄複製書籍的手段，還很難說是出版」〔註8〕。說「手抄出版」不是出版，學界並不都能認可，但由於受技術條件、生產規模的限制，這種出版的作用和影響有很大局限則是肯定的。雕版印刷的發明與普及，大大促進了出版業的形成和發展。唐宋以降的千餘年，人們對書籍的社會作用越來越重視。「文人學者用它來傳播思想，人民群眾用它儲存經驗，封建大一統國家用它來溝通信息。這種發端於民間的工藝日益成為人們日常生活中不可或缺的事業，由於它能在較快的時間內複製成百上千的一模一樣的複製品而漸漸進入流通領域，具有了商品的性質。正是從這個時候起，出版才作為一種社會的公共事業，一種手工業體系，一種文化的最新積纍手段，一種牽涉許多門類的文化分支而相對獨立出來，逐步形成了它的獨特的形式、機構、格局以及人員建制。」〔註9〕從宋代開始，如果以經濟形態進行劃分，則整個社會的出版系統大致可以分為官刻、私刻和坊刻，即官辦的正式出版機構、私營以及商辦的書坊書肆。「這種三分天下的形式，自宋始，中經元、明，迄清朝鴉片戰爭前後，到最後為新的出版機構替代前，歷時 900 年左右。」〔註10〕不同的刻書機構，經營的目的是不一樣的。相比較而言，書坊刻書帶有更濃厚的經濟色彩。書坊的出版大多以盈利為目的，往往擁有自己的寫工、刻工和印工，組織形態較為完整。它們往往前店後場，自己編輯、校讎、寫刻，自己售賣。這是我國開始最早、分佈最廣、印書數量最大、內容豐富實用、形式多樣的民間出版機構。但是從總體來看，中國古代的各類刻書經營未成規模，管理缺乏制度，與西方相比有著明顯的差距。「印刷在西方社會中，主要是一種營利行業，隨著工業革命而發展為一種龐大的出版工業，成為大眾傳播的主要工具。而在中國傳統社會中，印刷術的主要功能並非牟利，卻總含有一種很強烈的道德觀念。包括毛晉在內的歷代私人刻書家以至國家最高出版機構——國子監在印書時，並不善經營，只強調刻書對知識的傳播和文化保存，重義輕利被認為是人生的一種美德，所謂『傳先哲之精蘊，起後學之困蒙，亦利濟之先務，積善之美談』。……圖書發行基本聽任民間自行其是，各級政府幾乎無所作為，故圖書產量不低，然而

〔註 8〕宋原放、李白堅：《中國出版史》，中國書籍出版社，1991 年，第 65 頁。

〔註 9〕宋原放、李白堅：《中國出版史》，中國書籍出版社，1991 年，第 65 頁。

〔註10〕宋原放、李白堅：《中國出版史》，中國書籍出版社，1991 年，第 65 頁。

流通渠道不暢，獲得艱難，民間的圖書發行業單打零敲，難以上規模成氣候。各級政府管理不力，書坊剽竊、盜版、擅刻、擅改屢見不鮮，認真總結這些歷史教訓，至今仍有現實意義。」〔註11〕顯而易見，中國近現代出版的轉型，民營出版業的發展，從體制、制度方面得益於傳統書業者並不多。當然，傳統的業主制出版機構在近現代得以延續，豐富了現代出版企業生態，有的如亞東圖書館還創造了堪稱輝煌的業績。

二、從傳統的自然經濟向資本主義經濟的轉軌

企業無不是隨著市場的發育而發展的。嚴格意義上來說，企業是市場經濟中才存在的市場主體。專家認為，「這種市場主體的形成和發展在中國歷史上有兩次高潮：第一次是在近代發生的傳統的自然經濟向資本主義經濟的轉軌；第二次是當前發生的傳統計劃經濟向社會主義市場經濟的轉軌。就企業的本質和特徵而言，兩次轉軌所提供的歷史機遇有相似之處」〔註12〕。

與西方國家的企業發展相比，我國近代的企業制度演變有自身的特點和不同的軌跡。它不是簡單地沿著業主制—合夥制—股份制的軌道演進，而是相互交織，三軌並行。「其一，大批傳統的商業、手工業組織繼續存在，隨著市場的拓展和它們本身的壯大，其組織形式由傳統的業主制、合夥制緩慢地發展為股份制。其二，近代中國資本主義基本上是在外國資本主義的影響和刺激下產生的，因此在移植西方近代技術的同時，直接採用了西方的股份制形式。股份制在整個社會經濟發展水平尚低的情況下，在某些領域卻有相當的發展，不僅外國資本的托拉斯、跨國公司進入了中國，而且中國本國資本中也形成了企業集團。其三，中國早期近代化是由一批洋務派官僚推動，在政府主導下進行的，從一開始就採用了國家資本主義的官辦企業的形式，在民國時期國家資本企業在金融、貿易和工業領域形成了壟斷。既然是三種路徑一起走，那麼近代中國企業制度的多重性就同一般演化過程中的多重性不一樣。一方面是低層次的企業形式普遍存在，另一方面相對於經濟發展水平而言，企業制度又呈現出早熟性。在工商業比較發達的上海，這一特點更為

〔註11〕蕭東發：《中國圖書出版印刷史論》，北京大學出版社，2001年，第343～344頁。

〔註12〕沈祖煒主編：《近代中國企業：制度和發展》，上海社會科學院出版社，1999年，第4頁。

突出。」〔註13〕

　　從企業自身的建立和發展來看，中國近代的企業組織形態也隨著經濟近代化的發生發展而開始了由傳統向近代的變遷。近代中國是一個新舊雜存，圖新並不完全棄舊的特殊歷史時期。一方面，那些傳統的企業組織形式並沒有消逝，而是與它們所適應的經濟形態即手工業、傳統的商業、錢莊等一起存續下來，並表現出頑強的生命力和適應能力，且在數量上還一直居於多數。即使在近代化程度最高的上海，絕大部分中小商店都是獨資或者合夥經營的。而以獨資或合夥形式經營的錢莊，在上海開埠以後直到 1927 年以前，一直處於發展之中。但另一方面，作為近代企業組織形態的股份公司的引進及其在中國的發展，又構成了中國經濟近代化轉型的最重要的內容，它所帶來的制度創新和發展才是更具有革命性意義的。

　　股份制企業在近代中國的產生和發展有著自己特殊的土壤環境和歷史軌跡。所謂股份制企業，就是以股份形式將社會上分散的私人資本和其它形式資本集中起來設立的企業，是商品和信用經濟發展到一定階段的產物，是社會化大生產時代的標誌。「1872 年輪船招商局的誕生，標誌著這種從西方引進的新型企業資本組織形式開始在中國社會中出現。此後，由於這種資本組織形式具有集資廣泛、迅速以及集資成本低、適應生產社會化發展的要求等特點，逐漸發展成為近代中國新式工商企業主流的資本組織形式。」〔註14〕作為一種資本組織形式的股份制，在中國近代並非以單一的方式出現。例如，從存在時段、籌資形式、資本來源、資本性質和經營主體等方面考察，中國近代的股份制企業就至少出現過官督商辦、民間資本和國家資本股份制三大類型。幾類股份制企業往往以先後遞進、交叉並列的方式存在於近代中國。

　　近代中國最早出現的股份制公司是在通商口岸由外商開辦的，大多是洋行，如英商怡和洋行、寶順洋行、廣隆洋行、美商瓊記洋行、旗昌洋行等等。中國人關於公司制的實踐是在外商股份制公司中「附股」。這種情況在第一次鴉片戰爭之前就開始出現了。「華商附股為中國人自己投資創辦公司作了理念上和實踐上的準備。19 世紀 70 年代以後，當中國人倣仿西方公司創辦企業時，

〔註13〕沈祖煒主編：《近代中國企業：制度和發展》，上海社會科學院出版社，1999年，第 7～8 頁。

〔註14〕朱蔭貴：《中國近代股份制企業研究》，上海財經大學出版社，2008 年，第 1頁。

其主持者大多有過『附股』的經歷。」〔註15〕到洋務運動時期，中國人開始自辦公司，起初就是官督商辦性質的企業。這類股份制企業肇始於 1872 年成立的輪船招商局。該局的股本主要是依靠向社會募集商股，1873 年，額定的資本白銀 100 萬兩，先招收 50 萬兩，分作 1000 股，每股白銀 500 兩。當年實際招得 47 萬兩，至 1882 年，招足了全部資本。步輪船招商局後塵者，股份制企業後來漸成氣候。到 1903 年，在航運、採掘、紡織、保險等行業中，總共出現了 38 家官督商辦企業〔註16〕。這種官督商辦的企業不是依據法律註冊，而是經過官員奏准設立，屬於公司發展的特許主義階段，帶有舊時代、舊制度的明顯印記和歷史局限。

　　1904 年是中國企業發展史上一個重要的年份，清政府頒佈了《商人通例》和《公司律》，由此基本確立了公司制的準則主義原則，中國人的自辦公司才真正被賦予了法人資格。《公司律》頒行之後，清政府商部頒佈了《公司註冊試辦章程》，國人自辦公司開始註冊登記，公司的數量也就得以統計。晚清到民國，公司的數量一直在不斷增長之中。1904 年至 1911 年底，全國登記註冊的公司大約在 410 家，其中股份有限公司比重最大。1904 年～1908 年間的 228 家註冊公司中，股份有限公司達 153 家，占總數的 67.1%。在 1912 年～1927 年間註冊登記的公司數量上陞到 2008 家，在 1927 年～1938 年間，註冊的公司數量更達到了 3,015 家。從行業分佈來看，這些公司的註冊成立又與中國近代經濟的發展構成和趨勢相一致，反映了近代工商業的發展進程。如 1904 年～1912 年的 502 家註冊公司中，製造業公司最多，達到了 149 家；其次是商業服務業，為 122 家；再次是農、林、牧、漁業，為 114 家；最後是運輸業、金融業和礦業，分別是 37 家、61 家、19 家〔註17〕。數量只是一個方面，其實企業的品質、實力、規模、影響才是更重要的。實際上，近代中國企業的組織形態是業主制、合夥制和股份制三者並存。比如 1931 年時，上海各類企業中，獨資企業總數達 760 家，合夥企業數達 793 家，分別占這一時期全部企業總數 1,883 家的 40.36%和 42.11%。但其資本額占比重卻比較小，獨資企

〔註15〕 江滿情：《中國近代股份有限公司形態的演變——劉鴻生企業組織發展史研究》，華中師範大學出版社，2007 年，第 21 頁。

〔註16〕 杜恂誠：《民族資本主義與舊中國政府（1840～1937）》，上海社會科學院出版社，1991 年，附錄。

〔註17〕 張忠民：《艱難的變遷——近代中國公司制度研究》，上海社會科學院出版社，2002 年，第 250～271 頁。

業資本總額僅占全部資本總額的 5.64%，合夥企業資本額占比也只有 22.88%，二者相加也才 28.52%。〔註18〕可見，在經濟中是否占主導地位並不取決於企業的數量。到國民政府時期，股份有限公司已經發展成為中國近代企業最重要的組織形式，代表著近代企業發展的趨勢與方向。

上述中國近代經濟和企業發展的演變，構成了中國傳統出版業轉型的經濟土壤和企業環境。當然，出版業和其它企業相比，有一般企業的共性及相似軌跡，同時也有自己獨特的社會的、文化的，包括經濟、企業的內在邏輯，及其轉型的內外部因素。

第二節　中國出版業的近代化轉型

從企業組織的角度說，中國傳統出版業無疑是以獨資為主，兼有合夥經營的特點，從技術、形式、內容、貢獻及影響來說，則也有自己的獨特方面。「以木板刻印為出版技術特徵，以線裝暨排為裝訂排版形式，以經史子集為主要出版內容的傳統出版業，自唐代以降，千餘年連綿不絕，在繁榮中國傳統學術文化、促進世界文明進步方面，作出了巨大貢獻。若不是 1840 年的鴉片戰爭，古老中國在西方列強武力的衝擊之下，被迫開始近代化之旅，傳統的雕版印刷也許還會像往朝歷代一樣，波瀾不驚地緩步前行。然而，歷史是不能假設的。1842 年 8 月清朝政府與侵略者簽訂的城下之盟，決定了中國社會再也不可能按照自己固有的方向繼續發展，中國古老的傳統出版也在中國社會的近代化進程中，開啟了行業變革的歷史新途。」〔註19〕這個轉型當然包含了十分豐富複雜的因素，包含了「技術的新手段，經營的新方式，出版物的新內容，出版觀的新調整，出版職業的新確立，出版體制的新變遷，出版佈局的新轉移，出版文化的新遞演」〔註20〕，等等。拿技術來說，它就是最活躍的出版生產力要素。近代石印技術的傳入與推廣，鉛印技術主流地位的確立，都極大地促進了我國印刷業的快速發展，同時也對圖書裝幀形態等產生了重要影響。不過，這裏我們更關注的是作為出版企業制度如產權制度、組織制度、管理制度的近代化問題，即它為什麼轉型，又是如何轉型的。

〔註18〕陳真編著：《中國近代工業史資料》（第四輯），生活·讀書·新知三聯書店，1961年，第 58 頁。
〔註19〕吳永貴編著：《中國出版史》（下冊），湖南大學出版社，2008 年，第 3 頁。
〔註20〕吳永貴編著：《中國出版史》（下冊），湖南大學出版社，2008 年，第 25 頁。

一、在華教會和傳教士出版活動的影響

「從歷史上看，中國新式出版的起步，不是源於傳統出版內部條件的自身成熟，而是來自外力的強力推動。新式出版最初發軔於外國傳教士的出版活動。」〔註21〕在鴉片戰爭之前，西方傳教士在華的文字出版活動就已起步。1813 年來華的倫敦會傳教士米憐，主要工作就是協助馬禮遜將翻譯的著作刊刻印行。第二年他們得到了大英聖經公會近四千美元的資助，在澳門辦印刷所並出版了 2,000 本木刻新約聖經，還有其它一些小冊子。1815 年，又在東印度公司資助下出版了馬禮遜編撰的漢英字典和英漢字典，全三卷至 1923 年出齊，計有 6 大本 4,595 頁。在報刊方面，則有郭士立 1833 年在廣州創辦的《東西洋考每月統計傳》（後來遷往新加坡發行），這份報刊被戈公振稱爲我國現代報刊的「第一種」。此外，還有熱心文化出版活動的公理會的裨治文於 1832 年在廣州創辦的英文報刊《中國叢報》（亦譯《中國文庫》或《澳門月報》），直到 1851 年停刊，歷時長達 20 年。〔註22〕

1840 年鴉片戰爭之後，古老中華帝國的大門被西方列強打開，清政府原先對傳教士的禁令逐步解除，各國傳教士紛紛湧入中國各地，特別是通商口岸城市。據統計，至 19 世紀後期，來華的各教會團體約有八十多個，基督教的傳教士僅 81 人；但到了 1890 年，便增加到一千餘人。這批佩戴十字架的傳教士進入中國，除了興建學校、開辦醫院以外，還辦報刊、設書局，創建了不少的新聞出版機構。具有現代概念的出版社傳入中國及其發展演進的過程，和基督教傳入中國的路線與過程有相當程度的契合。葉再生《現代印刷出版技術的傳入與早期的基督教出版社》指出：「最早的一批出版社是基督教出版社。它首先出現在澳門和南洋一帶城市，然後遷移或發展到香港、廣州，並從這些地方擴展到上海、福州、寧波等沿海港口城市，最後深入到中國內地，並逐步向上海集中。基督教出版社在中國的創辦，其模式，包括編輯工藝、經營管理方法等等，是從當時的英美移植來的。」〔註23〕

英國倫敦教會的傳教士麥都思 1843 年在上海創設了著名的印書機構——

〔註21〕吳永貴編著：《中國出版史》（下冊），湖南大學出版社，2008 年，第 25 頁。
〔註22〕參閱姚民權、羅偉虹：《中國基督教簡史》，宗教文化出版社，2000 年，第 59
～62 頁。
〔註23〕葉再生：《現代印刷出版技術的傳入與早期的基督教出版社》，見中國近代現
代出版史編纂組編：《中國近代現代出版史學術討論會文集》，中國書籍出版
社，1990 年，第 48 頁。

墨海書館〔註 24〕。這是上海最早擁有鉛印設備的編輯出版機構，也是中國內地第一個使用鉛活字機器印刷的機構。墨海書館的館址設在上海縣城東門外。1845 年英租界開闢以後，倫敦教會購進山東路一段為地基，墨海書館於 1861 年遷至這裏的麥家圈。王韜就曾在這家書館長期供職，從 22 歲到 34 歲一直擔任編輯工作。該書館從 1843 年開辦，前後存在了二十多年，出版印行了《聖經》等宗教讀物和一些科學啟蒙書籍，還辦有由偉力亞烈主編的月刊《六合叢談》，影響頗為廣泛。

美華書館是我國近代出版史上又一家重要的印刷出版機構，由美國傳教士創立，前身是 1844 年美國基督教（新教）長老會派在澳門開設的花華聖經書房。1845 年遷往寧波，並更名為美華書館；1860 年再遷移到經濟與文化都更繁榮的上海，地址在上海北京路 18 號（江西路口）。作為當時規模最大的出版印刷機構，美華書館有工人一百多名，印刷及相應設備精良先進。其所使用的鉛字及活字有大號、中號、小號和極小號等幾種，並將鉛字分為常用、備用和不常用幾類，常用字最多，足夠同時排印幾部書籍。在當時，美華書館規模大、出版物多，在出版界具有壟斷地位。據統計，至 1897 年間，該書館總共發行圖書 40 萬冊，其中 24 萬冊為傳教的勸世文。後期的美華書館館址，改在上海牯嶺路 80 號，已經改由中國人經營。最後在 1923 年，美華書館出盤給了商務印書館。

美國紐約長老會 1861 年還在上海設立了清心書館，又稱清心書院。該書館開辦較早，早期還是以教育為主，1875 年後出版了《小孩月報》、《圖畫新報》兩種期刊。商務印書館的創辦人夏瑞芳、鮑咸恩、鮑咸昌都曾就讀於清心書院，並結為好友。其中，夏瑞芳是 11 歲隨母到上海，入清心堂讀書，三年後入清心書院，半工半讀，並開始信仰基督教。後來又先後在兩家英文報館擔任排字工作。這些無疑對其後來的商務創設及運作產生了直接的影響。這一點後文我們還會論及。

從 19 世紀初葉到清王朝覆滅的約百年間，西方傳教士在中國共辦了 57 家出版印刷機構〔註 25〕。有的是依託於布道站的，如前面提及的墨海書館；

〔註24〕關於墨海書館的創立時間，學術界有不同的說法。熊月之《西學東漸與晚清社會》（上海人民出版社 1994 年版）認為是 1843 年 12 月（見該書第 183 頁），潘建國的博士後報告《清代後期上海地區的書局與晚清小說》（未刊稿）（國家圖書館收藏）認為是 1844 年（見報告第 1 頁）。

〔註25〕胡國祥：《近代傳教士出版研究》，華中師範大學出版社，2013 年，第 141～

有的是作爲教育機構、慈善機構或醫療衛生機構的附屬，如 1880 年的汕頭英國長老會書館；當然也還有比較單一的或以印刷出版爲主要任務的機構，如美華書館、福州衛理公會書館、廣學會，等等。這些書館、印刷所中，基督教新教創立的爲多，占到了 81%，其餘爲天主教會所設立。它們分佈極爲廣泛，除了通商口岸、繁華都市，遍佈全國許多地區，北至東北有 1881 年成立的牛莊哥倫比亞小書館；南到臺灣有 1884 年臺南英國長老會書館，還有 1890 年設立的海南島長老會書館；西邊則有 1905 年創辦的喀什福音堂印書館。

傳教士在華出版活動帶有鮮明的「事業」性質和「非營利性」特徵，其主要的使命是宣傳宗教教義、傳播上帝福音。「其出版的經費主要來源於各種不求經濟利益回報的資助。這些資助有教會的資助、社會的捐助以及傳教士個人的無私奉獻。從經費的直接來源看，教會資助是主要的。」在管理上往往實行簡單的成本管理，「如英華書院在印刷宗教品時一直實行印刷成本加 10%的方式收取印刷費。在管理形式上傳教士出版機構多採取社團管理而非企業管理的形式，實行董事會、委員會制和秘書（總幹事）制。這裏的董事會不是如企業一樣以資本爲基礎的董事會，而是一種以身份和地位爲基礎的事業機構董事會。特別是無論是董事會成員和秘書、幹事，甚至是一般工作人員（除中國雇員外），他們往往是不支領薪水的」〔註26〕。這些機構雖爲非營利性的，但純粹由教會補貼、不計成本的爲數極少，因此它們仍然十分重視加強經營管理，確保效益。

傳教士在華出版活動本質上是一種殖民主義文化侵略活動，但它在客觀上促進了中西文化交流，對於長期處於封建思想禁錮下的中國讀者來說具有極其深刻的啓蒙作用。中國傳統出版業的近代轉型一是體現在技術上，二是體現在經營管理上，三是體現在人才培育上。

石印技術和鉛印技術都是隨著外國人的印刷出版活動傳入中國的。1827 年廣州出版的《廣州記錄報》是用英文鉛字印刷機印製的。英華書院 1843 年從馬六甲遷來香港，是中國第一家擁有中文鉛字設備的印刷機構。1853 年創刊的《遐邇貫珍》，就是用英華書院鉛印設備印刷的。石印技術在鴉片戰爭前夕引入我國，1838 年創刊的《各國消息》就是石印出版的，當時在廣州已有

142 頁。
〔註26〕 胡國祥：《近代傳教士出版研究》，華中師範大學出版社，2013 年，第 147～148 頁。

石印機三臺。鉛印和石印技術的引進爲國人辦報刊、辦書局創造了有利條件。「近代出版的發展是一種由傳統的非商業性出版向商業性出版發展的過程。商業出版對於印刷的要求就是有速度、有規模，就是高效低價，只有以機械活字爲主要特徵的近代印刷才能滿足這種要求。近代印刷業的發展爲近代出版業的發展提供了土壤，也提供了必要的技術條件和產業支撐。換個角度也可以說，中國近代出版業的發展是從印刷近代化開始的。而在中文印刷近代化的過程中，傳教士作出了重要貢獻。」〔註27〕此說言之成理。

　　傳教士的編譯出版機構大多具有西方同類機構的特點。在組織模式上，或採用公司制，或採用會社制，規模較大者還實行股份制，設立類似於董事會的管理部門。其最典型者當屬 1887 年設立的同文書會（1892 年改爲「廣學會」）。它由英、美、加拿大等國的傳教士、商人、海關和外交官員等 39 人聯合發起，由時任中國海關總稅務司的英國人赫德任總理。次年成立董事會，以赫德爲會長，德國駐上海總領事福克爲副會長，英國傳教士韋廉臣爲督辦。其它機構不如同文書會那樣典型，但亦具有程度不同的類似模式特徵。英華書館於 1843 年由馬六甲遷至香港，1847 年再遷上海，始終保持著原有組織模式；益智書會由外國傳教士與英美商人聯合開辦，具有類似於同文書會的會社組織模式。這些印刷出版機構，在經營管理方面大多具有比較健全而明確的分工，設有行政領導、翻譯編輯、印刷和發行等部門或專職人員。各機構一般多由主辦教會委派行政領導或聯合發起者組成董事會，負責機構的全面工作；再由行政領導者聘請翻譯和編輯人員，專事編譯工作。有的機構自設印刷所和發行部，亦均聘專人負責。〔註28〕

　　教會出版機構培育了新式的中國出版人，如黃勝、梁發等，而王韜則是其中一個典型代表，至於商務印書館所謂「教會派」中諸元老得益於教會出版印刷機構的培養甚多，是不言自明的。

二、外國在華商人從事出版活動的示範作用

　　外國傳教士在華出版活動主要是事業性質的，也有少數採取了企業經營

〔註27〕胡國祥：《近代傳教士出版研究》，華中師範大學出版社，2013 年，第 147～148 頁。

〔註28〕虞和平主編：《中國現代化歷程》（第一卷），江蘇人民出版社，2007 年，第 88 頁。

模式，但眞正從企業制度、出版經營的角度爲國人辦出版提供經驗和樣板的應該是外國商人創辦的新聞出版機構。中文商業報紙的迅猛發展給國人辦報辦刊出書更爲直接的刺激和啓示。19 世紀後期，由外商創辦的中文商業報刊在上海出現，其中最早的一份是北華捷報館於 1861 年 11 月 19 日創辦的《上海新報》。該報由字林洋行出版，初爲周刊，1862 年 5 月 7 日起由周刊改爲周三刊，初創時日約銷售 300 份。外商所辦商業報紙影響最大的要數《申報》以及《字林西報》、《新聞報》。我們過去研究這些報紙、報館以及報人，往往僅限於新聞傳播史的視野，其實它們所具有的企業史的價值與出版史是同等重要的。文化機構的企業化是近代中國的一個新趨勢、新變化。所謂企業化，就是按照資本主義商品生產與商品流通的規律與方式來經營文化事業，從而在科學管理和規模效應的基礎上通過大批量生產以降低成本來達到佔領和擴大市場並獲取利潤的目的。這裏我們重點看看《申報》的新聞理念、出版理念和經營管理。〔註29〕

《申報》是英國商人安納斯脫·美查等人集資創辦的。1872 年 4 月 30 日，《申報》（初名《申江新報》）創刊，起初爲兩日刊，從第五期起改爲日報，用毛太紙單面印刷。1874 年 9 月 11 日起，《申報》開始增加篇幅，更換紙張，改用賽連紙印刷。1877 年 6 月 20 日，《申報》再次擴寬版面。自 1879 年 4 月 27 日起，《申報》取消每周休刊一天的辦法，星期日照常出刊。1884 年，《申報》業務上進一步改進，篇幅進一步擴充，新聞報導進一步加強，紙張質量進一步提高，帶來的效果是讀者增加、廣告激增，效益大幅上升。

美查是一個商人，建報館、出報紙的目的是賺錢，「在商言商」是其從事出版活動的明確理念。但要賺錢，就得面向市場，贏得讀者和廣告客戶，因此美查對報紙的質量與社會影響就非常重視。《申報》創刊之前，美查曾派與王韜相識的錢昕伯去香港考察學習中文報紙的經營運作情況。報紙創刊後，他將編輯大權交給蔣芷湘、錢昕伯等中國文人。在外國人所辦的報刊中，一直由中國人主持筆政的，這是第一家。在美查的精心策劃下，《申報》發行量不斷上升。在廣告、發行等報業經營上，《申報》積纍了不少經驗。在創刊的第一年內，它採用廉價銷售的營銷策略，本埠每張 8 文，外埠 10 文，蔓售 6 文，還雇傭報童在街頭叫賣。出版不滿半年，日銷售數已達 3000 份以上，並

〔註29〕參閱方漢奇主編：《中國新聞傳播史》（第二版），中國人民大學出版社，2009年，第 58～61 頁。

從上海滲透到江浙等地。1873 年，《申報》進一步加強外埠的發行工作，先後在杭州、福州、廣州、北京、長沙、沙市、宜昌等城市設立分銷處，聘請經理人員負責該報在當地的發行事宜。沒有設分銷處的地區，則委託信局代郵。1877 年 6 月 20 日，《申報》刊出告白，宣佈該報每日銷數約爲八九千份。這在當時是很了不起的數字。《申報》還積極宣傳廣告的作用，向社會招刊廣告（即告白），廣告收費 50 字起碼，每天收費 250 文，字數多、刊期長的費用遞增，以鼓勵各界人士踴躍刊登廣告，充分挖掘了報紙「二次售賣」的價值。

　　我們還需要特別關注的是《申報》的產權制度、組織制度、商業化運作等方面的內容。這種新的制度建設對於中國本土的民族民間報業、書業的引導與示範作用是極其重要的。資本主義爲報業帶來了充足的資金、先進的技術與廣闊的市場。資本主義生產關係滲透到報紙生產的全過程，使報紙的商業化傾向在內部機制上集中體現爲一種資本主義企業生產性質。正是在這個意義上，列寧說過：「資本主義使資產階級報紙成爲資本主義企業。」〔註30〕這一點在《申報》那裏確實也體現得比較充分。美查是 1871 年（清同治十年）開始著手《申報》的籌備工作的。「他和他的三位友人每人出股銀四百兩，合共銀一千六百兩。這三位朋友的姓名是：伍華特（C.Wood　Word）、普萊亞（W.B.pryer）、麥基洛（John Mohuon）。合約中指明，此項股款專爲投資於印刷機器、鉛字及其它附屬設備之用，並詳細規定四位股東的權利和義務。股款銀一千六百兩，雖由四人分攤，但因美查負實際經營責任，故規定：凡盈餘及虧耗皆劃爲三份，其中美查獨佔兩份，餘三人則合佔一份。如報紙盈利，美查得兩份；如有虧損，美查所負亦多。該合約係手寫，一式四份，《申報館內部通訊》第一卷第十期內，刊有該合約的影印字跡。」〔註31〕這類似商務印書館最初的股份合夥制。從這份合約看，資產所有權和經營權相對分離，股東間責權利分明。到 1888 年，申報館「添招外股」，改爲股份公司。來華外國人辦報辦刊，在資金籌措上一般都是採用個人集資、合夥集資或招股集資的方式。創刊較早、規模不大的報刊，一般由創辦者個人出資和教會資助；創辦較晚、規模較大的報刊，則多以合夥和招股集資爲主。如《萬國公報》，

〔註30〕轉引自張隆棟、傅顯明編著：《外國新聞事業史簡編》，中國人民大學出版社，1988 年，第 78 頁。

〔註31〕徐載平、徐瑞芳：《清末四十年申報史料》，新華出版社，1988 年，第 3～4 頁。

出資者多爲傳教士，是傳教士集資創辦的；1886 年創設的天津《時報》，其資本由天津海關稅務司德璀琳與怡和洋行總理笳臣集股而得。

需要特別關注的是，申報館不僅僅是辦一份報紙的報館，它實際是一個按照現代企業制度進行運作的文化產業集團，實行的是集團型的規模化經營。我們從後來商務印書館身上不難看出某些申報館的痕跡，無論是企業的多元化經營、報刊與書籍的互動，還是各地分支機構的建立，亦或是對讀者、市場、廣告的高度重視，等等。申報館在國內率先出版了以圖畫爲主的刊物，這就是 1877年 6 月 6 日創刊的《寰瀛畫報》，開一代刊物新風。1884 年 5 月 8 日，報館又創辦了著名的《點石齋畫報》，由風俗畫家吳友如主編，內容以新聞時事畫爲主，兼刊人物及風俗畫和銅版照片，繪印精美，爲同時期其它畫報所不及，先後出版 13 年之久。申報館兼營書籍出版業務，成績顯赫。1872 年 10 月 16 日，申報館公開發售本館刊印的第一本書《王洪緒先生外科證治全生集》。之後，申報館出版一套鉛印的《聚珍版叢書》，先後刊行 160 多種，大多是頗有價值的瀕臨失傳的孤本名著，此舉爲保存中國傳統文化作出了貢獻。1874 年開辦附屬機構申昌書局。1876 年，美查創辦點石齋印書局。1878 年 12 月 30 日，《申報》爲點石齋印書局裝備了進口石印機器。1884 年，《申報》設立上海圖書集成印書局，著手用鉛字翻印叢書《古今圖書集成》。1888 年，用扁體鉛活字排印的《古今圖書集成》大功告成，共 1 萬卷，分訂 1,628 冊，有「康熙百科全書美查版」之稱，對保存中國古代文化遺產作出了積極貢獻。

早期的申報館無疑是以報紙出版爲主業的，但它同時特別注重期刊和圖書的出版發行。「《申報》在媒體的選擇上，由報而刊而圖書實現多媒體兼營，每一步相隔約半年。」報館之所以出版圖書和期刊，出發點還是爲了發展，營業目的不外是謀利盈利，滿足讀者多方面的市場需求，注意到當時中國人傳統的閱讀方式還是書籍的這個現實。而這種多樣化的出版策略又是很經濟的，「首先，利用報館現有機器印刷設備來印刷出版圖書，是對於報館剩餘生產力的一種調劑，即用剩餘生產力來印刷圖書。同時，也是書和報的互動與優勢互補，是多種營業的互利互動，多種營業互動才能有效地取得效益」。因此之故，申報館不僅辦了當時最有影響的商業報紙，而且也「是商務印書館創建之前中國最重要的期刊和圖書出版機構之一」〔註 32〕，以至有人說它壟

〔註 32〕王建輝：《申報館：報業之外的圖書出版》，載《中華讀書報》，2002 年 6 月12 日。

斷了中國近代出版近三十年。

　　申報館對我國近代出版還作出了技術上的突出貢獻，「是它將先進的西洋印刷技術投入於近代中國出版事業」，「由於它擁有當時最先進的印刷設備和最雄厚的資金，故在技術上對於中國近代出版的推進是客觀存在的事實」。人們知道，石印技術對我國近代新聞出版業發揮了極其重要的影響，有人認爲這個技術是由傳教士開辦的土山灣印書館最先引入，也有人認爲是通過申報館首次運用的。「不管是誰在中國最先引入石印技術，申報館最先採用石印技術出版書冊以及它對於中國石印技術的推動，是無可懷疑的。一方面用石印來印刷中國古籍圖書，尤其是大部頭的工具書，比原來用木板刻書，成本低而出書快，容易推銷，也就容易獲取利潤。另一方面同時也就推廣了石印技術，刺激了中國近代印刷業的發展。」〔註33〕後來以印刷起家的商務印書館，以圖書出版起家但高度重視印刷的中華書局，對於現代印刷技術的關注，先進印刷設備的引進、改造和創新，顯然都是有所師承的。

　　1889 年，就在《申報》業務日益興旺，所屬的出版事業蒸蒸日上的時候，美查因年事已高，將申報館旗下所有企業包括工廠、報館和三家書局，改組爲美查股份有限公司，變賣了《申報》的股權，收回本利約合白銀十萬兩後回到了自己的國家。前期《申報》時期（計 17 年）於此結束。新成立的美查股份有限公司設立董事會，由董事 4 人、經理 1 人主持，其中有 1 名中國籍董事。《申報》由外國人獨資報紙轉爲中外合資經營的報紙。隨著商務印書館等民營出版企業的崛起，申報館逐漸退出圖書出版領域而專營報業。

　　就市場化運作來說，略晚於《申報》的《新聞報》也可圈可點。它一創立就形成了對《申報》的巨大衝擊，展開了滬上報業的商業戰。該報是 1893 年 2 月 17 日創刊的，初爲中外合資性質，後來全部股權歸英商丹福士所有；到 1899 年 11 月，美國人福開森買下了該報；1906 年，新聞報館改組爲公司。《新聞報》創刊伊始，就同《申報》展開競爭。該報採用低價推銷辦法，報費每日銅錢 7 枚，比《申報》便宜 1 枚。在廣告業務方面除了主動兜攬，甚至採取非正當手段搶奪《申報》的客戶。1893 年 12 月，《新聞報》開始出版畫報單頁，隨報附送石印畫報以爭取讀者，此屬開先河之舉。該報每月還附送總目一張，便於讀者裝訂成冊。在此基礎上，《新聞報》於 1894 年 4 月創

〔註33〕王建輝：《申報館：報業之外的圖書出版》，載《中華讀書報》，2002 年 6 月 12 日。

刊《新聞報館畫報》。1894 年，《新聞報》剛剛出版一年，發行量就由初期的
300 份增加到 3,000 份，僅次於《申報》，位居第二。後來，它在商界的影響
力甚至超出《申報》。比起《申報》來，上海商民更喜歡《新聞報》這種商業
味道更濃的報紙。「這時候，上海商界，不論操何行業，他們所看的報紙，總
是《新聞報》。上海是東亞第一個大商埠，商人在全年人口統計裏，約占十分
之六。這十分之六的商人，他們每天愛讀的報紙，《新聞報》最少佔有十分之
八的勢力。」〔註34〕該報的影響和成功，取決於它的商業化、企業化和大眾
化。而中國近現代史上一些極為出色的報刊之所以未能持久，往往是因為沒
有能建立自身的造血功能。從制度建設角度看，新聞報館的企業化程度也是
很高的。《新聞報》下設 3 部 28 科 19 股，生產部門（印刷部）與經營部門（營
業部）地位上陞，與編輯部並駕齊驅，成為企業化的重要特徵。而此 3 部（印
刷部、營業部、編輯部）都歸「總理處」管轄，在總理處之上則是報館的董
事會，其「報館之組織，採公司制度」。〔註35〕報館各重要部門在財務上往往
採用獨立核算制度，追求利潤。

　　《申報》、《新聞報》兩報的企業化過程在我國報刊史、出版史上都具有
重要的示範意義。「近代報刊發展到今天，先進通訊手段的採用，高效印刷機
械的運行，規模的進一步擴大，都必須有資金的支撐。同人集資，政黨津貼，
都無法使報刊維持一個長的時期，更難以使現代化的綜合性大報長久出版下
去，只有進行企業化經營，才能獲取報業發展所必需的資本。為什麼中國報
刊史上一些曾為輿論先導，辦得有聲有色的報刊壽命都不長，而像申、新兩
報這樣思想上輿論上並沒有多大號召力的報紙，卻延續了長久的歷史？原因
就在於企業化經營使它們不僅保證了生存的條件，而且具備了發展的經濟基
礎。沒有這一點，事業的發展、業務的改革都無從談起。報紙企業化是現代
報紙發展的必由之路。申、新兩報的成功，使得許多報紙的經營，都朝企業
化方向努力。不僅民營報紙，就連政黨報紙、官辦報紙，也力圖實行企業化
經營。」〔註36〕這種情況不僅反映在近代報刊出版機構中，以圖書出版為主
的出版社也面臨著同樣的問題。商務印書館也好，後起的中華書局也好，其
實都是自覺地學習和汲取了外國商人報業經營的經驗和教訓的。

〔註34〕 胡道靜：《上海的日報》，上海通志館，1935 年，第 65 頁。
〔註35〕 戈公振：《中國報學史》，中國新聞出版社，1985 年，第 164～165 頁。
〔註36〕 秦紹德：《上海近代報刊史論》，復旦大學出版社，1993 年，第 124 頁。

三、國人自辦新式出版的初步嘗試

在清末自強運動時期，外國教會及商人所辦的新聞傳播和印刷出版機構繼續發展；就國內來說，除了官辦的翻譯出版機構、官立書局和民間傳統刻書之外，已經開始出現民辦的現代概念的出版社和報刊。而在洋人所辦書局浸淫多年之後的王韜，則成為中國「現代出版第一人」。

有研究者指出：「作為經營的新出版，是 1873 年（清同治十二年）王韜和黃勝合辦的『中華印務總局』到同年創刊《循環日報》。」〔註37〕過去人們往往只是把王韜作為一個報人來研究，其實他還是一個有很大貢獻的新式出版家，其出版活動起步很早，內容豐富，持續時間長久，而且具有商業化運作的特點。中華印務總局比《申報》的創辦僅晚一年，當年即刊行《普法戰爭》，比申報館的點石齋（1876 年開始）早。在十多年的時間裏，王韜刊行了近 40 種著作。這中間有些是他自己的書，有一些是朋友的集子，如《珊瑚舌雕》、《芬陀利定》。印書局出版的圖書中最值得我們注意的是黃遵憲的《日本雜事詩》和鄭觀應的《易言》（此書後來增訂改名為《盛世危言》）。王韜還注重出版面向市場的經營性讀物，《板橋雜記》、《英粵字典》等都是。王韜的出版活動能夠持續堅持多年，無疑在產權、組織、經營管理等方面有些好的經驗，可惜沒有史料留存。他在辦《循環日報》時同時還以「弢園」名義出版鉛印圖書。1884 年王韜回到上海定居，次年又開設弢園書局，以木活字印書，也有些書籍交由美華印書館以鉛字排印。

19 世紀後半葉到 20 世紀初期，新式出版機構大量湧現。僅《1906 年上海書業商會會員名錄》中的新出版機構就有 22 家，具體為：商務印書館、啓文社、彪蒙書室、開明書店、新智社、時中書局、點石齋書局、會文學社、有正書局、文明書局、通社、小說林、廣智書局、新民支店、樂群書局、昌明公司、群學會、普及書局、中國教育器械館、東亞公司新書店、鴻文書局、新世界小說社〔註38〕。1905 年 12 月成立的上海書業商會是代表鉛印平裝書為主的所謂新派書業商人利益的商會團體，與同年年初成立的以刊行雕版書、石印書、翻印古書為主的書坊同業組織——上海書業公所成為各有側重、互

〔註37〕汪家熔：《新出版、新出版第一人——王韜》，見中國近代現代出版史編纂組編：《中國近代現代出版史學術討論會文集》，中國書籍出版社，1990 年，第 517～518 頁。

〔註38〕汪耀華編：《上海書業名錄（一九○六～二○一○）》，上海書店出版社，2011 年，第 2～3 頁。

相滲透的書業同業組織。比較而言，上海書業公所的會員企業歷史更爲悠久，從事的又是傳統書坊經營。上海書業商會的會員企業存世時間不長，是伴隨著鉛印的成熟而誕生的，但它們更代表著書業企業新的趨勢、新的發展方向。

上面統計的新式書局中有一個廣智書局，應是大名鼎鼎的梁啓超和康有爲所創辦的。我們來看看他們是如何經營圖書出版，又是如何管理報刊的〔註39〕。早在 1902 年 2 月和 11 月，梁啓超就在日本先後創辦了《新民叢報》和《新小說》。同時，他和康有爲又用「保皇會」的名義，以入股的形式，向北美、澳洲華僑和香港、澳門的華人集資，在上海開設了廣智書局。受到申報館老闆成功經驗的啓發，梁啓超用股份制來經營管理報刊和書局。他對股份制企業是有自己自覺的理性認識的，1910 年曾在《敬告中國之談實業者》一文中指出：中國實業不振在於股份公司不發達，「質而言之，則所謂新式企業者，以股份有限公司爲其中堅者也。今日欲振興實業，非求股份有限公司之成立發達不可」〔註40〕。作爲股份制企業的廣智書局，股東主要是北美華僑。書局除了刊行圖書，還是《清議報》、《新民叢報》和《新小說》的總經銷。開頭幾年，書局經營良好，效益可觀，梁啓超因此分到過上萬元的股息。後來書局漸趨衰微，既有盜版等方面的原因，也有管理不善的問題。這種用股份制形式來經營報刊、運作圖書，在晚清民國時期還大有人在。20 世紀 20 年代的創造社出版部、北新書局、大江書鋪、春野書店、《新月》月刊和新月書店，還有鄒韜奮創辦的生活日報社等也都是走的股份公司制或股份合夥制的路子。

中華印務總局之後、商務印書館成立之前還具備新出版要素且產生了重要影響、獲得了良好效益的出版機構，當屬 1881 年（清光緒七年）成立於上海的同文書局。僅從出版物內容看，同文書局的出版物主要是傳統古籍，包括《古今圖書集成》、殿本《二十四史》、《資治通鑒》、《康熙字典》、《佩文韻府》、《子史精華》、《篆文六經四書》、《佩文齋書畫譜》之類，此外還有配圖的《三國演義》、《聊齋誌異》等；但書局的經營方式、管理理念以及對新技術的運用等，卻屬於現代出版新的形態。

同文書局是由徐潤、徐鴻復兄弟等共同集股創辦的。朱聯保說該書局是

〔註39〕參閱魯湘元：《稿酬怎樣攪動文壇——市場經濟與中國近現代文學》，紅旗出版社，1998 年，第 92～94 頁。
〔註40〕陳書良編：《梁啓超文集》，北京燕山出版社，1997 年，第 353 頁。

「1881 年廣東人徐裕子（鴻復）設立，購置石印機 12 架，雇用（原文如此，後同——作者注）職工 500 人，專事翻印古書善本」〔註 41〕。學界對於創辦人的情況還有不盡相同的認識。有研究者分析指出：「一般說到同文書局創辦人，多舉徐鴻復的名字，其實徐鴻復的哥哥徐潤才可能是書局的最終決策者。徐潤本爲洋行買辦出身，積纍了一定資本後，附股於外資，自己也開設了一些商號，成爲一個新式的商業資本家。後來，他把資本投往本國的一些新式企業，逐漸由商業資本家轉而兼營產業，特別是 1873 年受李鴻章之邀主持輪船招商局的經營管理後，他的投資方向，更向生產領域傾斜。1882 年招商局總資本增加到二百萬兩，徐潤自己的投資就增加到四十八萬兩，同時，他還募集到親友們的資金五六十萬兩。同文書局恰恰就是在這一時期，在徐潤依託李鴻章等洋務派的政治背景，從買辦型商業資本轉爲官、商合營的產業資本的時候創辦的，因此，開始便具備了近代企業的性質。」〔註 42〕

李鴻章曾誇讚徐潤「熟悉生意，殷實能幹」。作爲「由中國人自己集資創辦的第一家石印書局」，一下子就購買十幾臺石印機器，雇用數百名工人，雖然大量翻印的還是那些古籍善本、辭書和科場用書，但其明顯顯示出以傳統手工業操作爲主的書坊無法比擬的規模和生產能力。就連清朝中央政府影印耗資數十萬銀兩的《古今圖書集成》，也委託了該書局。同文書局之所以具備如此生產與經營格局，無疑與徐潤兄弟的擘劃與鉅額資金投入有關。朱聯保說它「當時與申報館之點石齋石印書局，寧波某人辦的拜石山房，三家鼎立，極一時之盛」〔註 43〕。這個階段，鴻文書局、蜚英館、大同書局等石印機構也相繼創建、相互競爭，刊行中國傳統典籍數千種，流通全國各地，形成了一個利益豐厚的重要產業。

令我們感興趣的，還有同文書局的經營方略與籌資辦法。石印《古今圖書集成》、殿本《二十四史》時，書局採取「股印」的方式。股印類似現在的預約徵訂。1883 年，同文書局在《申報》上刊登了股印《古今圖書集成》的啓事。翌年，又刊登了股印《古今圖書集成》和殿本《二十四史》的啓事。前者規定招印 1,500 股，約定以兩年爲期印就該套圖書。具體辦法是：「凡來

〔註 41〕　朱聯保編撰：《近現代上海出版業印象記》，學林出版社，1993 年，第 224 頁。
〔註 42〕　王中忱：《新式印刷、租界都市與近代出版資本的形成——商務印書館創立的前前後後》，載《中國現代文學研究叢刊》，1999 年第 1 期。
〔註 43〕　朱聯保編撰：《近現代上海出版業印象記》，學林出版社，1993 年，第 224 頁。

認股者，先交半價銀一百八十兩爲定，一俟目錄告成之日，再登申報通知在股諸君來取目錄，即將所餘半價繳足，本局並發分次取書單三十二紙，以後各典續出，隨出隨取，俾臻兩便。」《股印二十四史啓事》則規定：「本局現以二千八百五十金購得乾隆初印開化紙全史一部，計七百十一本，不敢私爲己有，願與同好共之，擬用石印，較原版縮略，本數則仍其舊。如有願得是書者，預交英洋壹百元，摯取收條，並分次取書單念四紙，各史隨出隨取，兩得其便。」〔註44〕這是一種融資方式，同時也是推銷廣告。

上海古籍翻印熱潮的出現，其實並不是傳統刻書業的簡單遷移與再度復興。太平天國時期，作爲傳統木刻雕印基地的蘇州、南京等文化名城相繼毀於戰火，一些經營書業的商人還有文人學士、藏書家等紛紛避難上海，同時攜帶來相當的資金和藏書，這些無疑爲上海的古籍翻印提供了重要基礎。「但上海的古籍翻印熱潮，與其說是以木刻雕印爲根基的傳統書業的復活，毋寧說，其實意味著傳統書業的解體和變貌。這不僅在於從江南遷至上海的老書鋪都不再固守傳統木版，而積極採用了石印技術（如明代設立於蘇州的掃葉山房），更主要的還在於，新開設的各書局的生產和經營方式，都與傳統書業有明顯的不同」〔註45〕。對於新書局，上面選擇有代表性的申報館、同文書局進行了比較詳細的介紹和分析。至於傳統刻書家的新變，可以來看看著名的有數百年悠久刻書歷史的老字號——掃葉山房。

掃葉山房創建於明朝的萬曆年間，先設於松江，不久移至蘇州閶門內。到清代的光緒六年（1880 年）設分店於上海縣城彩衣街，是爲南號；同時設雕版印刷所於東唐家弄。上海開埠後，又在租界棋盤街設立支店，稱爲北號。到民國初年的時候，另設分店於漢口，還在松江（今屬上海市）馬路橋也設立分號。據 1933 年《掃葉山房書目》所載，該書坊先後刊印圖書兩千餘種，主要是經史子集、字典、尺牘、字帖、中醫書、舊小說等。〔註46〕

從印刷技術的角度看，掃葉山房過去出版的書籍都是由傳統的雕版印刷而成，重視版本、刻印精良，頗有聲望；但到清末民初時期，由於受到西方

〔註44〕 參閱葉再生：《中國近代現代出版通史》（第一卷），華文出版社，2002 年，第 368～369 頁。

〔註45〕 王中忱：《新式印刷、租界都市與近代出版資本的形成——商務印書館創立的前前後後》，載《中國現代文學研究叢刊》，1999 年第 1 期。

〔註46〕 葉再生：《中國近代現代出版通史》（第一卷），華文出版社，2002 年，第 371 頁。

傳入的鉛印、石印技術的衝擊和新書局的挑戰，老式的書坊、書肆紛紛棄木刻而改用鉛、石印。「在這種情況下，掃葉山房於清末民初採用石印新技術，大量翻印古籍，同時還編輯發行期刊，以順應時代之變化。」〔註 47〕掃葉山房自光緒中採用石印技術後，逐漸放棄雕版印刷，至民國間已完全改用石印出版書籍。

據「民國七年（1918 年）《掃葉山房發行石印精本書籍目錄》統計，自清末至民國七年，掃葉山房出版的石印古籍多達 419 種」〔註 48〕。這一期間掃葉山房的出版物多是更加注重面向市場、市民的通俗讀物，如《毛聲山評點繡像金批第一才子書三國演義》、《繡像評點封神榜全傳》、《千家詩》、《龍文鞭影》等，這些都是很常見且能常銷的書籍。民國初期掃葉山房還創辦《文藝雜誌》和《織雲雜誌》，改用洋裝鉛印形式，雖刊物存世時間不是太長，但充分體現了傳統書坊與時俱進、謀求新變的出版理念，雜誌的內容也很能反映自身的特色，可以說是該坊圖書出版的宣傳刊物。「掃葉山房是較早進入上海彩衣街、棋盤街的，而這一帶是中國國內許多書坊最早採用西方近代印刷術、轉變爲近代民營印刷出版企業的中心。因此，掃葉山房在光緒年間進入上海並較早採用先進印刷技術從事印刷出版業，表明它是中國第一批由舊式書坊轉化爲近代印刷出版企業的書坊之一。」〔註 49〕關於掃葉山房的企業制度人們似乎還關注不夠，相關史料有待挖掘。

宣統元年（1909 年）發行的《圖畫日報》上，有一個欄目名爲「上海著名之商場」。自創刊以來，這個欄目僅刊登過兩家出版機構的廣告。一家爲商務印書館，一家便是掃葉山房。這兩家出版機構可謂當時上海民間出版文化之新舊兩種潮流的代表。作爲出版舊學之代表的掃葉山房，還在廣告中表達了堅持舊學、保存國粹的文化理念與出版追求。〔註 50〕與自身相比，掃葉山房有調整、有變故，也有創新；但與合著時代脈搏大踏步前進的商務印書館、中華書局、開明書店這樣的先進文化企業相比，掃葉山房還是顯得暮氣略重、活力不夠、前途不廣。葉再生說它「五四運動後，業務漸衰，於 1954 年歇業」〔註 51〕。掃葉山房沒能完全抓住新文化運動帶來的機遇、新教育變革帶來的

〔註 47〕楊麗瑩：《掃葉山房史研究》，復旦大學出版社，2013 年，第 156 頁。
〔註 48〕楊麗瑩：《掃葉山房史研究》，復旦大學出版社，2013 年，第 156 頁。
〔註 49〕戚福康：《中國古代書坊研究》，商務印書館，2007 年，第 268～269 頁。
〔註 50〕楊麗瑩：《掃葉山房史研究》，復旦大學出版社，2013 年，第 200 頁。
〔註 51〕葉再生：《中國近代現代出版通史》（第一卷），華文出版社，2002 年，第 372

市場，或許也沒有能在企業制度上做更爲徹底的革故鼎新，因而逐步走向衰落。

　　通過以上的追溯和梳理我們可以清楚地看到，1897 年創立的商務印書館並不是荒野上一棵突兀的橡樹，它是在適合的土壤、適合的陽光下從一片茂密樹林中誕生並茁壯成長起來的。在當時的中國，尤其是上海，近代形態的印刷業和出版資本已經基本形成氣候。「夏瑞芳等人面對的並非一片荒涼。無論在西式印刷技術的引進，還是出版經營體制的創建方面，他們都無緣做最初的開拓者。並且，在資金和技術設備方面，他們無法和外商經營的《申報》館和有中國官商背景的同文書局匹敵。」〔註 52〕起步於小小印刷作坊的商務印書館，在當時沒有競爭優勢可言，它是如何立足並獲得巨大發展與進步，成爲民國時期首屈一指的出版界「冠軍」的？我們認爲除了人才、機遇，更重要的是制度，是現代企業制度的運用與日漸完善。

第三節　中國近代出版企業的幾種形態

　　從企業發展的一般歷史來看，具有代表性的企業制度經歷了從業主制、合夥制到公司制的發展歷程。從晚清到民國，我國的出版企業特別是民營出版企業也大體經歷了一個這樣的過程。當然，這個歷史演變並非完全徹底地以新代舊，從業主制到合夥制，再到公司制是一個總的、大的發展趨勢，其間有混合，有並存，也有自我更新。

一、關於業主制出版企業——以亞東圖書館爲例

　　業主制的物質載體是小規模的企業組織，即通常所說的獨資企業。在業主制企業中，出資人既是財產唯一的所有者，又是經營者。企業主可以按照自己的意志經營，並獨自獲得全部經濟收益。這種企業形式一般規模小，經營靈活。正是這些優點，使得業主制這一古老的企業制度一直延續至今。但業主制也有其缺陷，如資本來源有限，企業發展受限制；企業主需要對企業的全部債務承擔無限責任，經營風險大；企業的存在與解散完全取決於企業

　　　　頁。

〔註52〕王中忱：《新式印刷、租界都市與近代出版資本的形成——商務印書館創立的前前後後》，載《中國現代文學研究叢刊》，1999 年第 1 期。

主，企業的存續期限短等等。因此，業主制難以滿足社會化商品經濟發展和企業規模不斷擴大的要求。

書業企業的業主制在我國可謂源遠流長。古代的私刻尤其是坊刻大體是可以歸入業主制一類的。所謂「私刻」和「坊刻」，其實都是民間個人資本的刻書行為。區別在於前者不以盈利為目的，追求的是學問探究、文化積纍和知識傳播；而後者注重經濟效益，刻書意在牟利。因此，坊刻更接近企業經營的性質。以盈利為目的的坊刻，通常以家庭作坊為刻書單位，一般有自己的寫工、刻工和印工，也稱書肆、書堂、書棚、書鋪、書籍鋪、經籍鋪，等等。自唐初雕版印刷發明以來，坊刻就廣泛存在於民間了。南宋臨安以刻印詩文集聞名的陳起的書坊，明代建陽以刻印通俗小說見長的余象斗的三台館，還有清代蘇州以刻書品種豐富、經營得法著稱的席氏掃葉山房，都是中國歷史上著名的業主制類型的刻書機構。

中國近現代出版企業的設立實行的主要是登記制，在比較混亂的年代甚至連登記都不必。因此，19 世紀後期至 20 世紀的前半葉，大大小小的出版機構（很少稱為某某出版社）如雨後春筍，數不勝數。許多小書店，旋生旋滅，沒有留下多少痕跡。朱聯保編撰的《近現代上海出版業印象記》一書，就涉及出版機構近 600 家。作者在「編撰說明」中指出：「本書內容材料，空間以上海市區為限，時間自鴉片戰爭後上海闢為租界時起，至上海解放後私營書業進行社會主義改造時為止。所記單位近 600 家，主要的單位大致在內，然亦有少數中小單位因無甚材料可記而遺漏；無招牌的書攤、流動性的皮包書店，亦未列入。」上海以外的京津地區、蘇杭一帶、湖廣閩贛，還有巴蜀、雲貴、臺灣等地，出版機構亦不在少數。有人說現代中國的大小書局多至萬家，也只能是一種推測或估算。

在眾多出版機構中，真正一開始就按照公司制成立的出版機構無疑是非常少見的。絕大部分的書局書店（舊時書店、刊社、報館等往往兼營甚至主營出版業務）起家時或為獨資經營，或為合夥開辦。這裏我們來看一家獨資性質的書業企業的發展情況。

亞東圖書館（為行文簡潔，下文多以「亞東」為簡稱）無疑是現代業主制出版企業中的一個成功者，從成立到 1952 年歇業存活了 40 年，若算上前身就正好是 50 個春秋。亞東的創辦人同時也是老闆的汪孟鄒（1878～1953）是安徽績溪人，早年深受維新思想影響，密切關注新書新報，吸收新思想新

知識，並與一幫徽籍人士建立了良好的關係。早在 1903 年，他就在安徽蕪湖獨資創辦了科學圖書社，代售上海出版的各種新書報，發行同鄉陳獨秀編輯的《安徽俗話報》，併兼營文具用品。由於進貨及時、經營得法、服務到位，科學圖書社取得了不錯的業績，受到社會好評。

1913 年，汪孟鄒在上海創辦亞東圖書館，帶領自己的侄子汪原放一起開始了他新的出版生涯。亞東初創時期，出版一些分類地圖，並送到日本去印刷，受到市場歡迎。業務得到發展後，亞東就從原來比較偏僻的里弄搬到上海著名的書店街——福州路。1919 年，陳獨秀任北京大學文科學長後，就把北大的不少刊物交給亞東出售，又為亞東添了一把火。亞東的供稿者大多是安徽績溪的同鄉，如陳獨秀、胡適、陶行知、蔣光慈等等。出版的著作包括陳獨秀的《獨秀文存》，胡適的《四十自述》、《嘗試集》，吳虞的《吳虞文錄》，陶行知的《行知書信》，俞平伯的《冬夜》，田漢、宗白華、郭沫若的《三葉集》，朱自清的《蹤跡》，等等。這些書用今天的話說都是「雙效書」，社會影響大，銷售業績好。

亞東在陳獨秀等思想文化精英的大力支持下，積極策應社會進步思潮，引領新式出版潮流，在 20 世紀 20 年代出版史上書寫了輝煌一頁。在推出新人新作、名人名作的同時，亞東在古典小說的推陳出新方面進行了大膽嘗試，也取得了巨大的成功。由陳獨秀、胡適等名家作序，汪原放用新式標點進行分段、標點的《水滸傳》、《儒林外史》、《西遊記》、《紅樓夢》、《三國演義》、《鏡花緣》、《老殘遊記》、《兒女英雄傳》、《今古奇觀》、《三俠五義》、《海上花列傳》等，在賺得盆滿缽滿的同時，還贏得了如潮好評。連魯迅先生都說，若論古舊小說，標點要讓汪原放，作序要推胡適之，出版則只能由亞東圖書館。

亞東無疑是成功了，以致 1922 年汪孟鄒準備為蕪湖科學圖書社出一本 20 週年紀念冊，請陳獨秀題詞時，陳獨秀這樣說：「這二十年，你辦了個亞東圖書館，我辦了個《新青年》，其它就別無所獲了。」評價之高，無出其右。這樣的成功當然與老闆汪孟鄒的文化理想和經營方略息息相關。王建輝曾說：「汪有一個商人的文化良心，早年他曾與胞兄雙雙考中秀才，是一個有舊學根底的知識分子，在變化的時代中又經受了新學的洗禮，他對新書業以身相許，是以良士而為良商，以書生之道行商。」〔註53〕汪孟鄒自己有句名言：「與

〔註53〕 王建輝：《「亞東」掌門汪孟鄒》，見王建輝：《老出版人肖像》，江蘇人民出版社，2003 年。

其出版一些爛污書，寧可集資開妓院好些。」亞東有這樣的老闆，就始終堅持不出爛污書，從而形成了「亞東本」的品牌。秀出同行的亞東，出版的書刊不僅內容好，而且編輯認真、校對仔細、印製精良，當時就有人說，「亞東版的書籍，校對特別仔細，錯字幾乎沒有，版本形式特別優美」，「亞東出版認真，不肯苟且」。

　　亞東成功了，但沒有取得更大的輝煌；亞東是有條件、有機會「做大做強」的，結果不僅是沒有，而且衰落了。有研究者指出：「20年代的亞東紅紅火火，到了30年代卻走向了衰落。出版社還是那個出版社，主管者還是那個主管者，經營的手段與方式也沒有大的改變，而結局卻如此的不同。書海沉浮，令人反思。」〔註54〕亞東衰落原因到底何在？朱聯保的一席話或許能給我們一些啓發：

> 　　汪孟鄒、汪原放叔侄是以舊式商店的管理方法經營亞東圖書館的。陳獨秀曾建議可與群益書社合併改組爲股份公司；後期因經濟周轉困難，由胡適介紹與王雲五商談，想請商務印書館投資數萬元改組爲股份公司，均未能實現。他們店內的工作人員，最多時亦只20餘人，絕大多數是安徽績溪同鄉，若非本族，便是親戚。出版物每年不過一二十種，有幾年不到十種，故在舊社會出版業中只是一家中型書店，不能上升到大同行之列。〔註55〕

> 　　汪孟鄒是舊式文人，以封建家長式經營出版事業，經濟上家店不分，並以店內資金去做糧食、百貨等生意，有所損失，故時有糾紛，常由章、陳、胡三人從中調解。胡適留美回國後，曾挽在上海銀行界任職的留美同學爲亞東擔保貸款。〔註56〕

　　這兩段話過去人們寫文章談汪孟鄒、說亞東圖書館，很少注意，也幾乎無人引用。其實，朱聯保是「搔到了癢處」的。亞東圖書館作爲個人獨資企業，汪孟鄒是它的唯一投資者。他享有生產決策和經營管理的全部權力，並對企業債務負無限責任。而在亞東這樣的小書局中，私人業主制的集權模式是最有效的制度安排，但要「做大做強」則是不可能的。亞東具有所有私人

〔註54〕王餘光、吳永貴、阮陽：《中國新圖書出版業的文化貢獻》，武漢大學出版社，1998年，第166頁。

〔註55〕朱聯保編撰：《近現代上海出版業印象記》，學林出版社，1993年，第207頁。

〔註56〕朱聯保編撰：《近現代上海出版業印象記》，學林出版社，1993年，第209頁。

業主制書業企業的致命弱點：投資者單一、財力有限、規模偏小、投資風險大，不能適應社會化大生產的要求，在市場競爭中常常處於不利地位。亞東圖書館在相當長一段時間裏，出版、發行、印刷等主要業務，自始至終都是汪孟鄒一人負責，即便資格再老的同事也只是處於「幫手」地位，連編輯所也遲至書局成立十年以後才建立。出版業是充滿風險和變數的，在書海摸爬滾打多年的汪孟鄒深知其中的險惡；在20年代亞東取得初步成功後，老闆沒有進一步擴大再生產，用賺來的錢「辦紙印書」，而是對侄子汪原放津津樂道儲蓄的好處，積極向同行好友趙南公推薦如何多多購買公債票。汪孟鄒畢竟缺乏做大出版家的眼光、氣魄和韜略，固守小作坊式的小本經營，滿足於小書局的小富即安，致使亞東沒能再延續它的輝煌。

中國近現代的新式出版業主要不是古代出版的延續與發展，更多是受了歐風美雨的浸染。當新出版業萌發之時，大家都處在一個起跑線上，紛紛成立的眾多中小書局如百舸爭流，難分高下。當眾多書局都是小舢板時，有競爭，但還不至於太激烈。但發展一段時間，少數書局在積極引進先進生產力，改善生產關係，並「與國際接軌」以後，優勢很快顯現。中小書局面臨的局勢就比較艱難了。亞東老闆汪孟鄒醒得不晚，起得還比較早。他1903年涉足書業，1913年創辦亞東，20年代獲得良好業績。我們要說，思路決定出路，制度決定高度。亞東沒有走得更高更遠，主要就在於主政者的思路以及所採用的企業制度。這對我們改革轉型期的中小出版社也不乏啟示作用。

這裏我們還有必要提及近現代的一些不以盈利為目的，似乎更重「公益性」的私人出版機構。從資本組合方式來看，它們也屬於業主制。魯迅所辦「三閒書屋」，曾樸所辦「真善美書店」，邵洵美所辦「金屋書店」等等，也主要是一些個人獨資經營的出版發行機構。投資人或為對付當局的出版封鎖，或為實現個人的文化理想，或為滿足一己的文學藝術愛好。這類小書局對我們今天的企業經營沒有直接借鑒意義，但若從國家與社會繁榮思想文化、建立良好的多樣化的出版生態角度來說，仍然是很值得研究的。

二、關於合夥制出版企業——以萬葉書店為例

合夥制企業是由兩個以上的少數人聯合投資，合夥人對企業債務負無限連帶責任的企業。它的主要特點表現有四：（1）合夥人對企業負有出資責任，並依據投資份額，享有經營決策和利潤分配的權利。（2）合夥人對企業債務

承擔無限連帶責任，即每一個合夥人都負有清償企業全部債務的責任，或者說，債權人有向任何一個合夥人追索全部債務的權利。（3）合夥人之間的契約關係建立在人際關係的基礎上，當合夥人及其關係發生變更時，合夥制企業也將終止。（4）合夥制企業承擔民事責任，企業的重大決策由合夥人共同做出，並由每個人簽字，日常經營管理一般由合夥人共同選聘的代理人負責。

相比私人業主制的個人獨資企業，合夥制企業在一定程度上突破了資本限制，有利於擴大企業規模，促進生產的發展。我國明清時期存在於手工行業中的合夥制，其最明顯的特點就是解決手工業個人資金不足與生產發展規模之間的矛盾。它不僅普遍存在於陶瓷業、農產品加工業、採煤業、井鹽業和礦業中，而且通過契約逐漸制度化。在四川井鹽業中，合夥制不僅普遍存在，更發展到相當成熟的程度，以至有的研究者認爲應將其稱爲「中國契約股份制」。傳統的延續、西法的影響，使得我國近現代出版行業合夥制出版機構十分盛行。一些同人刊物、同人書店，絕大多數是採用合夥制的形式。即便是一些有名氣的、有重大影響的書局，如商務印書館、中華書局、開明書店等，在創設初期也多是採用的合夥制或合作制。若能夠充分發揮合夥制的優勢，克服其局限性，書業合夥制企業也可以有很好的發展。萬葉書店（爲行文簡潔，後簡稱「萬葉」）應該是現代合夥制圖書企業中一個比較成功的範例。

萬葉書店創辦於 1938 年 7 月 1 日的上海。那是一間只有 6 個人的小書坊，主要創辦者就是著名出版家、音樂教育家、裝幀設計家錢君匋。當年，他和好朋友位育中學校長李楚材、教員季雪雲，澄衷中學教員顧曉初、陳恭則及其妻妹陳學慕等 6 人，每人出資 100 元，合計 600 元，創立了萬葉書店。錢君匋回憶說：「萬葉書店剛誕生的時候，其規模是小到不能再小了。經過協議，由我擔任經理兼總編輯，陳恭則、李楚材、顧曉初任編輯及推廣，陳學慕任會計，季雪雲任總務。不久，陳學慕受聘爲小學教師，不再擔任會計，另聘我的胞弟錢君行擔任會計，還聘陸鳳玉任助理，發行方面又陸續增聘了一、二人。」〔註57〕店址設在上海蘇州河北海寧路咸寧里 11 號一間租借來的房子裏。

從錢君匋的敘述中我們清楚地看到，萬葉書店成立時是典型的股份合夥制書業小企業。他本人由於有在開明書店長達 7 年的編輯出版工作經驗，又

〔註57〕錢君匋：《略談萬葉書店》，見錢君匋：《書衣集》，山西人民出版社，1986 年。

富有經濟頭腦，精明、實幹、勤奮，便成爲了「合夥人共同選聘的代理人」。當前任會計另有他任後，錢君匋聘請自己的弟弟擔任會計這個重要職位，既是正常的人員補充，也不排除把可信賴的人放在關鍵崗位的考慮。

萬葉書店最初出版音樂、美術等學校輔助讀本，有《小學活頁歌曲選》、《兒童畫冊》、《國語副課本》、《子愷漫畫選》等。後來業務發展，資金增加，開始出版文學讀物。出版了《文藝新潮》月刊，由錢君匋、李楚材、錫金主編。還出版了《文藝新潮小叢書》，作者有茅盾、巴金、靳以、豐子愷、王西彥、適夷、瞿秋白、鳳子、李廣田、臧克家、梅林、索非等。還出版了新文藝作品集《第一年》，收輯了張天翼著《華威先生》、姚雪垠著《差半車麥稭》等解放區和大後方的文藝名作。抗戰勝利後，大量出版音樂讀物，達 200 種左右。後期專門從事音樂書籍的編輯出版。

從出版經營的角度看，萬葉書店發展空間越來越大，選題運作越來越集中，籌資範圍則越來越廣泛。

當書店有了一定基礎後，錢君匋就租用了北站區天潼路寶慶里 39 號石庫門樓房，面積達 300 平方米。書庫、紙庫就有 4 大間。不久，又用 30 根「大黃魚」（金條）購買了上海南昌路 43 弄 26 號一幢三層樓房做店址，面積達 600 平方米。萬葉書店還投資創辦了坐落在上海北四川路四達里的一家合作印刷廠，主要鉛排文字和樂譜。一家 600 元起家的小小書坊，經過七八年的苦心經營，發展成爲編輯、印刷、發行一體化的中型出版機構，實力充足、品牌優良，遠近聞名。萬葉出版的抗日書刊，不僅境內的上海等地發行，還經五洲書報社、中國圖書雜誌公司和其它一些發行渠道，遠銷中國的香港地區以及新加坡、馬來西亞等國家。

萬葉書店的出書範圍涉及文學、美術、音樂、兒童讀物、學校教學輔導讀物等領域。前期主要還是走開明的路子，後期則收縮戰線，集中力量專攻音樂書籍，形成了自己的品牌特色，也建立了自己的核心競爭力。對於這一經營路線，錢君匋是這樣解釋的：

> 我在想，出版美術和文學、兒童讀物，在編輯上、技術上都比較容易，出版音樂書籍，因爲情況複雜，比較困難，我既有這方面的知識和經驗，如果我不去搞這一行，那就不會再有比我更內行的人去搞了（指要精通音樂和出版）。於是我就毅然決然地在萬葉書店的後期，把原來平均從事兒童讀物、美術讀物、文學讀物的出版，

一下子改了個調子，停止了以上這些門類的出版，轉到音樂上來，專門致力於這方面的出版，結果把兒童和美術讀物轉讓給童聯書店繼續出版，文學讀物轉讓給聯營書店繼續出版，專心致志地向音樂書籍大踏步進軍，成為我國獨一無二的一家音樂專業出版社，為新中國的音樂從業人員提供了不少音樂方面所急需的知識，付出了辛勤培育的汗水，轉化為今天的人民音樂出版社。〔註58〕

萬葉書店選題戰略的調整是很有啟發的。中小出版社如何走特色化、品牌化道路，如何打造人無我有的核心競爭力，從錢先生的這段話中可以得到一些教益。近現代中國的大小書店數以萬計，人們今天還能記住萬葉，而且萬葉還存活在今天的專業出版機構——人民音樂出版社裏，決策者的取與捨是至關重要的。

1945年抗戰勝利後，萬葉書店步入新的大發展階段。隨著營業額的直線上升，需要的資金就顯得緊張了。這年萬葉發行了自己的股票，成立了股份有限公司。錢君匋的朋友鹽商陸海藩、畫家費新我等社會名流加盟入股，股東達70多人。據萬葉老職工、後任人民音樂出版社副社長的楊昌霖回憶說：「錢君匋家的股票占90％，第二是陸海藩，費新我編輯了鋼筆畫、鉛筆畫等書稿，他是以稿費入股的一個股東。」〔註59〕向社會籌集資金，無疑是有助於企業發展壯大的重要舉措。筆者認為，從現有資料看，還很難說萬葉書店1945年底就是一家真正的股份公司了。它沒有實行出資者所有權與法人財產權的分離，所有者與經營者的分離，沒有股票的自由轉讓，也沒有建立董事會、監事會、經營者的制衡機制。若前面所說錢先生個人股份占到90％屬實，那他似乎更像一個名副其實的私人老闆。

回過頭來看，以合夥制起家的萬葉書店在抗戰及其以後那樣的非常年代，居然取得了不錯的成績，不斷發展壯大，這在一定程度也證明了合夥制書業企業有其優點，有自己的生命力。除了天時地利等外在因素，「人和」與「人合」在合夥制企業中實在太重要了。以人際關係為基礎的合夥制，又可以稱為「人合公司」，這同股份公司的以資本聯合為基礎是不同的。合夥制企業的合夥人「合得來」，和諧團結、共同奮鬥，是辦好企業的基礎和前提。萬

〔註58〕錢君匋：《略談萬葉書店》，見錢君匋：《書衣集》，山西人民出版社，1986年。
〔註59〕黃大崗：《我國第一個音樂出版社（上）——錢君匋和萬葉書店》，載《中央音樂學院學報》，2007年第2期。

葉的成功，在很大程度上就是「人和」與「人合」的成功。書店有錢君匋這樣一個品德好、靠得住、懂經營、善管理的「代理人」，其他合夥人互相配合、彼此信任，從而才有了萬葉的發展與輝煌，光榮與夢想。著名出版家趙家璧與大作家老舍 1946 年也曾創辦過合夥制的晨光出版公司，也是合夥制圖書企業的一個好的典型，值得特別關注。

另一著名合夥制書局的結局則反證了「人和」是多麼重要。1927 年由寧波人洪雪帆創設的現代書局，起家 5,000 元資本；後來有張靜廬、沈松泉、盧芳加入，成為標準的合夥制企業。書局起初發展也不錯，出了很多有影響、銷路也好的文學著作，出版了有重要影響的《現代》雜誌。但後來洪雪帆、張靜廬意見分歧，在未充分協商的情況下張靜廬被清理出門。最後的結果是，1935 年現代書局資不抵債而關門大吉。

三、關於公司制企業——以世界書局為例

公司制企業包括股份有限公司和有限責任公司，它們都是由多個投資者共同投資興辦的企業，投資者以其出資額對企業債務負有限責任，企業以其全部資產對債務承擔責任。股份制企業與合夥制企業的不同有以下幾點：（1）股份公司是企業法人，實行出資者所有權與法人財產權相分離。出資者即股東，按投入企業的資本額享有權益，包括資產收益、重大決策和選擇管理者等權利；企業是享有民事權利、承擔民事責任的法人實體，對出資者承擔資產保值增值的責任。公司法人制度的確立，是公司制與合夥制的根本區別。（2）股份公司的股份原則上是可以自由轉讓的，這就確立了公司制是「合資公司」的原則，避免了排擠有才幹的企業家管理生產的現象。（3）股票持有者或股東的責任是有限的，這就規範了投資者的風險。

1872 年輪船招商局的誕生，標誌著這種從西方引進的新型企業資本組織形式開始在中國社會中出現。此後，由於這種資本組織形式具有集資廣泛迅速，以及集資成本低、適應生產社會化發展的要求等特點，逐漸發展成為近代中國新式工商業企業主流的資本組織形式。據有關統計，1928 年 2 月至 1935 年 6 月註冊登記的 1,966 家公司中，實行股份制的企業數占 70.4%，資本數占到 94.37%〔註60〕。而在 20 世紀二三十年代，也是中國出版企業大發

〔註60〕 朱蔭貴：《中國近代股份制企業研究》，上海財經大學出版社，2008 年，第 1 頁。

展的黃金時期，其中位居前列的幾大出版機構如商務印書館、中華書局、大東書局、開明書店等，無不採用股份制形式。這裏我們選取民營的「老三」——世界書局，特別是沈知方主政時期的世界書局，來觀照股份制在我國現代書業企業的運行情況，總結經驗與教訓。

1917 年，沈知方因債務糾葛不得不離開中華書局。他還是重操舊業，以 3,000 元的資本租房出書。所出圖書，比較正規的，用「廣文書局」的名稱；屬於投機性質的，則用「世界書局」或「中國第一書局」的名稱。因沒有自己的門面，所出圖書委託大東書局發行。後因用「世界」名稱的圖書銷售最好，他便廢棄了其它兩個名稱。那幾年大約出書 200 多種，營業額也逐年上升。

因爲出書品種增加，生產規模擴大，書局要獲得更大發展，個人的資金局限就十分明顯了。1921 年 7 月，世界書局改組爲股份有限公司，註冊資金是 25,000 元；選舉出董事沈知方、魏炳榮、林修良、毛純卿、張麗雲，監察陳芝生、胡挺楣。沈知方任總經理。局址位於上海的福州路、山東路的懷遠里，並於懷遠里口（福州路 320 號）租店面爲門市部，門面漆成紅色，又叫「紅屋」。同時，在閘北香山路和蚪江路設立編輯所和印刷所。1923 年盤下了俄商的西伯利亞印書館。1925 年，蚪江路印刷所因失火獲得保險金，便在虹口大連灣路（今大連路）建造總廠。1926 年，總務處、編輯所、印刷所遷入總廠。1932 年建成五層樓廠房，又添置大批印刷設備，擁有全張密勒機 17 部。同年，發行所遷入福州路 390 號，實力進一步增強。

的確，「紅屋」開張以後的世界書局果然紅紅火火，特別是 1924 年進軍教科書領域獲得成功後，很快躍居全國第三大書局。1931 年，世界書局迎來了組建股份公司的第一個十年。爲了慶祝和紀念，特發行《世界雜誌增刊（十年）》以誌其功。其中《十年來的世界書局》一文，是專門對書局十年經營史進行回顧和總結的，數據詳明、線索清晰、可資比較。吳永貴據此轉換成一個表格，讓人一目了然地看到書局的進步與發展﹝註 61﹞。拿 1921 年和 1931 年進行年度比較，世界書局出版物品種由 200 餘種增加到 2,000 種以上，資本總額從 2.5 萬元增加到近 100 萬元，營業額從 13 萬元增加到 200 餘萬元。用「跨越式」來形容世界書局頭十年的發展是一點也不過分的。

﹝註 61﹞吳永貴編著：《中國出版史》（下），湖南大學出版社，2008 年，第 158～159頁。

　　集中散錢辦大事是股份制企業的一個重要特徵。以股份的形式將社會上分散的資本或其它資本集中起來，就可以有效地解決企業資金不足的困難。企業要做大做強，首先得解決發展資金問題。世界書局的成功在很大程度上可說是資本運作的成功。有研究者將新中國成立前的開明書店和世界書局從融資角度進行比較〔註62〕，給人啓發，很有見地。開明書店顯示出更高的文化品格和職業道德，而世界書局則表現出更濃厚的商業色彩，把更激烈的競爭帶入出版界，促進了整個書業經營水平的提升。用現在的話說，就是一個更注重社會效益，一個更注重經濟效益。二者的這種差別突出體現在融資方式上：開明書店更多地依賴本店同事、作者以及文化知識界同人的支持，對融資持謹慎態度，方式比較單一；世界書局則廣泛吸納社會資金，方式也多種多樣。1928 年開明書店改組爲股份公司時資本金是 5 萬元，結果到全面抗戰爆發前的 1936 年也才擴大到資本金 30 萬元，發展速度和生產規模遠不及原先基礎差不多的世界書局。人們今天爲開明書店說好話的比較多，對世界書局則毀譽參半，甚至以批評爲主。其實，從現代企業經營的視角來看，世界書局是一個更成功的範例。

　　世界書局改組爲股份公司時，主要投資人背景很雜。其中有經營書業的，如魏炳榮、李春榮、張元石、賀潤生；有經營紙業的，如陳芝生、林修良、毛純卿、張麗雲、胡挺楣。中期增資擴股，投資者來源更加廣泛。偵探小說家程小青說沈知方「有一種口吐蓮花的募集股金的特殊手腕」。擔任董事的除了初期的幾位，後來增補的還有吳蘊齋（銀行經理）、陳嘉庚（華僑領袖）、吳南浦（報關行老闆）、吳臣笏（魚行老闆）、羅坤祥（綢莊老闆），等等。商界、司法界的不少要人，都成爲世界書局的大股東。沈知方還常常拉作者入股，用書局股票向作者付酬。

　　除了正常的增資擴股，世界書局還採取銀行攬儲的辦法大量吸納社會遊資。20 世紀 20 年代末 30 年代初，世界書局設立了同人儲蓄會（一說爲「讀書儲蓄部」），後又改爲讀者服務部（一說爲「同人存款部」），在極短的時間裏，就吸收了 180 萬元的鉅額資金。爲大量攬儲，儲蓄部還公開在報紙上連續刊登大幅廣告。上海商業儲蓄銀行在 1930 年 3 月 20 日發給上海銀行公會的信函中指出：「邇來滬上各商號如中國內衣公司、世界書局、中法藥房等，

〔註62〕劉積英、張新華：《同人書店和商人書局——從融資方式看開明書店與世界書局的發展》，載《北京印刷學院學報》，2000 年第 4 期。

均以儲蓄兩字為增加營業資本之唯一方法，假報紙廣告大事宣傳，不惜誘以厚利，多方招徠，甚至大世界遊戲場亦添設各種儲蓄存款以固厚其營業上之實力。因之滬上儲蓄機關之多竟至汗牛充棟。」該信函憂慮重重地指出：「誠恐此端一開，日後商店無論大小皆將以儲蓄為主要業務，其資本不必籌措，盡可以厚利吸收。」〔註63〕令人印象最深刻的，是1928年4月21日《申報》第一版全版刊登的世界書局讀書儲蓄部創立的大幅廣告。該廣告用整整一個版面的篇幅，宣傳和鼓動社會大眾參加「讀書儲蓄部」儲蓄。該廣告打出的宣傳中心，是「讀書作為知識儲備，儲蓄作為經濟儲備」。該書局的廣告詞確有迎合社會大眾心理，能夠抓住人心之處。如「贈言：種瓜得瓜、種豆得豆，及早儲蓄，終生無憂」，「讀書：一日有一日之益；儲蓄：一年多一年之利」，「唯讀書才能成名，唯儲蓄才能得利」，「讀書儲蓄，是最進步的儲蓄新法」，「讀書儲蓄，是成名得利的捷徑」（《申報》1928年4月21日），等等。在宣傳鼓動的同時，該廣告還以參加儲蓄可以獲得購書「實洋書券」和贈送「百寶箱」的方式進行誘惑勸導，可謂「勸之以情，動之以利」。〔註64〕世界書局讀書儲蓄部活期儲蓄的利息是七釐。它同樣在定期方面設立了整存零取、按月支息、零存整取、整存整取、對本對利等不同方式，存款數額和利息息率的規定各不相同，其中「最低之一年期利息，統扯有一分三釐八毫，期長者利息愈厚」。這明顯高於同年同月在《申報》刊登廣告的上海匯通商業銀行的儲蓄利率。

　　世界書局不滿足有銀行之實，還要爭取銀行之名。1930年，南京政府頒發禁止企業商號吸收儲蓄的禁令。6月16日，因世界書局儲蓄部向南京政府財政部申報「以銀行名義，請求註冊」。南京政府財政部認為，「該世界書局為求兼辦儲蓄，不惜假借名義，趁勢招搖，足見該行之設立，專為接辦世界書局之讀者儲蓄，並非實在經營銀行業務」，「該世界書局既違法營業於前，復趁本部嚴行取締之際，竟敢以銀行名義來部蒙請註冊，實屬不合。除批斥外，相應咨請貴市政府查照，即希轉知租界當局，嚴飭該書局不准兼辦儲蓄業務，並將各戶儲金分別清償具報，以維法紀而杜效尤」〔註65〕。

〔註63〕轉引自朱蔭貴：《中國近代股份制企業研究》，上海財經大學出版社，2008年，第116頁。
〔註64〕轉引自朱蔭貴：《中國近代股份制企業研究》，上海財經大學出版社，2008年，第118～119頁。
〔註65〕轉引自朱蔭貴：《中國近代股份制企業研究》，上海財經大學出版社，2008年，

企業紅火往往暗藏著危機。錢多了能成事也能敗事。1934 年前後，沈知方投資房地產失利，加上出版物銷路日狹，教科書課程標準變更導致存貨積壓，局內用人又多，開支很大，內虛外露，書局的世界商業儲蓄銀行發生擠兌風潮，致使資金周轉不靈，捉襟見肘，企業效益明顯下滑。最後，不得不由吳蘊齋、錢新之通過張公權引入李石曾的官僚資本，世界書局才渡過了難關，但沈知方擔任總經理總攬全局的時代也就結束了。我們現在的出版傳媒集團，一些書業公司也同樣熱衷於房地產開發，實行多種經營；其實，任何投資都是利益與風險並存的。

1934 年，陸高誼接任總經理。抗日戰爭期間，大連灣路的總廠被日軍佔領，廠內產物損失嚴重。抗戰勝利後，李石曾強制投資半數，自任常務董事與總經理。張靜江、杜月笙先後任董事長，吳稚暉等人為監察人。這是後話了。

四、關於三類企業的混雜及商務印書館的制度變遷

過去，我們習慣於根據企業的所有制形式，把企業類型分為國有企業、集體企業、個體企業、私營企業和外商投資企業。書業也是這樣。這種劃分方法具有很大的歷史局限性，它只適用於投資主體是單一所有制的情況。現代市場經濟和社會化大生產的發展，客觀上要求企業包括出版企業進行合資經營，實現資本的社會化。因此，從企業制度的角度來觀察、研究現代企業特別是中國出版企業，無疑是值得重視的。通過上面我們對我國近現代書業企業的幾種類型的介紹與初步分析，也能得到一些引人深思的東西。

當然，我國近現代一些書局、報刊社，其資本構成與運作管理往往還處於公司制的模糊階段或探索階段。有些掛名為股份有限公司的，實際上還只是停留在股份合夥制的水平，特別是一些文人、同人所辦報刊機構與圖書公司。例如現代文學出版史上著名的新月書店的股份制就是如此。據親歷者謝家毂回憶：「新月書店是一個股份有限公司的組織，當時原定資金為五千元，以五十股為定額，每股一百元，但成立時並未收足。」至於組織機構，「成立時有一個董事會，以胡適之為董事長，其餘的董事是：徐志摩、潘光旦、聞一多、梁實秋、董任堅、張歆海、余上沅、張家鑄等。成員中大部分是要為

第 124 頁。原文出處為民國十九年（1930 年）6 月 30 日發行的《上海特別市政府公報》第 58 期，第 85 頁。

新月書店編寫圖書的著作人，少數是湊熱鬧的」。雖說機構一應俱全，像模像樣，但運作並不規範，「董事們曾開過幾次會，但從沒有召開過一次股東會，因我亦係股東之一，故比較瞭解。事實上掌大權的是胡適之和徐志摩」。該公司似乎更加注重編輯工作，這也正是這些文人學士之所長，他們「另外還有一個類似編輯委員會形式的組織，經常討論有關編輯上的事務。這個組織設在環龍路（即現在的南昌路）花園別墅，後來又搬到福熙路（即現在的延安中路）六七三號徐志摩的家裏。有時也在極司斐爾路（即現在的烏魯木齊路）四十九號胡適之的家裏。參加這個組織的成員有：胡適之、徐志摩、潘光旦、聞一多、梁實秋、饒孟侃、葉公超、張嘉鑄、余上沅等人，其中余上沅係書店經理，有固定工資，其餘都是義務的，所以他們在徐志摩或胡適之家討論編務時，所有煙酒甚至茶飯都是由徐、胡兩人招待，當時徐志摩的夫人陸小曼和胡適之的夫人江冬秀，就是熱情的招待人」。〔註66〕

　　對於新月書店董事會及其運作，應國靖也有過論述，他說1927年春成立的新月書店有一個董事會，「這些所謂董事大部分是為新月書店編寫著作的人，董事會的實權操在胡適和徐志摩的手中，因為胡適是當時的名流，徐志摩既是聞名遐邇的詩人，又因他的父親徐申如係浙江興業銀行的大股東，徐志摩的原配夫人張幼儀是當時中國銀行總經理張公權的胞妹，新月書店要靠這兩個銀行貸款周轉，有這兩個人在中間能招攬一幫文人，而且財源不用發愁」〔註67〕。這裏又涉及到新月書店的經濟背景與社會關係。

　　其實辦公司做出版，從來就不僅僅是單純的文化活動、學術事業。我們並不能說當時的新月書店股份有限公司是掛羊頭賣狗肉，但至少可以看到近現代出版文化企業或機構的多樣與複雜。其實，中國近現代出版事業的一度繁榮與興盛，既有像商務印書館、中華書局、世界書局這樣幾大書局的突出貢獻，也絕對離不開數量眾多、如雨後春筍般的中小書店、報館、雜誌社，等等。如果說當時的五大書局也好，七大書局也罷，都還只是一片茂密樹林裏的幾棵「大樹」，而沒有眾多的「中樹」、「小樹」，甚至是「灌木和荊棘」，恐怕難以構成那個時代出版的多姿多彩、競合併存的良好生態。

　　從市場經濟發展的長遠趨勢來看，企業制度由獨資、合夥制發展為股份

〔註66〕謝家崧：《我記憶中的新月書店》，見俞子林主編：《百年書業》，上海書店出版社，2008年，第77～78頁。

〔註67〕應國靖：《現代文學期刊漫話》，花城出版社，1986年，第89頁。

公司制，企業規模通過資本積纍和資本積聚由小企業擴展爲大企業，企業經營方式由分散經營發展爲集團化經營，這可以說是一種規律。但是在某個特定的經濟發展階段，企業制度、企業規模以及經營方式必然呈現多樣化的格局，尤其是在經濟轉軌時期，任何「一刀切」的做法都是違背事物發展規律的。我國晚清民國時期的書業發展就是這樣一種多元並存、百花齊放的局面。我們今天在大力推進現代企業制度建設的時候，強調現代企業制度可以有多種模式，強調「抓大放小」，強調通過實踐，形成多種多樣的公司實現形式和適應市場的生產經營方式，確實還是十分重要的。數典未敢忘中華。在如何「造大船」，建立具有集團性質的企業包括文化出版企業這一問題上，老商務又有極重要的參考價值。

晚清創立的商務印書館，最初也只是股份合夥制的小型家族式印刷所，有著濃厚的家族色彩。商務的創辦者以夏瑞芳、鮑咸恩、鮑咸昌、高鳳池四人爲主，實際集資 3,750 元大洋（對外號稱 4,000 元）。這 4 個人的組合十分有「緣」。首先是「鄉緣」，夏瑞芳、高鳳池是離上海不遠的青浦的同鄉。其次是「學緣」，夏瑞芳家貧，其母在上海一個基督教牧師家裏當幫傭，因此之故他得以進入教會辦的清心書院半工半讀，而鮑家三兄弟（三弟名鮑咸寧）之父也是牧師，三人都是清心書院的學生。由此帶來的第三緣就是「教緣」，這樣的經歷使他們都成爲了基督教徒。第四可以說是「業緣」，這個業緣與佛教無關，是指同行之意。夏瑞芳、鮑咸恩、鮑咸昌三人後來都在美華印書館學排字技術，而夏瑞芳又在英商《捷報》、《字林西報》當過排字工人，高鳳池也在美華印書館工作過。這樣，他們工作行當相同，都在外商報館、印刷機構供職，是印刷同行。此外還有第五「緣」就是「親緣」。夏瑞芳娶了鮑珏，她是鮑氏兄弟的妹妹，這樣就構成了姻親關係。由於教會的關係和既往的經歷，商務最初主要承印商業方面的帳簿、表冊和廣告之類印件，也爲教會承印《聖經》等書報，因此便由鮑氏兄弟的姐姐、在清心書院任教的鮑大姑給這家印刷所起名爲商務印書館（The Commercial Press）。當時的商務，購置了 2 部手搖印刷機、3 部腳踏圓盤機和 3 部手扳壓印機，雇傭了十幾名寧波籍工人開始營業。商務印書館的經營場所是在上海江西路德昌里租用的 3 間房屋。

26 歲的夏瑞芳是一個精明能幹、雄心萬丈的具有企業家精神與素質的優秀青年。「商務印書館開辦後，他廣泛聯絡，招攬生意，熱情接待顧客，營業

額逐年上升。他又精打細算，管理得法，盈利成倍增長。如以 1897 年該館資本額 4,000 元爲基數，到 1901 年變成 5 萬元，增長 11.5 倍；1903 年爲 20 萬元，增長 49 倍；1905 年爲 100 萬元，增長 249 倍；1913 年爲 150 萬元，增長 374 倍；1914 年爲 200 萬元，增長 499 倍。17 年工夫，資本額平均每年增長 29 倍多。這樣的高速發展，實屬罕見，因此被認爲『其歷年進展之速，爲國人經營事業中之最尖端者』。」〔註68〕這裏的增長包括盈利的積纍，也包括增資擴股、吸納外資、企業兼併等，完全是伴隨著企業化程度的提高而一步步發展壯大的。1914 年是夏瑞芳遇害的年份，到 2014 年這位中國現代史上非常傑出的出版企業家去世整整 100 年；過去人們對他的關注、重視和研究是很不夠的。作爲出版企業家來看，他的貢獻從某種程度上是不輸於張元濟、王雲五、陸費逵等人的。更何況，如果沒有夏瑞芳，也許就沒有能夠坐「中國現代出版家第一交椅」的張元濟及其輝煌成就。筆者欣喜地看到，商務印書館的現任總經理于殿利最近在《現代出版》2014 年第 6 期上以《中國近現代民族出版第一人》爲題來紀念夏瑞芳逝世 100 週年，也算是行家同道遲來的，卻也是合乎歷史事實的客觀評價，是新商務掌門人對老商務掌門人的精神認同與事業賡續。

據 1936 年商務印書館刊行的《本館四十年大事記》記載〔註69〕：從小型的股份合夥制印刷所到較爲規範的股份有限公司，商務花了約 9 年的時間。商務創設的具體日期是 1897 年 2 月 11 日；1900 年，接盤了日本人所辦的修文印刷局；1901 年，張元濟、印有模入股商務，並成立有限公司，原發起人每股照原數升爲 7 倍，共計資本 5 萬元；1903 年，「日本金港堂主原亮三郎，擬至上海開設印書公司，本館因彼時局勢之必要，與之議定合股」。後來不少研究者或認爲商務印書館正式成立股份有限公司是始於 1901 年，有的認爲是 1903 年，其實都並不確切。商務印書館正式成立股份有限公司當在 1905 年的 12 月，而得到批准則到了第二年。據《商務印書館大事記》，是年「12 月正式成立爲股份有限公司，資本 100 萬元」。「遵清政府商律定爲有限公司，呈商部註冊，資本 100 萬元，註冊時先集半數，每股 100 元，准許外人附股，

〔註68〕貫平安：《記商務印書館創始人夏瑞芳》，見商務印書館編：《商務印書館九十五年——我和商務印書館》，商務印書館，1992 年，第 543～544 頁。

〔註69〕商務印書館編：《商務印書館九十五年——我和商務印書館》，商務印書館，1992 年，附錄。

但須遵守我國商律及公司律，次年 3 月 12 日經部批准。」可見，以前都是自己成爲有限公司或股份公司，正式得到官方認可並獲得「準生證」，則以商部批准爲準。而在 1904 年，清政府剛剛頒佈了《公司律》，使得股份制企業的建立有法可依。到此時，公司設立的董事會、股東會、監察人運作更加規範有序，所有權與經營權的分工更加明確。

　　商務實行較爲嚴格的股份制以後，迅速崛起，不斷發展壯大，這裏的制度變革和路徑選擇無疑起了極其重要的作用。在股份公司中，所有權、經營權、監督權彼此合作又相互制衡。董事會是股東股權意志的體現者，執行股東的基本權力，但所有權和經營權相剝離，所有權在董事會，經營權在總經理，即總經理是資本運作的主體。這一切在資本增值這一目的上相統一。在舊中國，商務印書館是將股份公司制發揮得最爲有序、也非常有效的成功企業之一。簡單地說，商務是在合適的時機（資本主義初步發展）、合適的地方（上海），由合適的人（企業家夏瑞芳、張元濟等）實施了合適的制度（股份制公司）。接下來，我們就側重從制度層面，主要是企業的產權制度、組織制度、管理制度對商務印書館進行個案解剖。

第二章　商務印書館的產權制度分析

第一節　現代企業產權制度及其演變

　　產權，亦稱財產權利（property rights），在現代市場經濟環境中出現得極為頻繁。著名學者德姆塞茨認為，「產權是一種社會工具。它之所以有意義，就在於它使人們在和別人的交換中形成了合理的預期」〔註1〕。他將產權定義為「指使自己或他人受益或受損的權利」〔註2〕。產權即是企業出資人享有的財產權利，是伴隨著出資人對企業的資本注入行為而產生的。它不是單一的所有權利，而是以所有權為核心的一組權力，包括佔有權、使用權、收益權、讓渡權等。從廣義上講，產權分為私有產權、公司產權（法人產權）、社團產權（俱樂部產權）、公共產權和國有產權。

　　公司產權，即法人產權，是「關於如何行使對公司資產的各種權利的決定不是由某個自然人作出的，而是由公司的決策機構——法人代表機構對權力的形式作出規則和約束」〔註3〕。公司產權是一種排他性的、可轉讓的產權。非公司股東不得侵犯公司產權，公司股東也不得以非正當手段干涉公司產權，公司的出資者如主觀願意並遵守公司相關規定，則可以將手中的公司股票轉讓給他人。

〔註1〕〔美〕H・德姆塞茨：《產權論》，載《經濟學譯叢》，1989 年第 7 期，第 76～89 頁。

〔註2〕〔美〕H・德姆塞茨：《關於產權理論》，載《經濟社會體制比較》，1990 年第 6 期，第 49～55 頁。

〔註3〕魏傑，等：《產權與企業制度分析》，高等教育出版社，1998 年，第 16 頁。

　　公司產權作爲一種法人產權，是脫離了自然人的財產權利，因而需要有規範化的管理。產權制度是指「由一定的產權關係和產權規則相結合而形成的並且能夠對產權關係實行有效保護、調節和組合的制度安排」〔註4〕。具體來說，產權制度即是指「對財產佔有、支配、使用、收益和處置過程中所形成的各類產權主體的地位、權利、責任以及相互關係加以規範的法律制度」，公司產權制度則是「以公司的法人財產爲基礎，以出資者原始所有權、公司法人財產權與公司經營權相互分離爲特徵，以股東會、董事會、執行機構作爲法人治理結構來明確各自責、權、利的企業財產組織制度」〔註5〕。完善的產權制度應該包括產權界定——明確的產權歸屬、產權轉讓規則、產權擁有者的權利和義務，產權結構安排——明確的出資者、經營者關係和優化的激勵約束機制，以及有效的產權保護。

　　財產界定是隨著社會經濟生活的發展而不斷推演的。迄今爲止，人類社會出現過的產權界定方式大體有五種，即習俗界定方式、暴力界定方式、國家界定方式、市場界定方式和法律界定方式。這有一個逐步演變發展的過程。到近代，西方股份制公司制度的產權安排有兩個基本特點：第一，所有者是眾多而分散的股東，任何一個股東都沒有取得企業經營權的力量；企業經營權（即包括實際佔有權、處置權與使用權的法人所有權）由職業的執行經理來行使，形成所有權與經營權的分離。第二，所有者通過所有權（即剩餘索取權）的可交換性，對經理形成制約和對所有權進行保障。股票具有的交換性，也就是所有權的交換性，源於所有權基礎，即是由財產個人所有決定的。因此，在股份公司中存在著所有權制約經營權的產權關係，存在著所有者對經營者的制約機制。股份制企業產權制度的實質，在於財產權的兩分，它使所有者放棄直接支配權而不削弱收益權，使經營者享有出資人財產的支配權但不侵蝕所有權〔註6〕。

　　股份制嚴格意義上只是一種資本的組織形式，爲了達到不同的目的，可以通過不同的方式和途徑來實現。我國晚清以降，就存在著官督商辦股份制企業類型、民間資本股份制企業類型以及國家資本股份制企業類型這樣三種

〔註4〕牛國良：《現代企業制度》，北京大學出版社，2002年，第62頁。
〔註5〕劉東林：《關於公司產權制度的理論探索》，載《北華大學學報（社會科學版）》，2004年第1期，第58～62頁。
〔註6〕嚴亞明：《晚清企業制度思想與實踐的歷史考察》，人民出版社，2007年，第165～166頁。

途徑〔註7〕。中國近代半殖民地半封建的社會性質，決定了它的企業發展道路坎坷曲折，其制度建構難免新舊雜陳。晚清的股份制公司企業在其發展過程中存在著產權模糊的嚴重缺陷。在官督商辦式股份公司中，股權與債權的地位明顯不符合西方股權制的慣例，其角色常常是顛倒的。在後期的官商合辦及商辦股份制企業中，股權意識也存在一些重大的誤區。《公司律》的頒行，雖然在一定程度上扭轉了國人對股權、債權的錯誤認識，但並未能從根本上轉變人們傳統的投資理財觀念。而政府對公司企業的行政干預，又破壞了企業產權關係的正常發展，使本來逐步趨向清晰的產權關係變得纏繞不清。這些問題對我們今天的產權制度改革、企業改革仍舊不乏借鑒價值和警示作用。上述三類股份制企業，民間資本的股份制公司其實才更為「正宗」，代表著市場經濟環境下企業發展的「正途」和前進方向。

我國近代民間的股份制企業，在晚清洋務運動時期已經開始起步。但是作為一種重要的企業類型正式登上中國的經濟舞臺，並發揮重要作用，是在甲午戰爭結束之後。值得注意的是，民間資本股份制企業一經登上歷史舞臺，就以一種迅猛的姿態快速發展，很快成為中國近代股份制企業中數量最多、範圍最廣、表現最活躍和特色最鮮明的企業群體；也是中國近代連續存在時間最長、內容最豐富、對中國經濟發展和工業化貢獻最大的企業群體。這個企業群體中，無疑是包括了商務印書館在內的眾多民間資本的文化出版機構的。

「作為一種資本組織形式，中國近代民間資本股份制企業在起步階段籌集資金相當艱難，狀元身份的張謇在創辦南通大生紗廠歷經磨難的經歷就是一個典型，相當有代表性。此後，利用股份制企業的特點並以之為手段，中國近代民間股份制企業發展迅速，並在不長的二三十年時間裏，一批企業集團快速形成並迅速崛起。而中國近代民間資本股份制企業，也因其形態和種類表現最為多樣而成為中國近代股份制企業中最有特點的一個群體。」〔註8〕晚清民國時期的上海，在聞名遐邇的福州路一帶形成了一個出版企業集群；它們中的絕大多數都是民間資本形態的，相互競爭、風雲激蕩，引領其風騷

〔註7〕　朱蔭貴：《中國近代股份制企業研究》，上海財經大學出版社，2008 年，第 1 ～81 頁。

〔註8〕　朱蔭貴：《中國近代股份制企業研究》，上海財經大學出版社，2008 年，第 27 頁。

者無疑屬於具有集團性質的商務印書館〔註9〕。

第二節　商務印書館產權制度的初步確立

　　鴉片戰爭之後的中國社會，滿目瘡痍，半封建半殖民地的社會形態已經呈現。1842 年，中國近代史上第一個不平等條約《南京條約》簽訂，上海淪為帝國主義的租界。甲午戰爭後的第三年，百日維新的前一年，即 1897 年，商務印書館創立。商務印書館的創立絕非偶然，它有著深刻的社會根源和時代推力。當時各國列強以鴉片和堅船利炮撬開了我國的國門，閉關自守的清朝帝制受到了前所未有的衝擊，在內部固步自封和外部強行入侵的夾擊之下，國人開始變法圖強，新思潮、西學開始盛行。商務印書館正是在這樣的環境下應運而生。據胡愈之記載，「之所以叫『商務』，是因為主要印商業用品如名片、廣告、簿記、賬冊等；其所以叫『印書館』，是因為當時中國沒有『印刷廠』的名稱，當時中國人都叫『印書館』」〔註10〕。創立之時，商務印書館只是單純的靠著與教會、同鄉和洋行的關係，接受一些行家小生意；1900 年，商務收購上海修文印書局的設備等而初具規模；1902 年張元濟的加入更是讓商務如虎添翼；之後，商務印書館在張元濟以及後來的王雲五的帶領下，有聲有色地發展起來，即便歷經「一·二八」國難和八年抗戰，仍能成長為中國近代出版史上的璀璨明星。

　　從 1897 年到 1949 年，商務印書館在舊中國經歷了初創、發展、鼎盛和衰落四個時期。其產權制度亦從原始的股份合夥制進而逐步具備現代產權制度的雛形，再到比較成熟的股份制形態。特別是 1905 年股份有限公司成立後，商務印書館制定了公司章程，明確了公司的產權歸屬及股權流轉制度，其產權制度具有現代產權制度的某些特點。股東大會、董事（局）會的產生和經理人的推選又使商務產權實現了初次分離——所有權與經營權從此分屬於不同的主體。正是在這樣規範的產權制度的基礎上，商務的發展才能既有所約束又不受過分羈絆，在共同經營目標之下，實現勞資雙方的平衡。中國臺灣的王壽南曾經這樣評說商務的產權制度：「作為新興事業的商務，其早期歷史

〔註 9〕范軍：《晚清民國時期上海的出版企業集群》，載《現代出版》，2012 年第 6 期。

〔註10〕商務印書館編：《商務印書館九十五年——我和商務印書館》，商務印書館，1992 年，第 113 頁。

是探索近代企業制度的過程，商務的資本運作是現代企業制度即公司制。早在 1903 年商務就探索實行公司制，成立股份有限公司，招股集資，找到了一條資本主義的有效運作方式，董事會、總經理、監事會（商務採取在董事會內設監察人的辦法）的公司三要素基本健全。」〔註 11〕這裏除了商務印書館股份公司成立的時間不夠準確外，其它評價應該是公允的。

一、產權歸屬清晰，「三權」初步分離

　　產權歸屬清晰是建立現代產權制度的基礎和前提。在現代企業制度中，股東是公司財產的原始所有者，通過股東會選舉成立董事會並通過表決權的行使來反映其自身作爲公司投資者的權利，依法取得股權收益和行使其它權利，股東無權干涉公司的經營管理。股東作爲投資者，將其現有資金以購買公司股票的方式轉化爲公司股權。股權是股東依法享有一切資產權利，包括資產收益權、選擇管理者的權利、參與公司重大決策權、股權轉讓權和公司剩餘財產分配權等。公司吸收投資者的資金從而形成法人產權，通過有效的資本運作，實現資本保值增值，一方面促進公司規模的擴大和實力的增強，另一方面爲投資者帶來收益。這樣，公司的產權關係隨之表現爲資本最終所有權與法人財產權的分離。在法人財產權的規範下，公司建立以股東會、董事會、經理人和監察爲主要組成的治理結構，他們各司其職，維持公司的全面運營，實現其所有權與經營權的分離。

　　早期家庭作坊和合夥制時期的商務印書館，其資本原始所有權與經營權是基本統一的、不可分離的，因而不可能建立法人產權，也就無法實現所有權與經營權的分離。初創時期，商務印書館的資金非常有限，僅靠幾個有著親情和血緣關係的同鄉、同學湊得 3,750 元購得簡陋的設備進行印刷生產，其資金的提供者同時也是主要的經營者。這一時期，商務印書館的產權是原始的、單一的、封閉的，其產權歸屬於原始投資者，而原始投資者本身就是商務的經營決策者和具體執行者。

　　1903 年，商務與日本金港堂的股東進行合作，中日雙方各投資 10 萬元。但直到建立股份有限公司，日方對於中方的經營，基本上不予干涉而只取得股權收益。中日合資並建立有限公司制特別是股份有限公司成立以來，商務

〔註11〕王壽南編：《王雲五先生年譜初稿》（第 1 冊），臺灣商務印書館，1987 年，第 284 頁。

印書館逐步建立起完整的法人產權，爲其現代企業制度的建立和完善打下了基礎。

（一）明確產權的歸屬關係

第一，實現了三權的分離與制衡。從資產歸屬關係看，包括借入資本在內的全部實際資產都歸商務印書館股份有限公司所有，是剝離了原始投資者的法人財產。商務印書館的股東成立股東大會，通過股東常會和股東臨時會議的形式行使其表決權，決定公司章程的變更、資本的增減、公司債的募集、與其它公司的合併及公司的解散等公司重大事務。商務印書館股份有限公司的法人產權是基於投資人的投資而實現的，最終的產權所有者是股東。原始投資者的資金轉化爲商務的資本之後，商務印書館以企業法人的形式存在，擁有獨立的財產支配權和經營自主權。這樣，公司的決策權由股東會行使，執行權由董事會和經理人行使，監督權由監事行使，從而實現了三權分立與制衡。

第二，依法多次向政府部門註冊。商務爲了規範產權的法人形態，曾多次向政府部門進行註冊。據記載，商務印書館於 1905 年成立股份有限公司之時，開始向商部註冊登記，並於次年的 3 月 20 日獲得營業執照。此後，商務又在其資本變更的 1913 年、1914 年、1920 年和 1922 年，及「國難」後的 1932 年分別向政府的工商部、農商部、全國註冊局進行註冊登記並獲得營業執照〔註12〕。

（二）規範產權的收益

第一，制定科學的收益分配規則。產權收益包括法人產權的收益和投資者產權收益兩方面。法人產權收益是指當商務盈利時，公司可以依法從利潤中提取公積金和公益金，用於商務規模的擴大和企業虧損的彌補；對於投資者而言，其產權的收益即是股東依據自己的資產份額從公司的利潤中索取收益。商務規定，公司每年結帳後的盈餘，先提取十分之一作爲商務公積金，再提取八釐股息，剩餘部分平均分爲兩部分：一部分的半數作爲股東紅利，另半數作爲甲種特別公積金；另一部分的半數作爲同人獎勵金，另半數作爲乙種特別公積金。公司盈餘的十分之一和甲種特別公積即爲商務印書館的法

〔註12〕汪耀華選編：《民國書業經營規章》，上海書店出版社，2006 年，第 43～44頁。

人產權收益，而股東將依法從商務取得常年八釐的股息及股東紅利。對於乙種特別公積金，商務亦明確規定其為公益之用，由董事會支配，未用完則完全歸公司所有。

商務印書館歷來重視對股東股權的維護，這是入股商務印書館同人的共同認識。對於股東股份的收益權、支配權、佔有權、使用權等，商務都有較詳細的成文規定，主要見於 1927 年 10 月 1 日董事會修改而成的《本公司支取股息規則》〔註13〕等。

第二，提供股息支付的嚴謹性。關於股東對於股票的收益，商務印書館規定，「公司每屆發息之期，當將股東應得利息數目填成息單，寄交股東」。「股東收到息單，即於息單中加蓋圖章，持向公司支取或派人持息單向公司支取，公司但以圖章為憑。」「股東如住居遠地，其它公司設有分館者可加蓋圖章於息單中，交該分館寄公司，公司驗明無誤，即將股息如數匯付該分館轉交股東，不取匯費，惟息單未經公司驗明，分館不得先行墊付及劃抵賬項。」「股東得將息單加蓋圖章，由郵局雙掛號寄交公司，公司收到息單驗明無誤，即將息款匯寄股東，其匯費由股東承擔，於股息中扣除，途中如有錯誤，公司當代為查究，惟不負賠償責任。」「支取股息者請先至本公司股務股核對加蓋股務股印章，再向出納科支取。」

規則還要求，股東住址如有變更，應隨時通知公司，以免寄遞息單致有錯誤。

由此可見，商務印書館的股息支取要經歷嚴格的審核，確認股東信息及股款信息無誤，並至少加蓋公司、股東和公司股務股三個印章之後，股東方可取得息款。這足見商務印書館對於股息支付的嚴謹。

（三）明確產權的支配和處置權力

商務規定，投資者一旦將資本投入商務印書館股份有限公司並確立其經營管理人員，就意味著投資者再不能干涉公司的日常運營，而必須把公司財產的支配權交給董事會、經理人，自己只能通過股權的流轉來有限地處置自己手上的股份而無法對公司產權產生影響。股東依法取得股息和紅利，並通過在股東大會上表決權的行使來間接地影響公司經營。股東有對於所持股票的處置權，他可以將股票轉讓或贈送給他人，但必須履行商務對此規定的各

〔註13〕汪耀華選編：《民國書業經營規章》，上海書店出版社，2006 年，第 94～98 頁。

項程序。

二、規範股權管理，實現股權流轉

　　商務印書館自中日合資以後便開始以股權方式管理公司資產，股票是商務股東的股權表現形式。股東可以自行持有股票，也可以轉讓、抵押給他人。對於股權的流轉，商務制定了規範的操作程序並設立專門管理公司股票的股務股對其進行管理。1927 年 10 月 1 日，商務董事會進一步修改和議定的《股票轉讓規則》、《股票抵押註冊規則》等，則進一步完善了其股權流轉。

　　商務印書館的股份實行實名登記，股東在進行股份轉讓之前，需向公司聲明並徵得公司同意之後，填寫轉股單，方可進行過戶，否則公司只認原股持有人。股票過戶或遺失註銷時，每張需向商務繳納紙筆費一銀元並附繳應行貼用之印花稅。

　　《商務印書館股份有限公司章程》規定，商務股東在將部分或全部股份進行轉讓時，必須會同受讓人各立轉股證書並注明見證人職業、住址，連同股票送至公司股務股進行查核，待查證後，轉讓人在轉股證書上蓋上與在公司存記一致的印章並附繳依法印花稅後，商務即將原股票註銷，填寫轉股收據並發給受讓人新股票。受讓人填寫公司股東註冊調查單，並就定式印鑑紙加蓋印鑑一式兩份，交公司存記作爲公司發給股息之憑據。如果受讓者本身即爲公司股東，則不必另存新印鑑，但受讓者在轉股證書上加蓋的印章必須與存記於公司的印章完全一致。填換新股票時，受讓人可以自行決定將股份分填若干張或是合併爲一股，只需在股東註冊調查單上的附記欄注明即可。受讓人在填收新股票時需繳納銀元一元。「股東經本公司股務股核明查照轉讓後，自發給轉股收據之日起，本公司即認受讓人爲股東，該股份一切權利即歸受讓人所有。」〔註14〕（如圖 2-1）

　　商務印書館的股票收益很高，轉讓時大致可以增價 30%左右，但這種轉讓在當時只是由商務自行管理和操作，直到 1947 年 12 月 15 日，商務的股票才在上海證券交易所上市〔註15〕。在抗戰及解放戰爭時期，有一家名爲「興業股票」的票行曾經買賣過商務的股票。這家股票號是由商務董事葉景葵和

〔註14〕汪耀華選編：《民國書業經營規章》，上海書店出版社，2006 年，第 94 頁。
〔註15〕汪家熔：《商務印書館史及其它——汪家熔出版史研究文集》，中國書籍出版社，1998 年，第 44 頁。

徐寄廎任董事長的浙江興業銀行撥款辦的〔註16〕。

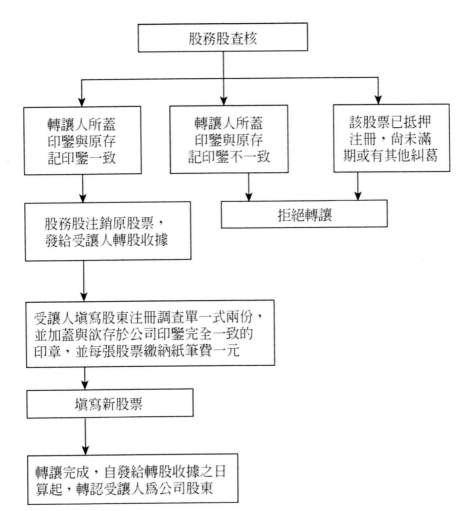

圖 2-1　商務印書館股票轉讓流程圖

　　關於股票抵押，商務印書館規定：「受押本公司股票者，無論個人或商號均須向本公司索要股票抵押聲請註冊書，會同股東詳細填具，向本公司註冊。」「本公司接到聲請註冊書，經核明並無糾葛後，除在股東名簿注明外，另給注明復允書，交由受抵押者收執，以為憑證。」「註冊有效時期以抵押滿期之日為止，過期即為無效，如到期續押者，應另具股票抵押聲請註冊書，重行

〔註16〕　朱聯保編撰：《近現代上海出版業印象記》，學林出版社，1993年，第338頁。

註冊。」〔註17〕

　　關於股票的掛失，商務印書館規定，「凡股東遺失股票，可至本公司索取空白遺失股票報單，按式填寫完全，加蓋存記印鑑，並覓殷實商人或店鋪為保證人先告由本公司認許，經保證人在單上簽名蓋章、黏貼印花稅票，送交本公司股務股」。「本公司接到遺失股票報單應即查驗，如有不符將原件退還改正，如驗明無誤，一面將通知掛失情形在股東名冊上登記，一面即面告或函囑股東即將所遺失之股票號數等擬就廣告稿底，送由本公司股務股，經審閱認為可用，即知照股東照登本公司制定上海兩種著名日報明顯廣告，至少各兩天，如股東在外埠遺失，該埠尚有日報，並應另登該埠一種以上有名日報之明顯廣告。」「登報後如無糾葛發生，滿兩個月時由股東至本公司索取空白遺失股票補領新股票證書，並邀同前請保證人在證書同位署名蓋章、黏貼印花稅票，交由股務股查明加章，交還股東收執，一面由股務股補填新股票。」「股票填成後，通知股東持遺失股票補領新股票證書換取股票。」〔註18〕

　　由以上分析可見，商務印書館對於自身的法人產權進行了規範的管理和維護。商務印書館股份有限公司的註冊成立，使其法人產權得到了法律的認可和保護。此後，商務數次增資使法人財產得以擴大時，都及時地向有關部門註冊登記。法人產權的建立使商務實現了出資方原始所有權、公司法人產權和公司經營權的分離，實現了決策權、經營權和監督權的制衡。商務同時不斷完善產權管理，一方面成立專業部門——股務股對公司股票及股東進行管理，另一方面又制定了相應的規章制度，從硬件和軟件方面保障了公司產權的規範。這些都表明商務對於企業產權制度的早期覺悟和探索。然而，商務雖然建立起了初步的產權制度並進行了力所能及的維護，但這些嘗試和努力畢竟是有限的，它對於產權的管理具有很強的封閉性。這種封閉性導致了商務在具體的股權管理中出現「人治大於法治」的現象。此外，在這種封閉的產權制度下，商務股票即便具有收益大的驅動，也只能在個人與個人之間進行流動和轉讓，股權的流轉事實上並沒有帶來公司資產的高速增長。而商務對於股票轉讓的繁瑣程序，在當時社會動亂、人口流動性大的環境下，操作性被大打折扣。

〔註17〕汪耀華選編：《民國書業經營規章》，上海書店出版社，2006年，第95頁。
〔註18〕汪耀華選編：《民國書業經營規章》，上海書店出版社，2006年，第95頁。

第三節　商務印書館卓有成效的資本運營

　　資本運營是對資本及其運動的全過程的運籌和經營。具體來說，資本運營就是「企業通過上市、收購、協議轉讓、拍賣、兼併等各種手段的組合，對企業的股權、實物產權或無形的知識產權等進行調整，以謀求競爭優勢的過程」〔註19〕。資本的有效運營，能為企業發展提供資金支持，實現企業資本的保值和增值，為企業的後續發展積蓄力量；能夠實現企業優勢的良好發揮，使企業在市場上取長補短，獲得主動權；能夠使企業在發展中依據市場等各種外部因素的變化，並結合自身實力進行戰略和策略上的調整，形成自身的發展特色和核心競爭力。搞好資本運營，合理地籌措資金，有效地運營資金，實現資本積纍，提高資本運動的效率和效益，是企業充滿活力和可持續發展的必由之路。

　　1897 年至 1949 年這一時期的商務印書館，經歷了創立、發展、鼎盛和衰落四個階段，從初創時期的合夥制到中日合資後建立有限公司，再到 1905 年建立股份有限公司，商務印書館在資本籌集和資金運營乃至其資本增值的分配上都進行了諸多探索和實踐，為當時的出版界乃至商界所傚仿。

一、多種籌資渠道的組合與並存

　　資本籌集是資本運營的首要環節，是企業進行生產經營和資本運營的前提和基礎。雄厚的創業資金為企業起步提供財力保障，企業為了擴大規模，拓展業務範圍，更新生產設備，改進生產技術，吸收新生力量，就要不斷追加投資；而當資金周轉不靈、資金盤活困難時，企業更要籌措資金以解決當前困難。綜合運用多種資金籌集方式，廣開籌資渠道，能夠為企業發展提供所需資本，完善和優化企業資本結構。

　　商務印書館創始於一家以家族為單元的合夥印刷作坊，在不斷發展中摸索出了諸多靈活有效的籌資方式，不僅為商務印書館的起家準備了創業基金，而且為其不斷發展籌措了更多的資本，更在其發展的艱難時期提供了周轉資金。

（一）吸納個人投資

〔註19〕劉學、莊乾志：《如何正確認識企業資本運營》，載《中國民營科技與經濟》，1998 年第 3 期，第 14～15 頁。

　　個人投資是商務印書館最初的籌資方式，商務印書館正是吸收了沈伯芬、夏瑞芳、鮑咸恩、鮑咸昌等的私人資金才得以創立的。1901 年，正當張元濟滿懷救國救民的抱負無以施展的時候，夏瑞芳從商務的未來發展出發，力邀其加盟。於是，印有模和張元濟一併入股商務，為商務的發展注入了資本動力。

　　1897 年，清光緒二十三年丁酉年正月初十（公曆 2 月 11 日），商務印書館在上海正式創辦。它是由幾位具有教友、同鄉、同學和親姻關係的創辦人組成的以家族為單位的合資形式的印刷作坊，發起人主要是夏瑞芳和鮑咸恩、鮑咸昌二位兄弟。創立之時，只是單純的靠著與教會、同鄉和洋行的關係，接受一些如傳單、賬冊、簿記之類的行家小生意。據高翰卿回憶，創辦時的出資方中，數額最高的是一位天主教教徒沈伯芬先生（張桂華，亦即張蟾芬在電報學校的同事，其父在蘇松太道道署當法文翻譯）。他共認兩股，計洋 1,000 元，其餘股份如下〔註20〕：

鮑咸恩	一股	計洋 500 元
夏瑞芳	一股	計洋 500 元
鮑咸昌	一股	計洋 500 元
徐桂生	一股	計洋 500 元
高翰卿（鳳池）	半股	計洋 250 元
張蟾芬（桂華）	半股	計洋 250 元
郁厚坤	半股	計洋 250 元

　　這是商務印書館吸收個人資金之始，這一時期乃至張元濟加入直至中日合資成立有限公司，它的運作形態都只是早期的家庭作坊式，通過吸收個人的資金來完成原始資本積纍。

　　因為商務印書館生意上的往來，夏瑞芳與盛宣懷主持的上海南洋公學有聯繫，而該校譯書院院長張元濟亦常因印刷書籍等業務與夏瑞芳多有接觸，並認為夏是「辦事異常認眞之人」〔註 21〕。張元濟是南洋公學監院（相當於教務長），其時正與美國人福開森多有摩擦並產生了較深的矛盾，在滿腔抱負

〔註20〕商務印書館編：《商務印書館九十五年──我和商務印書館》，商務印書館，1992 年，第 2～3 頁。

〔註21〕汪家熔：《商務印書館史及其它──汪家熔出版史研究文集》，中國書籍出版社，1998 年，第 12 頁。

無以施展而夏瑞芳又盛情邀請之下，張元濟決定加入商務印書館。

1901 年，張元濟與印有模合資入股商務印書館，商務印書館完成第一次增資。印有模是上海日新盛布店和閘北紗廠的老闆，與夏瑞芳也有交往。1901年夏，商務原有資本 3,750 元大洋，四年半未分過股息、紅利，估值後升值 7倍爲 26,250 元，張元濟、印有模投資 23,750 元，共爲 5 萬元。

從現有資料看，從張、印二人入股商務印書館的 1901 年到 1903 年的三年間，商務印書館並沒有進行資本籌措（1904 年與日本人簽署合資時，商務印書館的原有資產仍只折合爲 5 萬元，另招募 5 萬元才得以湊足 10 萬元股金），這一時期只是商務印書館在張元濟等人的帶領下，摸索發展道路，使商務由印刷業走向出版業的初級階段。從其資本結構看，這是商務籌備資金、積蓄力量的階段。當然，10 萬元股金比起創辦初期的 3,750 元股金還是翻了20 多倍。

清光緒二十九年即 1903 年 12 月，日本印刷公司金港堂方面因國內教科書受賄案爆發〔註 22〕，其股東原亮三郎、山本條太郎等打算在中國進行投資以轉移投資人在日本的壓力。商務印書館鑒於中國國內印刷技術的落後，同時考慮到金港堂來上海投資勢必會與自己形成競爭，因而決定與其合作，以增強自身資金、技術實力，這也是商務印書館歷史上的第二次增資。

在此之前，商務印書館的股金是由 7 位創業股東、稍後加入的張元濟和印有模三方組成，因而其與日本方面合作的決定就必須經過三方的完全同意。合作的方式主要是日本方面投資者出資 10 萬元，商務印書館亦湊足 10萬元，「但所訂的條件並不是事事很平等的，我們方面有二個主要條件：一是經理及董事都是中國人，只舉日人一人爲監察人。二是聘用的日人隨時可以辭退」〔註 23〕。有研究者評價此次合資是「主權在我」的成功之舉。這一次吸收日資，是商務印書館眞正實現企業現代化的開始。

（二）實行股份制並多次增股

公司發行股票，有利於籌集公司的資本金及擴展所需資金，擴大公司的影響，提高公司的知名度。

〔註22〕胡愈之在《回憶商務印書館》中認爲，日人與商務的此次合作還帶有政治上的目的，即要和「新黨」建立聯繫，在中國發展資本主義。

〔註23〕商務印書館編：《商務印書館九十五年——我和商務印書館》，商務印書館，1992 年，第 8 頁。

　　初創時期的商務印書館，其出資者的出資額是明確的具體的貨幣數量，是一種早期合夥性質的企業形式，其合夥人承擔的是無限責任，這就決定了合夥人的權利也是「無限」的，也就不可能實行股份制。

　　1903 年，日方投資者注入資金之後，商務印書館的股東由原來的 9 位增加到 24 位，其投資目的與股東利益企望遠比合夥制時期的複雜得多，因而改為資本參與管理。不過在最初合作的兩年，商務並沒有實行規範的股份制，直到 1905 年 12 月，遵照註冊章程呈請商部註冊成立「商務印書館股份有限公司」，才開始了真正意義上的股份制。

　　實行股份制之後，商務印書館開始以股票的形式管理公司產權。據商務印書館 1914 年 1 月 31 日董事會給非常股東大會的報告記載：「至民國二年〔底〕……日人股份僅得四分之一，即三千七百八十一股」〔註 24〕，收回日股時，日方共有股份 378,100 元〔註 25〕（占商務股份總數的 25.2%〔註 26〕），即一股一百元。此時商務的股本由合資前的 5 萬元增加到 1914 年清退日資時的自有股本 20 多萬元（投資額＋升股），其收益比較可觀（見表 2-1）。

表 2-1　商務印書館原始投資收益表〔註 27〕

年份 （年）	投資額 （元）	升股 （元）	參加分紅股金 （元）	當年股息 （％）	實得息金 （元）
1903	100,000		100,000	30	7,102.4*1
1904			100,000	24.6572	24,657.2
1905		22,000*2	100,000	28.3765	28,376.5
1906			122,000	38.698	46,437.6
1907		24,400*3	122,000	27	32,940.0
1908			146,400	14	20,496.0
1909			146,400	18	26,352.0

〔註 24〕　轉引自汪家熔：《商務印書館史及其它——汪家熔出版史研究文集》，中國書籍出版社，1998 年，第 27 頁。

〔註 25〕　轉引自汪家熔：《商務印書館史及其它——汪家熔出版史研究文集》，中國書籍出版社，1998 年，第 29 頁。

〔註 26〕　轉引自汪家熔：《商務印書館史及其它——汪家熔出版史研究文集》，中國書籍出版社，1998 年，第 19 頁。

〔註 27〕　轉引自汪家熔：《商務印書館史及其它——汪家熔出版史研究文集》，中國書籍出版社，1998 年，第 35 頁。

1910			146,400	20	29,280.0
1911			146,400	12*4	17,568.0
1912		73,200*5	146,400	21.99	32,193.4
1913			219,600	20	43,920.0
合計	100,000	119,600			309,323.1*6

*1 爲第四季度的投資收益。

*2 爲光緒三十一年（1905 年）十二月二十二日議決以公積金升股 22%。

*3 爲光緒三十三年（1907 年）四月十一日議決以公積金升股 20%。

*4 爲本年因下年度改用陽曆結賬，實計 10 個月營業額，外加戰爭損失。

*5 爲 1912 年 4 月 19 日議決每股以公積金升股 40 元，利潤撥入 10 元。占股額 50%。

*6 爲 10 年三個月華股得益 119,600＋309,323.1＝428,923.1 元，平均年利 41.85%；日股退股另加股額的 26.5%（58,194.0 元）共 487,117.1 元，平均年利 47.52%。

　　1903 年至 1914 年間，商務印書館經歷了幾次增股。1905 年商務就曾兩次增資，前一次老股東有增資權，後一次還將範圍擴大到有關人員，包括得力職員。「前一次日本方面有：原亮一郎、山口俊太郎、利見合名會社、筱崎都香佐、益田太郎、益田夕夕、藤瀬政次郎、鈴木島吉、神崎正助、丹羽義次、伊地知虎彦。後一次，日籍職員除長尾外，還有田邊輝雄、小平元、木本勝太郎、原田民治。兩次共 19 位日本人成爲新股東。」〔註28〕至 1913 年，商務共有股本 150 萬元，清退日股後，增爲 200 萬元。

　　這十年，也是商務歷史上的黃金發展時期。這種早期以股份制形式與日本投資者進行合作並募集資金的方式，不僅使商務印書館籌得了充足的發展資金，更重要的是爲商務未來的發展積纍了印刷技術和編輯經驗。

　　完全華商主辦之後的商務印書館更以股份制形式作爲公司財產的組織形式和資本籌集方式。據《商務印書館股份有限公司章程（1932 年 9 月 4 日及 11 月 6 日股東臨時會修改）》規定，「本公司股份總額銀元五百萬元，因民國二十一年國難之損失，減爲三百萬元分作五萬股，每股銀元六十元……」〔註29〕。在此之前，商務印書館歷年的股本如圖 2-2〔註30〕。

〔註28〕轉引自汪家熔：《商務印書館史及其它──汪家熔出版史研究文集》，中國書籍出版社，1998 年，第 15 頁。

〔註29〕汪耀華選編：《民國書業經營規章》，上海書店出版社，2006 年，第 43 頁。

〔註30〕此圖是作者根據商務印書館編的《商務印書館九十五年──我和商務印書館》（商務印書館，1992 年）第 750 頁中莊俞《三十五年來之商務印書館》關於商務歷年資本比較的數據繪製而成。

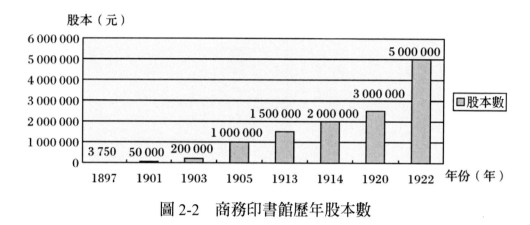

圖 2-2　商務印書館歷年股本數

　　八年抗戰時期，商務印書館並沒有召開股東會，也沒有增加股本。在抗戰勝利後的 1946 年 9 月 29 日的股東會上，股東報告提道：「上海淪陷後公司備受敵偽脅迫、危害，但在菊生先生暨各位董事主持下堅決抗拒，始終不屈，不開股東會，不改選董事監察人，不更改組織，甚至連公司的股本都未增加。我們實在可以自豪。諸位看看處在當時惡勢力下工商機構改組的有多少，但本公司始終沒有改組，增資的有多少，但本公司始終沒有增資。」〔註31〕

　　商務以發行股票的方式拓展資金，增強了商務的經濟實力，優化了資源配置，改善了商務的資本結構，解決了商務發展中的資金問題；其股票發行範圍的擴大，不僅提高了商務內部的凝聚力和員工的積極性，從外部環境上講，也為商務的發展提供了諸多便利。正是因其強勁的資本實力和靈活的股票發行，商務才得以在複雜的近代社會中迅速發展。

（三）借貸和吸收職工存款

　　借貸是企業籌資的一種手段，為了籌措企業運行資金或解決企業資金周轉的困難，企業以抵押或他人擔保的方式向政府、金融機構、其他企業或個人籌集資金，並付以一定的回報。這是商務印書館常用的籌資方式。商務印書館創立之初，創業資本 3,750 元用於購買印刷設備後已所剩無幾，其時幾乎沒有任何流動資金。高翰卿回憶說，「起初一二年中接到生意，最感困難的事，是臨時添辦材料。那時我在美華書館已任經理，經手進貨的事務，情形較為熟悉。關於商務方面添辦材料的事，常常幫一點小忙，稍為可以便宜些，有

〔註31〕汪家熔：《抗日戰爭時期的商務印書館（四）》，載《編輯學刊》，1995 年第 6 期。原載 1946 年 9 月 29 日王雲五在商務印書館臨時股東大會上的報告。

時代他們辦一二條青鉛，有時配數件連史紙」……「沒有現錢由余擔保」……
「又得各方之信用，經濟逐漸寬裕」〔註 32〕。這是商務印書館借貸的開始，
是迫於當時資金極其緊張和有限。為商務提供早期借貸資金的主要是印有
模。他是布商，資金雄厚。

　　中日合資後，商務印書館的規模壯大，在業界和社會上的知名度都有極
大提高，來自日本方面的資金、技術和經驗使其生產運作效率得到很大提高，
資本增值快，利潤豐厚，信譽也大幅提升。藉此機會，商務印書館開始吸收
社會存款和職工儲蓄來增加資本。商務印書館《同人儲蓄章程》和《同人長
期獎勵儲蓄規則》是其走上企業化道路之後吸收職工存款以拓展資本籌集渠
道的規範性文件。商務吸收職工儲蓄的方式分為活期和定期兩種，總館職工
可以任選其一或二者並選，對於分、支館、分廠職工，商務則只接受其定期
存款。定期儲蓄以一年為限，最多存款 5,000 元，活期儲蓄以 1,000 元為上限。
此外，商務還吸收全體職工的長期儲蓄金，即按月從職工的薪水中扣除 5%作
為長期儲蓄。「他們支付存戶的利率高於銀行錢莊的存款利率，低於向銀行錢
莊貸款利率，雙方都合算。這差額雖極微小，但存款數一多，絕對值是很大
的。」（見表 2-2）〔註 33〕

表 2-2　商務印書館 1904 年至 1922 年吸收存款及當年股本情況

年份（年）	吸收存款（元）	當年股本（元）
1904	75,439	200,000
1905	150,954	300,000
1906	683,518	403,500
1907	780,870	750,000
1908	870,053	750,000
1909	648,139	759,500
1910	586,409	787,400
1911	531,336	796,500
1912	586,015	797,000
1913	604,665	1,500,000

〔註 32〕商務印書館編：《商務印書館九十五年——我和商務印書館》，商務印書館，
　　　　1992 年，第 3～4 頁。
〔註 33〕汪家熔：《商務印書館史及其它——汪家熔出版史研究文集》，中國書籍出版
　　　　社，1998 年，第 78 頁。

1914	853,319	1,827,000
1915	872,076	1,929,200
1916	1,194,842	1,929,200
1917	871,131	2,000,000
1918	755,795	2,000,000
1919	618,982	2,000,000
1920	1,083,708	2,500,000
1921	814,632	2,500,000
1922	814,632	2,500,000

（四）多留少分，以「折低」方式進行資本積纍

通過把自身所獲得的剩餘價值轉化爲資本來增大自己的資本總額也是商務印書館在其發展過程中獲得資金的重要方式。從商務印書館的資本柱狀圖（圖2-2）中我們可以發現，商務印書館的資金增長是驚人的，除了依靠吸收個人投資、發行股票和借貸方式外，用「折低」的方法獲取收益就是其常用手法。商務印書館採取「多留少分」的方式將實際盈利折低，這樣，按規定提取的職工紅利和福利基金就會無形減少，同時確保剪息票者能拿到比社會一般平均利潤效率高的股息及紅利。如此，商務印書館每年資本餘額就會快速增長，爲其下一年的發展提供充足的資金。不過，商務印書館並不隱瞞自己的這一做法，「本公司產業、機器、生財、裝修、存貨。每年照原數折減甚巨」，如1914年和1915年兩年給股東的財產賬目中計算出的不同折減書如表2-3〔註34〕：

表2-3　商務印書館1914年和1915年資產折去實況

項目	原值計算方法	1914年的折去數（%）	1915年的折去數（%）
地基	照購進價	減去18	減去21
房屋	照購進價	減去30	減去35
機器等固定資產	照購進價	減去51	減去55
紙張等原材料	照購進價	減去20.68	減去21
書籍（存貨）	照成本算	全部不做價	減去41

〔註34〕汪家熔：《商務印書館史及其它——汪家熔出版史研究文集》，中國書籍出版社，1998年，第80頁。

儀器文具（存貨）	照購進價	減去 45	減去 50
書稿（版權）	照原用價	減去 96.2	減去 98
人欠	照前欠數	減去 60	減去 60
總計	平均	減去 57〔註 35〕	減去 56.5〔註 36〕

（五）通過資本運營增值的分配實現增資

企業以其全部資本實現的資本增值包括借入資本的增值和自有資本的增值。借入資本實現的增值一部分以利息形式支付給貸款者，剩餘部分與企業自有資本實現的增值合併即為企業的利潤，企業按規定繳納稅款並提取公積金和公益金後對企業的投資者進行利潤分配。企業在進行利潤分成時，除了以現金方式支付股利外，還以股票股利（將普通股股利轉作股本）和將盈餘公積金轉作增資本金以擴大企業資本的運營規模。

早期的商務印書館是由兩個以上的自然人經過協商，同意聯合擁有並負責經營的企業，是一種共同出資、共同經營、利潤共享、風險共擔的合夥關係。雖然這一時期，商務印書館的出資方並未以嚴格的契約或合同規約各方職權和義務，但從其資本組成和經營形式上看，它實際上已經具有現代合夥制企業的諸多特徵。這一時期，商務印書館的經營規模尚小，經營內容僅僅主要局限在承接外來印刷，其實際的工作人員與商務之間並沒有締結勞資關係，而只是以幫忙性質在出力。它只是單純的家庭作坊，幾乎沒有明確的計劃和策略，只是幾個有著家庭責任和野心的人聚在一起幹事業。從利潤分配看，初創時的商務印書館其產權收益幾乎全部都作為企業資本，投資者都不分官分利，所有盈餘盡做營業資本，直到張元濟、印有模先生投資入股，才重新估值升股。

商務印書館有限公司成立以後，它曾採取將盈餘公積金轉作增資本金的方式，進一步擴大商務印書館資本運營的規模。如 1920 年 5 月的股東會議議決，「酌提餘利及公積作為股份，原有舊股 4 股升得 1 股，本公司股本增為 250萬元」〔註 37〕。

〔註 35〕原文如此，疑應為 45.84%。

〔註 36〕原文如此，疑應為 47.63%。

〔註 37〕商務印書館編：《商務印書館九十五年——我和商務印書館》，商務印書館，1992 年，第 688 頁，附錄《本館四十年大事記》。

　　這一增股方式在《商務印書館股份有限公司章程》中有明確規定，「本公司每年結賬，如有盈餘，先提十分之一爲公積金，次提股息常年八釐，其餘平均分爲甲、乙兩部。甲部分之半數作爲發股東紅利，其它半數作爲甲種特別公積」，「甲種特別公積專爲恢復原有股份之用，每積至五十萬元時，即將股份陸續恢復，至五百萬後不再提存，一併作爲股東紅利」〔註38〕。

　　通過吸收個人投資、發行股票、吸納職工儲蓄和產權增值分配等多種方式的綜合運用，商務印書館爲自身發展積纍了大量的資金，而雄厚的資金後盾又成爲其資本投資的基石。

二、核心產業與資本投資多元化，走專業化與集團化的發展之路

　　投資是指「將所籌集的資本投入使用，從事生產經營和資本經營活動，以達到經營目的並獲得良好的經營效益」〔註39〕。企業投資是指「企業爲獲得所籌集資本的增值，而將資本投放到特定的項目中，以經營某項事業的經營行爲」〔註40〕。企業的投資包括廠房和機器設備的新建、改建、擴建及購置等實業投資，也包括購買股票、債券的金融證券投資和以聯營方式向其它企業注入資本的產權投資。企業通過投資，可以爲其發展提供生產經營場所和生產技術條件，爲企業資金實現保值增值提供可能，也可以延伸自身優勢，調整企業經營和產業結構，實現資源優化配置，轉移運營風險。

（一）以出版爲主業

　　商務印書館是中國近代出版史上的「執牛耳者」，雖是以印刷業起家，但之後它就堅持以出版爲自己的主要和核心業務。無論是書業還是期刊業務，它在中國近代出版史都創造了許多輝煌。

　　初創時期的商務印書館，主要是借著發起人夏瑞芳和「二鮑」先生先前在捷報館工作的關係，承接行家小生意和聖書會、聖經會、廣學會等的印刷業務。在張元濟進入編譯所（1902 年）之前的幾年裏，商務印書館也嘗試著做些出版的業務。其時，商務於 1898 年出版了《華英初階》、《華英進階》等

〔註38〕 汪耀華選編：《民國書業經營規章》，上海書店出版社，2006 年，第 46 頁。
〔註39〕 夏樂書，等：《資本運營：理論與實務》，東北財經大學出版社，2001 年，第 31 頁。
〔註40〕 夏樂書，等：《資本運營：理論與實務》，東北財經大學出版社，2001 年，第 110 頁。

書，1899 年出版了英漢對照的《華英國學文編》卷一，次年陸續出版了二、三、四卷，為我國早期的英漢對照讀物。據高翰卿回憶，除了英漢學習書籍，商務這一時期還出版了《國學文編》、《通鑑輯覽》等國學讀本。張元濟說：「《通鑑輯覽》初版印 1,000 本，立刻銷完，再版共銷至萬餘部。」〔註41〕這是商務印書館出版業務的早期嘗試，也是夏瑞芳力圖擴大商務業務的一次成功的「試水」。它不僅為商務印書館的早期發展積纍了一定的資金，而且也為後來張元濟進入編譯所後進行有計劃、有系統的圖書策劃、編輯與出版提供了技術、市場和經驗基礎。

　　1902 年，商務印書館編譯所成立，張元濟為主持者。編譯所下設國文、理化、英文三部，自任所長。此時的商務印書館在張元濟的帶領下，邁開了現代出版的第一步。1902 年 7 月，商務印書館按照清政府頒佈的學堂章程，以學期制度為體例編輯了我國第一套初等小學教科書——《最新教科書》。除了教科書外，商務還致力於自然科學和應用技術書籍的出版，早年出版了伍光建編譯的《物理學》九種和謝洪賚編譯的《生理學》，都行銷很廣。除了圖書出版，這一時期的商務印書館還曾以代印的形式出版了幾份期刊，如汪康年主編的《昌言》，朱開甲、王顯理主編的《格致新報》和蔡元培、張元濟主辦的《外交報》等。在出版略有成就之時，商務又聘用「老書坊裏的傑出人才」俞志賢、呂子泉、沈知方開辦滄海山房進行圖書發行，從而開始了商務自己的發行工作。

　　這是商務印書館在印刷出版方面的早期投入，也可視為商務印書館早期的生產經營。商務印書館這一時期以極少的資金建立了我國近代第一家現代意義上的文化企業並開始了它在出版業進行早期資本經營的第一步。

　　縱觀商務印書館 1897 年至 1949 年這段時期的出版種類可知，教科書和兒童讀物、自然科學和應用技術圖書及社科類圖書是其出版的重點（見表2-4）。從幼稚園到師範及職業教育、高等教育，商務印書館的教科書和兒童讀物幾乎涵蓋了整個教育範疇。《最新教科書》、《小學生文庫》、《小學生分年補充讀本》、《新編共和國教科書》、《大學叢書》等都是商務印書館在教科書和兒童讀物上的成功之作。商務印書館自從事出版之初就致力自然科學和應用技術書的出版。除了以單行本的形式出版此類圖書外，商務印書館自五四運

〔註41〕商務印書館編：《商務印書館九十五年——我和商務印書館》，商務印書館，
　　　　1992 年，第 5 頁。

動以後亦開始出版了自然科學和應用技術方面的叢書，如早期的有《自然科學小叢書》、《農學小叢書》、《算學小叢書》等，後期又出版了《工程叢書》、《科學叢書》，等等。此外，商務印書館在社會科學類圖書的出版上也可謂盡心盡力，比較著名的有《辭源》、《中國人名大辭典》、《植物學大辭典》、《中國古今地名大辭典》、《韋氏大學字典》、《萬有文庫》、《漢譯世界名著》、《四部叢刊》、「百衲本」《二十四史》等。

表 2-4　1897 年至 1949 年商務印書館各類出版物數及占全國總數比例 〔註 42〕

圖書類型	全國出版總數	商務出版總數	占商務出版總數的比例（%）	商務占全國出版總數的比例（%）
（不詳）		3,718	24.56	
經濟	16,034	1,102	7.28	6.87
中小學教材	4,055	952	6.29	23.48
自然科學	3,865	951	6.28	24.61
教育	9,324	922	6.09	9.89
中國文學	15,687	873	5.77	5.57
外國文學	4,404	861	5.69	19.55
政治	13,286	651	4.30	4.90
哲學	3,085	588	3.88	19.06
歷史	4,685	546	3.61	11.65
語言文字	3,861	503	3.32	13.03
法律	5,779	425	2.81	7.35
工業技術	2,760	393	2.60	14.24
地理	2,641	364	2.40	13.78
醫藥衛生	3,859	349	2.31	9.04
傳記	3,403	308	2.03	9.05
藝術	2,825	291	1.92	10.30

〔註 42〕綜合引用李家駒：《商務印書館與近代知識文化的傳播》，商務印書館，2005 年，第 168～169 頁、第 174～175 頁。原始數據來源於《商務印書館與二十世紀中國光碟》內藏的商務印書館《百年書目》及邱崇丙《民國時期圖書出版調查》，第 163～174 頁。

社會科學	3,526	265	1.75	7.52
農業科學	2,455	256	1.69	10.43
心理學	365	136	0.90	37.26
體育	945	133	0.88	14.07
文化科學	1,585	106	0.70	6.69
軍事	5,563	105	0.69	1.89
宗教	4,617	86	0.57	1.86
交通運輸	720	68	0.45	9.44
綜合性圖書	3,479	62	0.41	1.78
文學理論	487	59	0.39	12.11
文物考古	300	32	0.21	10.67
世界文學	445	32	0.21	7.19
出版總計	124,040	15,137	100	12.20（平均占比）

期刊方面，商務印書館有教育類的（14 種）、人文科學類的（13 種），此外還有基礎科學和應用科學類的（6 種）、文學藝術類的（5 種）、政治經濟學類的（5 種），以及一般期刊和方向不定的期刊（4 種）〔註43〕。比較著名的有《東方雜誌》（1904 年創刊）、《教育雜誌》（1909 年創刊）、《小說月報》（1910 年創刊）、《少年雜誌》（1911 年創刊）、《學生雜誌》（1914 年創刊）、《婦女雜誌》（1915 年創刊）、《兒童世界》（1922 年創刊）等。

出版業務始終是商務印書館的主體業務，它始終保持在出版行業的領先地位，「堅持以出版立足」是商務印書館經營上的根本宗旨。

（二）多元化投資

商務印書館在其發展過程中，堅持多元化的投資方式，推動其資產流動，綜合運用多種方式將公司資本轉化為可具有增值性的活化資本，通過資本增值，走出了一條以出版為中心，跨媒體、跨行業的專業化與集團化的發展之路。

1. 實業資本運營

實業投資是指將企業資本投放於滿足生產要求，提高生產能力的特定的

〔註43〕〔法〕戴仁著，李桐實譯：《上海商務印書館 1897～1949》，商務印書館，2000 年，第 111 頁。

經營項目。具體來說，它包括以建造廠房、購置設備、進行技術改造等勞動資料的投資，原材料、燃料和動力等勞動對象的投資和職工職業培訓和職業教育等勞動力投資。

　　商務印書館開業時，地址選在江西路北京路南首德昌里末弄三號，租用了三幢兩廂房連庇屋。當時的設備也極為簡陋，只購置了三號搖架三部、腳踏架三部、自來墨手扳架一部和少量的中西文鉛字。由於早期的業務僅僅局限於印刷，這些簡陋的設備尚可應付。第二年，商務印書館業務擴大，舊有房屋不夠用，於是搬至北京路美華書館慶順里口，增租房屋九幢，總計十二幢，設排字房和印書房。在北京路時，商務購置了澆字機，可以賣鉛字。同時，夏瑞芳利用《華英初階》等的銷售利潤，購置了新式的煤油引擎作為印刷動力，並添置了新式的印刷設備，這才使商務擺脫了人工動力階段，走上了以機械化代替手工勞動的現代企業的生產方式。

　　20世紀初期的中國印刷業，「以翻印常用古籍為主要經營內容的石印業已經萎縮，凸印還不能製銅鋅版；鉛印能掌握的最高技術是鑄鉛字，製紙型僅少數幾家」。夏瑞芳和鮑家兄弟並沒有因陋就簡在上海買舊設備，而是遠涉重洋到日本考察買新機器，足見他們對於技術條件的重視。光緒二十八年，即1902年7月，北京路印刷廠發生火災，早期辛苦購置的機器和工具盡毀。所幸由於新購機器保有火險，因而可以領到賠償。商務於是在福建路海寧路購置地皮建造了新的印刷廠，其發行所遷到河南路。張元濟入館後更加重視新式機器設備的更新和印刷技術的改進。1910年他環遊世界，5月25日他寫信給高鳳池說：「歐美新機器極多，弟在此已費考求，得粹翁來此便可定購。」次日給高夢旦的信上又說：「本館宜改用新式機器。」「將舊機器售出，新機抵補。則如要書，可以克期出書，平時不必印存過多，免致危險。且印裝均用新式機器，必能格外出色，則代印之事亦可推廣。」〔註44〕1904年，商務印書館在寶山路購地數十畝自建印刷所，「自此以後，每年都有新建築，寶山路的地產約有百畝，印刷所有五處，各種機器增加到一千三五百部，最大最新式的有滾筒機，每天可印出十餘萬貼」〔註45〕。並於1905年設京華印書局

〔註44〕汪家熔：《商務印書館史及其它——汪家熔出版史研究文集》，中國書籍出版社，1998年，第25頁。

〔註45〕商務印書館編：《商務印書館九十五年——我和商務印書館》，商務印書館，1992年，第10頁。

於北京虎坊路和 1932 年在香港英皇道始建香港印刷局，在全國各地設立的分、支館（店）36 處，還在香港等多處購置地皮準備新建新式廠房。到 1937 年，商務的印刷所已是幾層高的樓房。

事實上，1937 年「八‧一三」事變後，上海的商務印書館就基本上停止了新機器設備的採購，而僅僅依靠舊有機器維持生產。「八‧一三」事變的爆發使上海的商務印書館又一次遭受了重創。

除了印刷出版之外，商務印書館還以各種手段進行教學產品如標本、唱片、樂器、實驗器材和各種度量工具等的生產和銷售，以拓展業務範圍，增加收入。

1912 年，商務印書館發行所新屋落成，開始發售學校用品、儀器和工具。同年，商務印書館設立博物部，製造標本模型，並成立鐵工製造部，製售印刷機器及理化測量等儀器。1913 年，商務開始經營原版西書，1914 年試製由周厚坤發明的華文打字機，並試製教育幻燈片。1918 年，開始製售教育玩具。1926 年，鐵工製造部擴充改組爲華東機器製造廠。商務印刷設備和機械等投資項目的試製和改進一方面有利於商務自身印刷技術的提高，另一方面爲國內同行技術的改進也提供了條件。而學校用品等製售，一方面爲其自辦的尚公小學、附屬函授學校等提供了學習設備，降低了辦學成本，另一方面也成爲商務的一種經濟來源。

商務歷來重視職工的教育和培訓，致力於職工業務水平和文化水平的提高。張元濟提出的商務印書館「永久之根本計劃」中就曾提出「培植新來有用之人」。如商務規定，青年職工要進入補習學校或者夜校學習，以其畢業時的學習成績報告單作爲升級加薪或延長學習的參考。商務每次招收青年職工，都設訓練班以提高其業務水平，並招收職工的子弟入學，作爲接班人培養。涵芬樓的設立，最初就是爲了給編譯所的職工提供一個查詢資料和學習的場所。曾任尚公小學校長的沈百英說：「在當時一個公司能夠如此重視職工補習教育，提高服務質量，辦法是想得很周到的。」〔註46〕

從 1909 年至 1923 年，商務印書館共舉辦七屆商業補習學校，以造就業務人才留館服務（歷屆商業補習學校情況如表 2-5）。除此以外，商務還開辦

〔註46〕 轉引自李家駒：《商務印書館與近代知識文化的傳播》，商務印書館，2005 年，第 102 頁。

藝徒學校〔註47〕、工廠管理員訓練班〔註48〕、業務講習班〔註49〕、夜校〔註50〕以培養和訓練公司職員。對於公司學徒，商務亦提供一定的工資酬勞（見表2-6），「學徒一般是兩年畢業，館方除供應食宿外，每月發給零用錢兩元，年終與高級職員享受同等比例的花紅（每年按營業盈利多寡分配，一般相當於兩三個月的工資）」〔註51〕。

除了自辦培訓機構培養員工之外，商務也委派員工到其它培訓機構或教育機構進修，如商務印書館的「交際博士」黃警頑就曾回憶說：「在商務印書館的最初二十年間，我堅持自學，館方也隨時給我進修的機會，例如派我到西洋體育傳習所學習，連續四年到南京高師和東南大學選習教育系各科，上明誠學院選修圖書版本、目錄學，等等。」〔註52〕可以說，商務印書館對於本館員工的培訓，對於提高員工的業務素質是花費了大量的氣力的，這也難怪費孝通要感慨「商務印書館既是一個印書館，也是一個育才館」〔註53〕。

表2-5　商務印書館歷屆商業補習學校情況表〔註54〕

屆次	舉辦時間	學生人數（人）	畢業時間	備註
一	1909年7月	30	1911年	張元濟兼任校長，學習時間為兩年
二	1912年9月	20	未知	未知
三	1914年12月	30	1915年5月	學習時間六個月
四	1917年11月	39	1918年3月	學習時間三個月

〔註47〕1924年開辦，三年畢業，學生38人。

〔註48〕1930年開辦，1931年畢業40人，甲等16人，乙等13人，丙等11人。

〔註49〕如商務曾於1910年7月、1913年1月和1917年3月開辦了三屆師範講習社，三屆學員社員共9000餘人，畢業1965人。此外，商務還開辦了國語講習所、儀器標本實習所、圖書館學講習所、四角號碼檢字法講習所等。

〔註50〕1931年8月籌辦，10月1日開課，分初中、高中、專修三種程度。

〔註51〕黃警頑：《我在商務印書館四十年》，見商務印書館編：《商務印書館九十年——我和商務印書館》，商務印書館，1987年，第89頁。

〔註52〕黃警頑：《我在商務印書館四十年》，見商務印書館編：《商務印書館九十年——我和商務印書館》，商務印書館，1987年，第91頁。

〔註53〕費孝通：《憶〈少年〉祝商務壽》，見商務印書館編：《商務印書館九十年——我和商務印書館》，商務印書館，1987年，第375頁。

〔註54〕根據《商務印書館九十五年——我和商務印書館》中《本館四十年大事記》及《王雲五與新教育年譜》相關資料製成。

五	1919 年 3 月	44	1919 年 6 月	學習時間三個月
六	1921 年 1 月	45	1921 年 4 月	學習時間三個月
七	1923 年 8 月	55	1923 年 11 月	學習時間三個月

表 2-6　商務印書館師範講習所歷屆通信畢業實驗情況〔註 55〕

屆次	舉辦時間	當年畢業生人數（人）	前三名獎金數（元）	其它獎勵（元）	前三名獲獎者個人獎金合計（元）
一	1912 年 6 月	525	各 1,000	遊學補助費、書券	7,000
二	1914 年 3 月	860	1,000	書券 3,000 元	4,000
三	1918 年 4 月	580	1,000	書券 2,000 元	3,000

　　商務印書館一方面培養青年人才，另一方面又不遺餘力地吸納社會各界精英為商務效力。著名哲學家范壽康、心理學家唐鉞、史學家何炳松、新史學的代表人物顧頡剛、中國現代氣象學家竺可楨、經學史家周予同等都曾在商務任職，現代印刷專家郁厚培、率先在中國嘗試櫥窗廣告設計的蔡振華、「交際博士」黃警頑等，還有蔡元培、胡適、梁啓超、魯迅、冰心、葉聖陶等這些文化界和知識界的著名人物都與商務有過聯繫，為商務的發展作過不同程度的貢獻。對這些社會精英，商務盡量利用自己雄厚的經濟基礎給他們提供豐厚的待遇，如商務支付給嚴復和林紓的稿酬和版稅就遠高於當時的平均水平，商務還以豐厚的酬勞支持蔡元培出國考察等。當然，商務招攬社會精英並不純粹以金錢為手段，商務領導層乃至中層職員與社會各界的學術聯繫和個人交情也是商務與社會名流聯繫的紐帶。正是在這樣的緊密聯繫之下，圍繞著商務印書館為中心，形成了中國近代史上的「商務知識分子群」。

2. 產權投資

　　產權投資是以產權為對象的投資，「以實業投資要素的部分或整體集合為投資要素」〔註 56〕，是企業作為獨立的產權主體從事以產權買賣或有償轉讓為交易內容的投資形式。有效的產權投資，可以促進企業資源的合理和優化

〔註 55〕根據《商務印書館九十五年——我和商務印書館》中《本館四十年大事記》相關記載製成。

〔註 56〕夏樂書，等：《資本運營：理論與實務》，東北財經大學出版社，2000 年，第 111 頁。

配置，調整存量資產以優化產業結構，並進一步促進企業改善自身管理、提高效率，進而做大做強，站穩市場。產權投資的主要形式有兼併、收購、控股、參股等。商務印書館歷來重視以產權交易的方式擴大公司規模，擴大公司影響以增強公司的市場競爭力。

修文館（又稱修文印書局）是 1890 年由日本人松野平三郎耗資十萬元創辦的，其機器設備均從日本進口，「擁有大小號各種印刷機，二、三、四、五、六號銅模及其它機件、工具、鉛字材料，並配有日本技師」，是當時上海規模較大、設備較先進、印刷技術較成熟的印刷廠。1900 年，修文館因營業不佳，難於維持，商務印書館以一萬元接盤。這是商務印書館歷史上的第一次產權投資，雖然這一時期的商務印書館還只是合夥制形式的企業，其法人產權並未從原始的合夥制中脫離出來，但這一次收購使商務印書館成為一家擁有現代印刷設備的企業。修文館日本技師的隨廠而來，加強了商務的技術力量和生產能力，從而第一次擴大生產規模，使商務印書館的出版印刷粗具規模。商務從初次產權投資中獲得的巨大收益更促使了其繼續以這一形式投資。此後，商務印書館不斷以收購、控股等方式擴大其產權投資。

1903 年，商務印書館收購了北京直隸書局，改名為京華印書局。1906 年，上海大資本家席子佩和福州大商人曾少卿創辦中國圖書公司，商務暗中收購其股票並跌價拋售，隨即，該公司被商務買進，改名為中國和記圖書公司。1907 年，商務收購中國教育器械館，同年成立鐵工製造部，1926 年，擴充改組為華東機器製造廠。1919 年 12 月，商務開設中國商務廣告公司。1917 年，商務印書館購進在南京的一位美國僑民的舊器材建立電影部。最初，商務印書館拍攝的電影主要是關於美國紅十字會在上海的活動等短片。之後商務印書館電影部生產了大約 60 部的影片，其中有兩部是梅蘭芳的演出。1919 年，該電影部把實驗室租給美國環球影片公司以換取技術經驗。1927 年，商務印書館放棄了此業務〔註57〕。

商務印書館是一家以傳統印刷業起家進而發展為以現代出版為主體，集印刷、文具、儀器、機械、廣告、影視、教育事業於一體綜合開發，多元化、複合型的出版集團。它的發展與壯大經歷了一個由小到大、由弱到強、由單一到多元的過程。據長洲記載，商務印書館早期還曾投資創辦過五洲大藥房

〔註57〕〔法〕戴仁著，李桐實譯：《上海商務印書館 1897～1949》，商務印書館，2000年，第 16 頁。

的製藥業務和女子商業儲蓄銀行。

商務這種一元化與多元化相結合、專業化與集團化並行發展的經營方式，使其獲得了巨大發展，這可以從其歷年的營業額得知，如圖 2-3〔註 58〕。

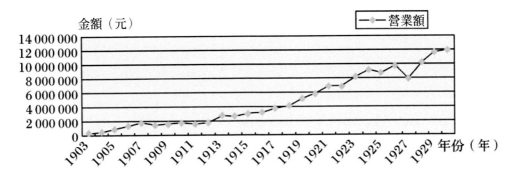

圖 2-3　商務印書館 1903 年至 1930 年營業額

從初創時期以印刷爲主業，初步探索出版業務，到張元濟入館，開始有意識、有計劃地進行出版生產，再到王雲五加入之後對商務進行大刀闊斧的改革，商務走過它最艱難、最動蕩也極具創舉的半個世紀。這一階段的商務印書館，法人產權的地位得到確立，並實現了股權的規範化流轉。在此基礎上，商務積極籌措發展基金，堅持出版爲自己的核心產業並探索多元化的投資方式，走出了一條專業化、集團化和產業化的發展之路。商務實行所有權、決策權和經營權三權分離而又相互制衡的產權結構，使其具有了現代企業制度的核心特徵，能夠有效地調動各方的積極性。而多種籌資渠道的並存，又爲其產業化發展和集團化運作提供了可能。同時，產權的規範流轉又實現了產權主體的多元化，變封閉的資金積纍爲開放的資金籌措。因而，商務產權制度的建立，實現了人力、物力、財力的三方結合，爲其法人治理結構的建立和完善提供了保障。

當然，商務的這種產權制度也存在不足。首先，商務的總、副經理本身既是公司的董事，又享有公司的最高經營權，這就造成了董事會與經理人之間制衡的薄弱，從而導致公司對於經營權的約束不夠，經理人濫用其職權，

〔註 58〕根據商務印書館編的《商務印書館九十五年——我和商務印書館》（商務印書館，1992 年，第 751 頁）及李家駒的《商務印書館與近代知識文化的傳播》（商務印書館，2005 年，第 331 頁）的相關數據繪製而成。

總經理的權力過分膨脹。其次，這一時期的商務印書館，只在董事中推舉出監察人，而並未成立監事會，因而，對於公司業務執行者和經營者的監督力度不夠（後有專節對此論述）。再次，商務對於本公司的股票轉讓等做了詳細的規定，股東必須在商務的嚴格監控下實現股票流轉，這勢必增加不必要的交易成本，降低經濟效益。最後，商務印書館在這半個世紀的發展中，雖然積極嘗試著多元化的經營，但其產權投資缺乏戰略考慮和計劃性，導致其戰線過長而損耗過大，主體產業的優勢並沒有得到長足的發揮。這種在未充分進行市場調研和分析自身優劣之後進行的大範圍、跨行業的投資，會帶來人員和資金的無形流失。

我國當下的出版業集團化進程更多地源於政府的推動和扭合，規範的產權制度的建立任重而道遠。出版產權制度作為我國出版體制改革的基礎和前提，是出版集團化發展首先要解決的問題。釐清產權歸屬，理順產權關係，優化產權結構，實現所有權、決策權和經營權的有效分離和制衡，尋求市場經濟條件下和國際化競爭中出版無形資產〔註 59〕的新型投資方式，建立起以市場為基礎，發揮自身特色的資本運營方式，並不斷加強資本監管，增強資本投資的戰略性和計劃性，是提高資本收益，實現資本保值增值，實現出版產業化、集團化良性發展的必然選擇和必由之路。

〔註 59〕張新華在其《轉型期中國出版業制度分析》（中國傳媒大學出版社，2010 年）一書中認為，出版企業的無形資產一般包括出版社的聲譽、圖書的品牌、優秀的編輯、優秀的出版人、出版社所擁有的出版資源等。

第三章 商務印書館組織制度的探索與構建

公司組織制度是「公司在所有權與經營權相分離的條件下，調整和平衡公司各相關權利人關係並對公司運營進行監督的制度安排，使之能夠在公司所有者與經營者之間形成各自獨立、權責分明、相互制衡的關係，促使公司經營者為實現公司整體利益和股東利益而勤勉工作，從而為公司始終保持較高的效率和長期穩定發展提供保證」〔註1〕。機構設置是企業組織制度的實現途徑，其目的在於企業運作效率的優化。一般而言，現代企業組織制度的結構主要有股東大會、董事會、監事（會）、總經理和職能部門等組成。這些組織機構圍繞著企業資產的保值增值進行活動。

合理的組織結構既要符合企業經濟活動的要求，又要能夠適應企業內部和外部條件的變化。具體而言，企業的組織結構必須確保企業內部分工的合理，使企業的不同活動實現專業化和有序化，並能合理地協調不同活動，避免衝突和重複性勞動的出現；必須確保企業內部信息傳達的通暢和各級決策的準確執行並對其執行情況實施有效的監督；必須確保企業內部職能和責任的明確，合理劃分其執行主體和責任主體；必須確保企業人員的積極性和潛能的最大限度發揮。此外，合理的企業組織結構必須對外界保持靈敏的反應，在保持相對穩定的前提下，根據企業內外部環境和條件的變化進行結構調整，不斷實現自我優化和升級。

〔註 1〕 胡加榮、李慧：《公司組織制度比較研究》，載《中國工商管理研究》，2007 年第 5 期，第 75 頁。

第一節　建立和完善商務印書館的法人治理結構

公司治理結構是指「在三權分開、相互制衡的原則下所作出的公司機構設置及其相互關係和運行方式的制度安排」〔註2〕，合理的公司治理結構能夠對企業進行權力配置與制衡，並協調企業各方關係，使企業在運作中權責分明、各司其職，實現激勵機制與制衡機制的並存。公司治理結構的設置和運作是公司產權的具體安排，是公司產權制度的具體體現，也是公司組織制度的核心和基礎。現代公司治理結構一般由股東大會、董事會、監事會和經理層組成。

初創時期，商務印書館出資者的身份很明確，但出資者與經營者並無明確區別，出資方本身就是經營管理者，並沒有以雇傭的方式引進外來員工從事生產勞動，其產權是單一的、完整的，亦未形成規範、科學的治理結構。

張元濟和印有模入股之後，商務雖然擺脫了原始家庭作坊式的經營方式，吸收了很多家庭之外的力量，也雇傭了家庭之外的人員，但其產權仍舊集中在夏、鮑家族以及張元濟和印有模手中，夏瑞芳仍然是掌握全盤、控制資金的集權者（雖然他在編輯出版方面並未對張元濟做過多干涉），而在印刷上主要依靠二鮑，編譯所則交由張元濟全權打理，產權所有者與經營者之間依然沒有分離，合夥人之間由於存有常年的交情，因而即便在公司實際運行的諸多事情基本上都各有主事之人，但相互之間並無嚴格意義上的協商決議制度。這樣的形式從當時的情形來說對商務印書館的發展是有利的，它既能夠吸取合夥人各方的特長和過往經驗形成企業發展的有效動力，又能夠在管理上集思廣益，降低初期運作成本。

1905 年註冊成立股份有限公司後，商務印書館開始建立其完善的法人治理結構。1903 年以後，商務印書館始有董事和監察。董事由股東公舉，合股後第一次當選的董事都是華人。所舉的監察人，一個是田邊輝浪，一個是張蟾芬先生。其時，商務印書館的出資者組成代表全體股東利益的股東大會，1909 年，股東大會通過投票表決選出一個法人代表機構——董事局。董事局（會）是商務的最高決策機關，對行使商務產權以及商務資產的利用和利潤的分配等問題進行民主決策。從 1904 年中日合資後產生董事，到 1909 年正式設立董事局的 5 年多時間裏，商務印書館僅僅開過 5 次董事會議，而股東

〔註 2〕牛國良：《現代企業制度》，北京大學出版社，2002 年，第 103 頁。

會議卻開過 9 次。由此可見，中日合資的前大段時間，權責並不明確。直到董事局成立之後，董事會才相對定期地召開。

這次與日本方面的合作，從現有的資料來看，確實如汪家熔先生所說是「主權在我的合資」。1909 年以前，日股是按其所佔股份大小推舉董事，但其董事並不在商務擔任行政職務。這從 1903 年～1909 年的董事組成可以看出，如表 3-1〔註 3〕。

表 3-1　1903 年至 1909 年商務印書館的董事組成

年　　份	董事名單
1903	夏瑞芳、原亮三郎、加藤駒二、印有模（不詳推舉日期）
1904	人員同上
1905	人員同上（五月初八推舉）
1906	人員同上
1907	夏瑞芳、原亮一郎、張元濟、印有模、山本條太郎 （三月廿八推舉）
1908	夏瑞芳、原亮一郎、印有模（不詳推舉日期）
1909 年後改董事爲 7 人全部是中國人	

1904 年至 1914 年十年的中日合資期間，商務印書館的總經理一直都由夏瑞芳擔任，直到 1909 年才增設副職，由高鳳池擔任。日本人在本次合資中，只作爲投資方而存在，他們並不干涉商務的日常運營，商務印書館的編譯所、印刷所和發行所的所長都由中國人擔任，商務創辦的刊物也由國人負責〔註 4〕。至於長尾槙太郎、小谷重等，只是在編譯所或印刷所進行一些經驗和技術的指導，而並不擔任職務，他們的角色應該更類似於我們今天所謂的「顧問」、「技術指導」一類的人物。

在實際運作中，商務印書館資本管理的最高機構是股東大會，通過股東大會選舉產生代表股東權益的董事組成董事局。董事局（後改爲董事會）並

〔註 3〕汪家熔：《商務印書館史及其它——汪家熔出版史研究文集》，中國書籍出版社，1998 年，第 26 頁。

〔註 4〕胡愈之在《回憶商務印書館》中提及 1904 年創刊的《東方雜誌》創刊時主持和編輯的是日本人。見商務印書館編：《商務印書館九十五年——我和商務印書館》，商務印書館，1992 年，第 115 頁。

不負責公司的日常運作，它以任命總、副經理的方式產生公司的最高行政機
關，來負責公司的日常工作。同時，股東大會選舉出監察人對公司業務執行
狀況和財務狀況進行監督。商務的董事長自董事局成立以來一直由張元濟擔
任，直至新中國成立後 1959 年張元濟去世。先後被選為商務董事的有：丁斐
章、王雲五、孔祥熙、印有模、葉景葵、夏瑞芳、夏鵬、李宣龔、汪寰清、
徐鳳石、徐寄頤、徐善祥、陳叔通、鄭孝胥、高翰卿（即高鳳池）、高夢旦（即
高鳳謙）、童世亨、鮑咸昌、鮑慶林、盛同孫、謝仁冰等。先後擔任商務總經
理和經理的有夏瑞芳、高翰卿、印有模、張元濟、王顯華、王雲五、朱經農、
李拔可（宣龔）、夏鵬、李伯嘉、鮑咸昌、鮑慶林、陳懋解、謝仁冰等。劉湛
恩、周莘伯等被選為監察人。商務印書館法人治理結構圖示如圖 3-1。

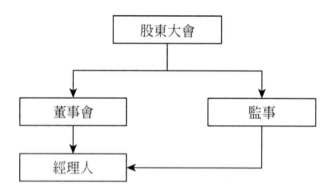

圖 3-1　商務印書館法人治理結構圖示

一、股東大會是商務的最高決策機構

　　股東是公司股權的投資者，憑持有的公司股權行使表決權、選舉權、收
益權、股權轉讓權、剩餘財產分配請求權及知情權、優先認股權等其它權利。
1914 年清退日資後，商務印書館規定「本公司股東以本國人為限」。

　　對於股東權益的性質，理論上有不同的看法。一是集合體說，認為股東
權是集合了物權、債權、知識產權和其它各種權利及義務的集合體；二是社
員權說，認為股東之間類似社員關係，對公司共同所有並承擔義務，社員權
屬於單一的所有權；三是新債權說，認為隨著股權的分散化，絕大多數股東
購買股份只是為了取得利益分配權。西方有產權經濟學家通過分析所有權與
控制權，將股東的權利與經營者的權利區分開來。他們認為，當企業專用資

源決策權與這些資源的市場價值實現結果的自然分離，附加到股份的可轉讓性上時，就可以使從事管理活動但不必承擔經營風險的經理階層出現。這樣，產權要素所具有的自願的可分割性和可轉讓性，可以實現兩種權利的專業化：行使有關資源使用的決策權，也被稱爲控制權；承擔市場或交換價值實現的結果，也就是所有權。我國現行有關文件將股東權解釋爲「出資者所有權」，是與上述觀點基本一致的。

　　股東的具體權利包括：（1）出版股東大會並行使表決權；（2）對公司股份的轉讓權；（3）公司利潤的分配請求權；（4）公司終止後對公司剩餘財產的分配權；（5）對公司賬目和股東大會決議的審查權；（6）對公司的質詢權。股東的義務則包括遵守公司章程、繳納股款、對公司債務負有限責任，等等。

　　股東大會是由股份有限公司全體股東組成的、決定公司經營管理重大事項的最高權力機構。股東大會分爲股東年會和股東臨時會。股東年會也稱股東常會，是按公司法的規定於每一個會計年度終結後召開的股東大會。它每年召開一次，可以對股東大會所享有的各項職權進行表決。而股東臨時會是公司認爲必要時召集的股東會議，只能依據會議通知的內容進行決議。

　　作爲公司最高權力機構的股東大會，依據新《公司法》第 38 條和第 100 條的規定，行使下列職權：（1）決定公司的經營方針和投資計劃；（2）選舉和更換非由職工代表擔任的董事、監事，決定有關董事、監事的報酬事項；（3）審議批准董事會的報告；（4）審議批准監事會或監事的報告；（5）審議批准公司的年度財務預算方案、決算方案；（6）對公司增加或者減少註冊資本做出決策；（7）對發行公司債券做出決策；（8）對公司合併、分立、解散、清算或者變更公司形式做出決議；（9）修改公司章程；（10）公司章程規定的其它職權。

　　股東大會是全體股東通過會議形式決定公司重大決策和選舉董事會和監事會的非常設機關，是商務的最高權力機構。股東的權益和意志主要是通過股東大會來表達，成立董事局後，商務股東常會每年一次。「股東大會主要討論、通過公司章程、資本額、經營範圍、股權利益、選舉董事和監察以及經營的建議。由此派生出的內容爲修改公司章程，改變資本額、增減經營範圍。」〔註 5〕但也有例外，如 1908 年農曆四月初六日，股東大會上以 2,930 票贊成

〔註 5〕汪家熔：《商務印書館史及其它──汪家熔出版史研究文集》，中國書籍出版社，1998 年，第 39 頁。

（2,148 票反對）通過了「此後星期日發行所照常交易」的議案（商務同人有較多的基督教徒，所以十年來星期日都休息以便於職工做禮拜）。

關於股東大會的召集，據《商務印書館股份有限公司章程》的規定，商務印書館的股東常會每年召開一次，由董事會通信知照並登載於上海著名日報。

關於股東大會投票表決的有效性，商務規定，股東常會及臨時會議的議決，必須有超過全公司股份總數一半的股東出席，表決時需有出席股東表決權過半才能生效，如果出席會議的股東其股份數不足總數的一半，即使表決時股東表決權過半也不能成立，即為假議決。此時，公司方面應該將假議決通知各股東，並知會其一個月內召集第二次股東大會再行議決。如 1932 年 9 月 4 日，商務印書館臨時股東會議議決減資為 300 萬元並修改公司章程，但因股東到會股權數不足定額，依法作為假決議，11 月 6 日，第二次臨時股東會議議決方行。

關於股東大會的投票表決制度，商務印書館規定，股東在 10 股以下的每一股有一票表決權，11 股至 50 股者表決權以 9 折計算，51 股至 100 股者表決權以 8 折計算，101 股至 200 股者表決權以 7 折計算，201 股至 500 股者表決權以 6 折計算，501 股以上者表決權以 5 折計算，零數不滿一權者不計。如遇因事不能到會，股東應開具證明委託其它股東行使表決權，但代理其它股東行使權數與代表人自有之權數，合計不得超過全體股東表決權的 1/5。

關於股東大會的會議記錄制，商務印書館規定，「本公司舉行股東常會及臨時會，應將所議各事由書記記錄列冊」。

此外，商務還規定，「任何股東，不論股權多少，都可隨時查閱董事會記錄。但是任何股東，無論其股權多少，都無權不通過股東大會干涉業務」〔註6〕。如據《張元濟日記（上冊）》第 161 頁記載，1917 年 2 月有山西太原的股東來電，參與用人事宜，「〔總館〕即發分館駁斥」。

論及商務的股東會，不得不涉及國內外當時的經濟環境和公司制度建設。商務 19 世紀末誕生於得風氣之先的上海，歐風美雨的影響是不容忽視的。從世界範圍來看，到 20 世紀初，股份制經濟得到了飛速的發展。具體表現為：（1）有關股份制的法律法規已基本完備。如，1856 年英國頒佈了《聯合股份

〔註6〕汪家熔：《商務印書館史及其它——汪家熔出版史研究文集》，中國書籍出版社，1998 年，第 39 頁。

公司法》，1892 年德國頒佈了《有限責任公司法》。由於民間合股公司取得了法人地位和實行有限責任原則，打破了皇室特許公司的壟斷經營，使資本所有權與經營權得以分離，也解決了合夥制中合夥人承擔無限連帶責任的風險。（2）股份制迅速由貿易、運輸業向新興工商業和金融業擴展。第一次和第二次產業革命，使工場手工業快速向機器大工業過渡，企業規模擴大，生產社會化程度提高，促使股份制得到廣泛發展。由於銀行業要求資金雄厚，也紛紛採取了股份制，銀行業在促進股份制的同時，首先使自己股份化了。（3）股票市場日臻完善和規範，成為資本的籌集與流動、資源有效配置、資本集中與重組的有力槓杆。（4）股份公司作為最完善、最先進的企業制度，在發達國家已居於統治地位。

　　近代中國人關於公司制的最初實踐是在外商公司中「附股」，以及自辦公司（如第一章所述）。官督商辦的公司到 1903 年發展到近 40 家。這些洋務民用企業的公司性質帶有過渡性，還不能說是完全徹底實行了現代公司制度。其特點包括在募資方面，雖體現股份均一，也有公佈賬目的規定，但實施效果不佳；股息分配方面，首重「官利」；經營方面力求依商務常規經營，卻難拒「官氣」侵蝕；官督商辦又決定其法人資格不健全。作為股份制公司，連股東（大）會也是可有可無。我們知道，定期召開股東（大）會是股份公司的制度特徵，官督商辦企業亦有所仿傚，但從根本上講，普遍並不重視，多數企業沒有召集股東會議的規定。

　　19 世紀 80 年代中期，民營企業逐漸發展，且有不少企業冠以「公司」之名。據統計，到 1903 年之前，在民用工礦、航運、新式金融業中創辦了 460 家企業，稱為「公司」的有 80 多家。1904 年，晚清政府頒行了《公司律》，商部也在不久之後頒行了《公司試辦註冊章程》，中國人自辦公司開始註冊登記，公司數量的統計得以開展。晚清至整個民國時期，公司數量在不斷增長中，具體情況前已論及。隨著公司數量的持續增長，企業制度的建立與改進也在不斷進步之中。

　　商務印書館就是在這樣的背景下建立和發展起來的。它是一開始就與「國際接軌」的，也是一開始就融入我國近代企業發展潮流的。伴隨著從合夥制小作坊到現代股份制大企業轉型的完成，商務在建構現代公司組織機構並實施規範化運作方面也邁出了堅實的步伐。公司組織機構是體現公司的組織意志，從事經營和管理職能的機構。按照公司決策權、執行權和監督權三權分

立的原則，公司的組織機構一般由權力機構（股東會）、執行機構（董事會）、監督機構（監事會）三部分組成。這種制度安排可以充分反映全體股東的意志，體現民主管理原則；提高資本的經營效益，最大限度地保護股東的權益，加強對經營者的監督。作為股份公司的商務印書館，早在 20 世紀頭 10 年就嘗試建立這種科學合理的公司組織。在公司組織中，股東會與股東構成有內在的緊密聯繫，因此我們有必要先分析商務在股東構成方面的特點。

有獨具慧眼的研究者認為，商務印書館的成功，重要因素之一是其股東結構和盈利分配，特別是它利於企業發展的股東結構。創立初的商務 7 人，其中 6 人為親戚關係。但從張元濟、印有模入股，特別是與日本人建立合資股份公司以後，股東結構發生了明顯的變化。自 1905 年後，商務多次增資。按照慣例，增資應先盡老股，優先老股的配售，老股取得的一定限額增資權可轉讓給別人。但商務採取的策略是增資不先盡老股，而是不斷擴大投資戶數。股東中，有京城和外地與文化教育有關可以幫助商務推廣生意的人，商務專門拿出一部分股份讓他們認購；有優秀的著譯作者，他們以稿酬入股；有公司部分員工中辦事格外出力者，也可投資成為股東。商務資本大體上實行所謂大眾股東即小股東制，也就是沒有大股東，股東人數恆在 1,000 人以上，20 世紀 30 年代最初二三年更增至 2,745 戶。也就是說，其中相當多的股份持在商務員工手中（夏瑞芳、張元濟、高鳳池、王雲五等人只是其中的一個普通股東），這樣一種股東結構可以說帶有股份合作制的特點（所謂股份合作制，是勞動者的資本聯合和勞動聯合相統一的企業形式，職工兼有勞動者和股東的雙重身份，企業員工既是出資者又是勞動者，實行「勞者有其股」，形成勞動聯合和資本聯合有機統一的「勞資一體化」的新機制）。商務在成立之初是創辦人的股份合作是不用說的，就是在後來的發展中也帶有濃厚的股份合作的特點。利潤的分配就不像壟斷資本那樣只集中在少數人手裏。有鑒於此，我們可以說張元濟、王雲五等是大出版家，但不能說他們是大資本家。股東增加而股權分散，有利於資本的調度，也減少了大股東因素容易造成的企業風險。商務經營得法，利潤比較高，股東實際所得回報有時候達到 50%。但為了企業的可持續發展，張元濟等採取各種辦法，力求多為企業積纍發展資金；雖有爭議，但所採取的政策和舉措，顯然是有利於企業的健康、穩定和持續發展的。

股東大會的性質可以從兩個方面理解：（1）它是公司的最高權力機構，

董事會和監事會要對股東大會負責；（2）股東大會只是股東或公司意向決策的場所，而不是公司經營管理的機構，對外不能代表公司簽訂協議，對內不能管理公司的生產經營活動。

這裏，我們主要依據《張元濟年譜長編》，適當參考其它書籍報刊，整理了一個「上海商務印書館股東會召開一覽表（1905 年～1949 年）」（見表 3-2），並以此爲基礎作進一步的分析。

表 3-2　上海商務印書館股東會召開一覽表（1905 年～1949 年）

開會時間	會議地點	會議主要內容	備註
1905 年 3 月 31 日	北福建路 2 號印刷所	審議甲辰年收支情況；討論編譯所增聘人員，北京、天津等處設立分鋪，訂購印刷機器，購地基建造棧房。	股東會議
1905 年 6 月 10 日	北福建路 2 號印刷所	這是公司在香港註冊之後第一次會議，按英國章程，註冊後四個月內應舉行第一次會議。會議報告今年生意，並公舉印有模、原亮三郎、夏瑞芳、加藤駒二爲本年值年董事，張桂華、田邊輝雄爲稽查本年賬目董事。	股東會議 據《股東會記錄簿》 （張桂華又名張蟾芬）
1905 年 11 月 22 日		會議決定取消在香港的註冊，因港地不得翻印、翻譯已入版權同盟各國洋文書籍。又討論重慶、廣東等地翻印本館書籍之對策。	股東特別會議 據《股東會記錄簿》
1905 年 11 月 28 日		討論事項：（1）註銷在香港註冊，擬在本國商部註冊，屬中國公司。（2）應將本館所出教科各書隨時稟請學務大臣審定頒發。（3）本年秋季開辦師範傳習所，提充善舉費備用。自開辦至今約共用洋二千元，明歲仍擬續辦。舉查賬人張桂華、田邊輝雄，查課人張菊生、謝洪賚。	股東會議 據《股東會記錄簿》

1906 年 1 月 16 日	印刷所	正式成立股份有限公司，資本 100 萬元。遵清政府商律定爲有限公司，呈商部註冊，資本 100 萬元，註冊時先集半數，每股 100 元，准許外人附股，但須遵守我國商律及公司律，次年 3 月 12 日經部批准。	股東會議 據《股東會記錄簿》等
1906 年 3 月 10 日	印刷所	議定乙巳年結賬、分派餘利事，並選舉新一屆董事：夏瑞芳（兼經理）、原亮三郎、印有模、加藤駒二。	股東會議 據《股東會記錄簿》
1907 年 5 月 10 日		選舉夏瑞芳爲董事兼經理，原亮三郎、張元濟、印有模、山本條太郎爲董事。張元濟當時在海鹽，未出席此次會議。	股東會議 據《股東會記錄簿》
1907 年 5 月 22 日	四馬路 一品香餐館	審閱丙午年各賬，決定光緒三十二年股東餘利益、按四分計算，二分提現，二分發給新股單。	股東會議 據《股東會記錄簿》
1908 年 5 月 5 日	四馬路 一品香餐館	到會股東四十一人，先由高鳳池報告上年營業情形，次則議重舉董事，眾議仍舊。股東審閱丁未年總結清單。討論禮拜日營業事，奉教諸股東皆謂不可，乃以多數決之。各股東贊成可者二千九百三十股，否者二千一百四十八股。議決照常交易，一切辦理章程隨時會議。	股東常會 據《鄭孝胥日記》等
1909 年 4 月 15 日	編譯所	參加會議的股東四十人。鄭孝胥爲議長，夏瑞芳報告戊申年營業情形及各項賬務。討論並同意添收股份五萬元爲預備股份。決定董事人數增至七人，當選者爲張元濟、鄭孝胥、高鳳池、印有模、高鳳謙、鮑咸恩、夏瑞芳。查賬董事二人：張蟾芬、張廷桂。	股東會議 據《股東會記錄簿》

1910 年 4 月 27 日	一品香菜館	高夢旦、印有模等股東到會。印錫璋爲主席。聽取顧曉舟報告上年度營業情況及各項賬略。張元濟因出國未參加此次會議。	股東常會（此年材料由張人鳳先生提供）
1911 年 4 月 22 日	海天村番菜館	張元濟報告庚戌年營業情形及提出董事選舉建議。書記顧曉舟報告各項賬略。會議選舉高鳳謙、鮑咸昌、高鳳池、印有模、張元濟、夏瑞芳、鄭孝胥爲新一屆董事，張桂華、張廷桂爲查賬員。	股東常會 據《股東會記錄簿》
1912 年 6 月 8 日	棋盤街發行所	張元濟爲主席。張元濟報告辛亥年營業情形並各項賬略。選舉新一屆董事鮑咸昌、印有模、張元濟、夏瑞芳、鄭孝胥、王子仁、奚若；查賬員張桂華、張廷桂。	股東常會 據《股東會記錄簿》
1913 年 4 月 19 日	編譯所	鄭孝胥主持並報告民國元年營業情形。選舉鄭孝胥、鮑咸昌、印有模、張元濟、葉景葵、伍廷芳、夏瑞芳爲董事，張廷桂、張葆初爲查賬員。	股東常會 據《股東會記錄簿》
1914 年 1 月 30 日	愛而近路 紗業公會	鄭孝胥爲議長，介紹新總經理印有模。張元濟代表董事會報告收回日股情形。	特別股東會 據《股東會記錄簿》
1914 年 5 月 11 日		張元濟代表董事會報告民國二年營業情形，還作了關於增股議案的報告。增股議案獲通過。選舉伍廷芳、鄭孝胥、周晉鑣、印有模、張元濟、鮑咸昌、高鳳謙爲董事，張國傑、丁榕、葉景葵爲監察人。	股東常會 據《股東會記錄簿》
1915 年 5 月 29 日	愛而近路 紗業公會	張元濟代表董事會報告民國三年營業情形。選舉伍廷芳、鄭孝胥、印有模、高鳳池、張元濟、張謇、葉景葵、鮑咸昌、黃遠庸、曹雪賡、張桂華爲新一屆董事。	股東常會 據《股東會記錄簿》

1916 年 5 月 6 日		伍廷芳爲臨時議長。張元濟代表董事會報告民國四年營業情形並各項賬略，又作關於推廣保險議案的報告。鄭孝胥報告推舉總經理情形。選舉伍廷芳、高鳳池、鮑咸昌、鄭孝胥、張謇、梁啓超、張桂華、聶其傑、李宣龔、張廷桂、曹錫賡十一人爲董事，王亨統、張葆初、葉景葵爲監察人。	股東常會 據《股東會記錄簿》 李宣龔，字拔可
1917 年 5 月 19 日	上海總商會	鄭孝胥爲臨時議長。張元濟代表董事會報告民國五年營業情形並各項賬略。會議通過增加股本一百萬元議案。選舉高鳳池、鮑咸昌、聶其傑、張謇、張元濟、葉景葵、梁啓超、高鳳謙、章士釗、鄭孝胥、金邦平爲董事，王亨統、譚海秋、吳馨爲監察人。	股東常會 據《股東會記錄簿》
1918 年 4 月 13 日	上海總商會	張元濟代表董事會報告民國六年營業情形。選舉鄭孝胥、高鳳池、鮑咸昌、葉景葵、張元濟、章士釗、高鳳謙、郭秉文、張謇、俞壽丞、梁啓超十一人爲董事，譚海秋、王顯華、李文奎爲監察人。	股東常會 據《股東會記錄簿》
1919 年 4 月 26 日	印刷廠新建第三印刷所	鄭孝胥爲臨時議長。張元濟代表董事會報告民國七年營業情形並各項賬略。選舉鄭孝胥、高鳳池、鮑咸昌、張元濟、張謇、王顯華、高鳳謙、郭秉文、李宣龔、張桂華、王亨統爲董事，張葆初、葉景葵、金伯屛爲監察人。	股東常會 據《股東會記錄簿》
1920 年 5 月 8 日	商務印刷製造廠新建鐵工場	張元濟代表董事會報告民國八年營業情形。會議逐項通過董事會所提議案五件：酌提餘利及公積作爲股份案；改正分派	股東常會 據《股東會記錄簿》

		盈餘案；追認增設監理案；增設經理一人案；修改公司章程第三條文字案。選舉鄭孝胥、鮑咸昌、李宣龔、張元濟、郭秉文、王顯華、張謇、葉景葵、丁榕、孫壯爲董事，張葆初、莊俞、周達爲監察人。	
1921 年 5 月 14 日	上海總商會議事廳	李宣龔報告民國九年總分館營業情形，監察人張葆初報告本屆決算各項數目均無誤。選舉高鳳池、李宣龔、張元濟、鮑咸昌、王顯華、鄭孝胥、丁榕、金伯平、黃炎培、吳麟書、張謇十一人爲董事，周梅泉、譚海秋、曹雪賡爲監察人。	股東常會據 1921 年 5 月 15 日《申報》
1922 年 4 月 30 日	上海總商會議事廳	王顯華報告民國十年營業情形，監察人譚海秋報告賬目審核情形，董事會提議增加股本至五百萬元，經較長時間討論，議決通過。選舉高鳳池、鄭孝胥、鮑咸昌、李宣龔、王顯華、金伯平、張元濟、丁榕、郭秉文、陳叔通、童世亨爲董事，葉景葵、吳麟書、黃炎培爲監察人。	股東常會據 1922 年 5 月 1 日《申報》
1923 年 5 月 6 日	上海總商會議事廳	鄭孝胥爲議長。王顯華報告民國十一年營業情形，監察人葉景葵報告賬目審核情形。董事會依據張元濟意見，提出股息公積辦法兩條於股東會。童世亨提議添加「股息公積常年八釐起息」一條獲得通過。選出新一屆董事十三人：鮑咸昌、高鳳池、張元濟、鄭孝胥、丁榕、李宣龔、童世亨、王顯華、郭秉文、黃炎培、張桂華、陳叔通、莊俞；監察三人：張葆初、葉景葵、金伯平。	股東常會據 1923 年 5 月 7 日《申報》等

1924 年 4 月 13 日	商務印書館 同人俱樂部	郭秉文爲議長。王顯華報告民國十二年營業情形，監察人金伯平作報告。通過分派盈餘、增修公司章程各案。選出新一屆董事十三人：張元濟、高鳳池、鮑咸昌、張蟾芬、王顯華、童世亨、陳叔通、黃炎培、李拔可、郭秉文、丁榕、葉景葵、吳麟書；監察三人：金伯平、李恒春、張葆初。	股東常會 據 1924 年 4 月 14 日《申報》
1924 年 5 月 11 日		討論兩項涉及公司章程修改的議案。一是增加公司在外國購置產業的條文；二是公司章程第二十二條文內「花紅四成五，酬恤一成五」改爲「花紅五成，酬恤一成」。兩項議案均獲通過。	臨時股東會議 據《股東會記錄簿》
1925 年 4 月 19 日	東方圖書館	王顯華報告民國十三年營業情形，監察人李恒春作報告。討論《增訂股息公積辦法案》，略有修正，投票通過。選舉新一屆董事十三人：高鳳池、丁榕、鮑咸昌、張桂華、吳麟書、張元濟、葉景葵、夏鵬、李拔可、王顯華、郭秉文、陳叔通、鄭孝胥；監察人金邦平、黃炎培、周辛伯。	股東常會 據 1925 年 4 月 20 日《申報》
1926 年 4 月 25 日	西藏路寧波 同鄉會	高鳳池爲議長。王顯華報告上年營業情形。由於高、王等堅持，股東會一致通過《修改股息公積辦法案》。選出新一屆董事十三人：高鳳池、吳麟書、夏鵬、張元濟、鮑咸昌、張桂華、丁榕、李拔可、郭秉文、葉景葵、王顯華、陳叔通、秦印紳。	股東常會 據 1926 年 4 月 26 日《申報》
1927 年 5 月 1 日	上海總商會	李拔可報告民國十五年營業情行；高鳳池報告北京、廣州受	股東年會 據 1927 年 5 月 2 日

		時局影響。股東未能蒞會、委託在滬友人代表情況。部分股東對上述兩報告內容，特別是股息公積提出質疑，要求調查，引起爭吵。亦有股東就公司收購古書提出疑問，張元濟解答。選舉董事十三人：張元濟、吳麟書、高鳳池、夏鵬、丁榕、鮑咸昌、李拔可、葉景葵、楊端六、王雲五、盛同孫、高夢旦、莊俞；監察三人：周辛伯、陳少周、秦印紳。	《申報》、1927 年 5 月 3 日《晶報》、《股東會記錄簿》等
1928 年 5 月 13 日	上海總商會議事廳	董事會報告稱，上年受時局影響，營業額減少甚巨，盈餘微薄，通過股息分派議案。選舉董事十三人：高鳳池、鮑咸昌、丁榕、王雲五、李拔可、張元濟、夏鵬、郭秉文、盛同孫、楊端六、高夢旦、葉景葵、吳麟書；監察三人：陳少周、黃漢梁、秦印紳。	股東年會據 1928 年 5 月 14 日《申報》
1929 年 5 月 12 日	愛而近路紗業公所	李拔可報告公司民國十七年營業概況，監察人秦印紳報告結算賬略。次議分派盈餘，經決議通過。選舉董事十三人：夏鵬、鮑咸昌、高鳳池、李拔可、吳麟書、王雲五、高夢旦、張元濟、葉景葵、盛同孫、楊端六、丁榕、俞天丞。監察三人：黃漢梁、秦印紳、陳少周。	股東年會據《股東會記錄簿》
1930 年 5 月 25 日	河南路上海商人團體整理委員會	李拔可報告民國十八年營業情形。就依照新《公司法》修改公司章程進行討論。選舉高鳳池、王雲五、丁榕、李拔可、葉景葵、楊端六、高夢旦、張元濟、吳麟書、夏鵬、劉湛恩、鮑慶林、盛同孫十三人為董事；黃漢梁、徐寄頏、周辛伯三人為監察。	股東年會據《股東會記錄簿》

1931 年 5 月 24 日	上海總商會 議事廳	高鳳池爲主席。董事會報告民國十九年營業情況；監察人周辛伯報告核查賬目情形；會議通過盈餘利息分派案；並討論修改公司章程草案，因事關重大，議定等開臨時股東會再議。選舉董事十三人：夏鵬、高鳳池、丁榕、鮑慶林、黃漢梁、李拔可、王雲五、劉湛恩、郭秉文、葉景葵、張元濟、高夢旦、鮑慶甲；監察三人：周辛伯、金伯平、徐寄頖。	股東年會 據 1931 年 5 月 25 日《申報》、《股東會記錄簿》
1931 年 6 月 28 日		公司章程修改草案經各股東逐條討論，分別表決，多數通過。	股東臨時會；據童世亨《企業回憶錄》
1931 年 7 月 10 日	上海總商會 議事廳	先由董事會報告本館被難及處理善後情況；次報告民國二十年營業狀況；監察人周辛伯報告核查賬目情況。討論董事會所提《減少資本修改章程案》，議定再開臨時股東會公決。選舉董事十三人：夏鵬、高鳳池、鮑慶林、張元濟、王雲五、李拔可、張桂華、丁榕、高夢旦、劉湛恩、葉景葵、郭秉文、黃漢梁；監察三人：徐善祥、徐寄頖、周辛伯。	股東年會 據 1931 年 7 月 11 日《申報》、童世亨《企業回憶錄》
1931 年 9 月 4 日	上海總商會 議事廳	股東童世亨、秦慕瞻等十人聯署提出《修正商務印書館減少資本辦法案》，經表決通過。張元濟提議修改公司章程案，亦獲多數通過。惟到會股東未能足額，議決各案除以股息公積彌補虧耗及寶山路總廠爐餘貨物將來修理後自用作價，或售去所得價值作爲復股公案兩案，應即辦理外，關於減少資本及修改公司章程之決議案，作爲「假決議」，再行定期召開第二次股東臨時會決議之。	臨時股東會 據《股東會記錄簿》、童世亨《企業回憶錄》

1932 年 11 月 6 日	上海總商會 議事廳	續議《修正商務印書館減少資本辦法案》及修改公司章程案。經投票表決，一致通過。	臨時股東會 據《股東會記錄簿》
1933 年 3 月 26 日	上海總商會 議事廳	王雲五報告本屆營業、生產及清理舊廠情形。監察人周辛伯報告各項賬冊、報表審核經過。會議通過公積金及盈餘利息分派議案。選舉董事十三人：王雲五、李拔可、夏鵬、郭秉文、鮑慶林、張元濟、高鳳池、張蟾芬、丁榕、劉湛恩、高夢旦、周辛伯、徐寄廎；監察三人：徐善祥、黃漢梁、葉景葵。	股東年會 據 1933 年 3 月 27 日《申報》
1934 年 4 月 1 日	上海總商會 議事廳	王雲五報告上年營業情況，監察人徐善祥報告各項賬目、報表審核無誤。通過公積金及盈餘利息分派議案。又報告恢復股份為 350 萬元之情況。選舉董事十三人：王雲五、李拔可、夏鵬、鮑慶林、張元濟、高夢旦、丁榕、劉湛恩、徐寄廎、張蟾芬、周辛伯、高鳳池、蔡元培；監察三人：徐善祥、黃漢梁、葉景葵。	股東年會 據 1934 年 4 月 2 日《申報》、《股東會記錄簿》
1935 年 3 月 31 日	上海市商會	王雲五報告上年營業情況，監察人徐善祥報告各項賬目、報表審核無誤。討論各項議案，包括請股東將紅利 22 萬元借給公司議案。選舉夏鵬、鮑慶林、王雲五、李拔可、高夢旦、高鳳池、張元濟、丁榕、蔡元培、張蟾芬、徐善祥、劉湛恩、徐寄廎十三人為董事，葉景葵、陳光甫、周辛伯三人為監察人。	股東年會 據《股東會記錄簿》
1936 年 3 月 29 日	上海市商會	由董事、監察人先後報告營業狀況及結算情形；繼議盈餘利	股東年會 據 1936 年 3 月 30 日

		息分派及董事會提議各事項。均經決議通過。選舉董事十三人：張元濟、李拔可、夏鵬、鮑慶林、王雲五、高夢旦、高鳳池、徐善祥、劉湛恩、丁榕、蔡元培、張蟾芬、徐寄頎；監察三人：周辛伯、陳光甫、馬寅初。	《申報》
1937年5月9日	寧波同鄉會	王雲五報告上年營業概況及結算情形，監察人馬寅初報告一切賬目均核查無誤。經由張元濟將董事會提議三項（盈餘分配案，恢復股本五百萬元案，修改公司章程案）提交大會討論。逐項表決通過。選舉董事十三人：王雲五、高鳳池、李拔可、夏鵬、張元濟、劉湛恩、蔡元培、鮑慶林、徐善祥、徐寄頎、丁榕、陳光甫、李伯嘉。監察三人：馬寅初、黃炎培、楊端六。	股東年會據1937年5月10日《申報》、《股東會記錄簿》
1938～1945年			未召開股東會議
1946年9月29日	上海市商會	董事會散發《九年來之報告》小冊子。張元濟講話，闡述散發小冊子的考慮；接著向股東介紹新任總經理朱經農。隨後，王雲五致辭，李澤彰就《九年來之報告》作補充說明。選舉新一屆董事十三人：夏鵬、陳光甫、高鳳池、王雲五、張元濟、李拔可、朱經農、丁榕、徐寄頎、李澤彰、馬寅初、徐善祥、俞明時；監察三人：黃炎培、楊端六、陳叔通。	股東臨時會議據《股東會記錄簿》
1947年10月17日	八仙橋青年會	張元濟就公司升值增資徵求部分股東意見。	股東聚餐會據1947年10月15日史久芸覆張元濟書

1947 年 10 月 26 日	上海市商會	張元濟代表董事會作報告，此非一般年度報告，而是就民國二十六年至三十五年的賬略結算，並經會計師監察人審核無誤，提請審閱。會議依次通過董事會提議：公積金及盈餘紅利分派議案；重估固定資產價值調整資本方案；修改公司章程提案。議決董事、監察人之改選可保留至股東會辦理。	股東年會 據《股東會記錄簿》
1947 年 12 月 21 日	上海市商會	徐寄頤爲主席。張元濟致辭。李澤彰報告增資一案辦理完成經過。選舉新一屆董事會十三人：高鳳池、王雲五、張元濟、李澤彰、李拔可、丁榕、徐寄頤、朱經農、徐善祥、夏鵬、俞明時、馬寅初、陳叔通；監察三人：黃炎培、蔡公椿、陳懋解。	股東臨時會 據《股東會記錄簿》
1948 年 12 月 19 日	上海市商會	張元濟報告股東年會延遲召開原因，以及朱經農辭總經理、推薦夏鵬繼任事。李澤彰報告公司結算等事。選舉董事十三人：張元濟、夏鵬、李澤彰、丁榕、李拔可、馬寅初、徐善祥、陳叔通、徐寄頤、韋福霖、俞明時、陳懋解、高鳳池；監察三人：黃炎培、蔡公椿、王韜如。	股東年會 據《股東會記錄簿》
1949 年			未開股東會議

　　據上表統計，商務印書館 1905 年～1949 年的 45 年間，總計召開股東會議 48 次。而這 45 年，1938 年～1945 年的八年抗日戰爭期間沒有召開過股東會議，一個重要因素是避免因召開股東會議給敵僞勢力借參股、擴股之機進行滲透和控制。1949 年是一個特殊的年份，新舊政權交替，商務也面臨著大的變化與轉折，故而也沒有如期召開股東會議。這樣算來，實際召開過股東會議的只有 36 年。其中最爲規範的當數抗日戰爭全面爆發前的 33 年。這三

十多年，雖然有「一・二八」國難及其對商務的巨大衝擊，但商務總體運作規範有序，發展態勢良好，企業蒸蒸日上，兩個效益明顯。

據我們查閱到的資料，商務的股東會議始於 1905 年。這年的 3 月 31 日，商務在上海市北福建路 2 號的印刷所召開股東會，審議上個年度的收支情況，討論編譯所增聘人員等事宜。1905 年商務召開股東會議達到 4 次，除了 3 月份這次，6 月 10 日、11 月 22 日、11 月 28 日分別召開了股東常會或者股東特別會議。6 月 10 日的會議，是商務印書館在香港註冊之後召開的第一次會議，按照英國章程，公司註冊 4 個月內應舉行第一次股東會。不到半年，11 月 22 日商務又開股東特別會議，決定註銷在香港的註冊，原因主要是按照香港當時的規定（其實也就是英國的規定），公司不得翻印、翻譯已入版權同盟的各國洋文書籍，這在當時對商務是很不利的。而 11 月 28 日的股東會議，則進一步討論註銷公司在香港的註冊，計劃在本國商部註冊，屬於中國公司。從這個情況以及以後的公司運作來看，商務印書館是從 1906 年真正開始實行規範化的股東會議制度的。綜合分析，從 1905 年到 1937 年「七七事變」發生前，商務印書館的股東會議主要呈現出以下幾個特點，這給我們某些啓示。

首先，是按照公司法的有關規定，定期召開一年一次的股東年會或曰股東常會。按照公司法的規定，股東年會每年在上一個會計年度終結後召開，從理論上講它可以對股東大會所享有的各項職權都進行表決。但從實際運作來看，股東年會討論的議題一般是比較固定、有所選擇、突出重點的。讓我們看看 1906 年、1916 年、1926 年、1936 年幾個年份股東年會的情況。1906 年 3 月 10 日召開的股東年會，議定上年結帳、分派餘利之事，選舉新一屆董事：夏瑞芳（兼經理）、原亮三郎、印有模、加藤駒二。1916 年 5 月 6 日的股東常會，內容主要是審議張元濟代表董事會作的關於上年度營業情形並各項賬略等兩個報告，審議鄭孝胥作的推舉總經理的報告，選舉伍廷芳等 11 人為新一屆董事，王亨統等 3 人為監察人。1926 年 4 月 25 日的股東常會，審議王顯華作的關於上一年度營業情形的報告，審議並通過《修改股息公積辦法案》，選舉新一屆董事 13 人，監察人 3 名。1936 年 3 月 29 日的股東常會，審議董事、監察人先後作的有關營業狀況及結算情形的報告，討論盈餘利息分派等事宜，選舉新一屆董事會（13 人）和監察人（3 名）。從這簡單的敘述中我們清晰地看到，商務的股東常會規範有序，主要議題 30 年一以貫之，那就是審核經營狀況，特別是財務情況，討論利益分配，以及對公司行使決策、

管理和監督的人員進行選舉。

其次，通過股東臨時會議進一步強化民主決策與科學決策。股東臨時會因其召集的根據不同，有強制召開和任意召開之分。強制召開是由法律規定必須召開的股東會議，如董事人數不足 2/3，或者公司累計未彌補虧損達股本的 1/3 時。任意召開的股東臨時會議通常由董事會、監事會或者有符合法定數量投票權的股東（我國規定爲 10%以上）的要求召開。據筆者初步統計，1905 年～1949 年商務印書館召開的股東臨時會議大約有 12 次，從總量看並不多。但股東臨時會議都是屬於「任意召開」而非「強制召開」的類型，討論的議題都是公司的重大事項。如，1905 年 11 月 22 日的會議，討論並做出撤銷在香港公司註冊的決定；1914 年 1 月 30 日的會議，介紹新總經理印有模，張元濟代表董事會報告收回日股情形；1924 年 5 月 11 日的會議，討論並通過兩項涉及公司章程修改的議案：增加公司在外國購置產業的條文，另一議題是將章程第二十二條的「花紅四成五，酬恤一成五」改爲「花紅五成，酬恤一成」；1931 年 9 月 4 日的會議是商務「國難」後的一次股東臨時會，股東童世亨等 10 人提出的《修正商務印書館減少資本辦法案》經表決通過，同時討論通過了張元濟提出的修改公司章程案。如此等等，都是涉及公司生存與發展的重大問題。

再次，商務印書館在股東大會行使職權方面也曾有過慘痛的教訓。這主要反映在 1910 年的「橡皮股票風潮」。1910 年之前，商務的經營狀況極爲良好，資本以每年近 30%的速度遞增，營業額佔據全國書業的 1/3。這樣良好的經營狀況，使得商務的資金流轉極爲迅速，經營的領域也從印刷、出版，走向機器製造、房地產、影視業等更大的投資市場。此時，爲了進一步開闊眼界，向西方發達國家學習，張元濟於 1910 年 3 月 17 日，從上海啓程，作環球旅行。他回到上海是 1911 年 1 月 18 日。就在此期間，上海爆發了橡皮股票風潮，商務總經理夏瑞芳不聽張元濟的勸告，凌駕於董事會之上，也不通過股東大會，擅自挪用鉅額資金購買橡皮股票，結果上當受騙，使公司的流通資金幾乎損失殆盡，企業面臨倒閉。高鳳池在給張元濟的信中批評夏瑞芳：「……凡遇此種有關係事，既不照章報告董事會，亦不詢商他人，一己獨斷獨行，以致釀成此局。」按照公司法的要求，決定公司的經營方針和投資計劃，是必須經過股東大會的。我們查找有關資料，很遺憾的是沒有查到 1910 年股東常會的記錄，也沒有關於臨時股東會議召開的信息。可見，制度一旦被人爲擱置，隨心所欲，有章不循，企業經營就可能遭遇巨大風險。商務印

書館後來一致比較好地按照企業制度進行運作，無疑是吸取了這次慘痛教訓的。

以股東大會為召集方式的會議體組織，非公司常設機構，亦無執行功能，只能通過召開會議、作出決議的形式行使職權。股東大會的決議由董事會負責執行，由監事會負責保障、監督。上海商務印書館股東大會是很注意發揮董事會、監察人的作用，來履行其職權的。至於商務董事會、監察人的有關問題，我們另行討論。

二、商務董事會的成立及權限

董事是對內管理公司事務、對外代表公司同其它企業進行交易活動的法定業務執行機關。最初的董事常常是從股東中產生的，股東身份是成為公司董事的基本資格。公司董事具有業務執行權及出席董事會和股東大會並對決議事項的表決權和收益權。董事會由股東大會選舉的董事組成，是代表公司行使其法人產權的會議體機關，是公司經營決策和執行業務的常設機構，董事會對股東大會負責並接受其監督。

商務印書館的董事實際是其股東大會的常設委員，代表股東的意志，領導和監督經理人員。商務印書館的公司章程規定，董事從股東中產生，但凡持有公司 10 股之上的股東皆有被選舉為董事的資格。商務規定其董事最多不得超過 13 人，他們主要履行稽查、協贊、議決等職權。

商務董事會是股東大會休會時的最高權力機構，它決定公司的經營方針和大計，以及其它重大的和它認為該管的問題。董事會必須在下次股東大會上對股東做上一年度的股東報告，通報經營狀況、盈利和虧損原因。一般的經營情況、分支機構的設置和撤銷，不動產及重大設備的購置也由董事會在股東報告中陳述。而董事會向股東大會提交的報告的內容，除營業盈虧外，事前須由負責運營的總、副經理進行請批，獲准後方能行動。當然在實際的運作中，也有處於不得已原因的「先斬後奏」，但事後必須向董事會澄清。總、副經理對董事局而非具體股東負責，重大問題要向董事會請示。商務印書館董事會章程第十四條規定，總、副經理針對以下 9 種事項必須向董事會報告：「房屋地產之買賣或建築；重要章程之訂立或廢止及修改；分館分廠之設立或變更；營業方針之變更；對外重要訴訟事件；公司向外借款或外業股份之認購或轉讓；每年報告於股東之借貸對照表；提撥公益款項及支用方法；其

它總經理認為重大之事件。」〔註7〕除此之外，對於公司日常事務，董事會不會干涉。例如，1904 年，寶山路印刷所開工時，董事會曾決議過遷居寶興里的職員、工人每幢房津貼房租一元的決定，撫恤費也經常由董事會經手，這都是日常福利。後來在盈利中提留公益金，總、副經理可按比例支付，但每年還是必須向董事會報告。

對於商務股東大會議決的章程、資本額、經營範圍、股權利益，董事必須完全執行而不能逾越。董事會是股東股權和意志的體現者，執行股東的資本權力。「如民國初年商務曾經營過津浦線和京漢線鐵路沿線的廣告業務，也曾設立過內部保險公司，後決定擴大承保範圍兼保股東及職工火險，增設機器製造。這 3 件事都提交股東大會，討論通過後才能經營。」〔註8〕

商務印書館的董事會每月召開一次，臨時會則會因時因事而異。

商務印書館的董事會成員，除總、副經理作為職員每年取得花紅外，其它成員不論商務盈虧，皆可分得一年固定 200 元的車馬費。

三、經營權的下放——總、副經理的職權與義務

經理人是由公司高級管理人員組成的、控制並領導公司日常事務的行政管理機構。這一機構的最高負責人是總經理，經理人一般由公司董事會聘任，對董事會負責。商務印書館的經理人包括總經理、副總經理和協理 3 個層級。商務印書館的總、副經理雖然由董事會產生，但事實上他們本身就是董事，他們具有出資人和運作人的雙重角色。總、副經理對公司全局具有操控力，而各部主任負責具體實施。

關於經理人的職權和義務，《商務印書館股份有限公司章程（1932 年 9 月 4 日及 11 月 6 日股東臨時會議修改）》並未做具體說明，但概括而言，商務的經理人至少擁有以下職權：

第一，主持公司日常經營管理，執行董事會決議。《商務印書館股份有限公司章程》第十八條規定：「由董事會選總經理一人、經理二人，執行公司一切事務，但遇重大事件，由總經理、經理請董事會取決處理。」

〔註7〕轉引自汪家熔：《商務印書館史及其它——汪家熔出版史研究文集》，中國書籍出版社，1998 年，第 40 頁。

〔註8〕轉引自汪家熔：《商務印書館史及其它——汪家熔出版史研究文集》，中國書籍出版社，1998 年，第 39 頁。

　　第二，聘請或解雇公司各部主任、各分、支館負責人等中級管理層。由總、副經理酌派的各部主任、各分、支館負責人等中級管理層對總、副經理負責。實際負責公司全局運行的總經理和副總經理由董事會任命，其它各部主任、書記員、會計暨司事由總、副經理任命。

　　第三，經董事會授權對外簽訂合同或者處理業務。

　　第四，負責向董事會及股東大會報告年度經營成果。「本公司總經理、經理等每年應將賬目詳細結算，造具簿冊，由董事會轉交監察人覆核後布告於各股東。」〔註9〕

　　擁有一定的職權必然要承擔一定的義務，商務經理人的責任和義務大致有：

　　第一，遵守公司章程，履行職務，不得利用在公司的地位和職權為自己牟取私利。

　　第二，不得以私人名義非法動用公司資產。1910 年上海「橡皮股風暴」中，夏瑞芳就私自挪用商務印書館 10 萬元資金進行橡皮股票投機，結果失敗，使商務虧蝕很大。此後，張元濟一面積極籌劃挽救辦法，一面建議改進公司辦事章程：「須更改章程，劃清董事及經理權限，訂立管理銀錢出入規劃。」〔註10〕

　　第三，不得自營或為他人經營與商務同類的營業或從事損害公司營業的活動。《商務印書館股份有限公司章程》第十九條規定：「總經理、經理非經董事會允許，不得營與本公司相同之貿易。」

　　總、副經理對董事會並不只是負責執行，他們還可以依據相關章程拒絕董事會超越權限的干涉。如據《張元濟日記（上冊）》第 78 頁記載，1916 年6 月 20 日，討論酬恤的相關事宜時，聶雲臺、鄭孝胥認為需送呈董事會核定。張元濟認為公司曾有花費數千元而未向董事會報告的事例，並認為公司支出太多而未必需一一呈報董事會，況且有些支出未必能公開為由，主張不送董事會。而聶雲臺則以既定章程反駁之。此外，總、副經理甚至有力量干預商務董事的產生〔註11〕。在 1937 年抗戰爆發之後的非常時期，甚至出現了董事

〔註 9〕汪耀華選編：《民國書業經營規章》，上海書店出版社，2006 年，第 46 頁。
〔註10〕吳方：《仁智的山水──張元濟傳》，上海文藝出版社，1994 年，第 100 頁。
〔註11〕詳見《張元濟日記》1918 年 4 月 13 日、5 月 2 日。這一點與現代意義上的企業制度有所不同，現代企業制度中的總、副經理只是董事會產生的公司高級職員而無權干涉董事的產生。

會寫信給在香港的總經理王雲五商議回滬辦公之事。1939 年 9 月董事會寫給王雲五的信中就寫道,「同人之意,可否請我兄移駕,就近指揮,遇有困難可以當機立斷」,但王雲五並未理會。

四、監察人的產生及對商務的意義

監事會是股份有限公司依法設立的監督公司業務活動的機構。在歐美許多國家的公司法中,對於股份有限公司是否要設監事會的問題有著不同的規定。不要求設立監事會的公司,通常被稱爲一元機構;要求設立監事會的公司,則被稱爲二元結構。

在英美的公司法中,從來沒有明確公司監事或監事會的地位。採取一元制的公司,權力集中於董事會。但對於上市公司和非上市公司來說,董事會的權力集中程度是不同的。而在大陸法系中,一般要求設立監事會。在這種二元結構的公司中,監事會的地位和職權都是比較重要的。德國公司法甚至規定,董事會必須定期向監事會彙報公司的政策、利潤、經營狀況等,監事會可以隨時向董事會瞭解本公司的重大事務,並可親自或通過專家審查公司賬簿和卷宗。公司監事會可以規定,公司在開展某些業務之前須事先得到監事會的批准。可見,這種監事會的職權是很大的,實際上它部分地享有了股東大會的職權,或成爲股東大會的常設機構。

這裏特別值得注意的是日本的監察人制度。20 世紀初期日本的公司法多採用一元結構,公司不必設立監事會。但是,在日本的許多公司中設有監察人;監察人由股東大會選舉產生,主要職責是代表股東會對公司的財務進行檢查。監察人有權對公司的營業情況、財務收支、財務報表進行查詢,如發現重大財務問題,可以要求董事會作出解釋,甚至可以要求召集股東臨時大會進行討論。監察人制度的優勢既可以對公司經營管理人員進行必要的監督,又不必支付太多的費用。

20 世紀初葉到 40 年代,上海商務印書館成立股份公司以後,採用的一直是日本式的公司一元結構。從 1903 年開始的商務與日本公司的合資,不僅僅是增強了企業的經濟實力,而且還引進了日方的人才、技術、設備、編輯經驗以及現代企業管理制度和管理方法。商務元老高鳳池在《本館創業史》中說:

> 當清光緒二十九年,正是公司規模粗具之時,聽説日本金港堂

要到中國來開辦印刷所，──金港堂是日本極大的印刷公司，資本極爲雄厚。當時金港堂託上海三井洋行經理山本君調查並計劃，山本的夫人是金港堂主的女兒，所以也是金港堂的股東，在金港堂方面是有點勢力，並且極爲信任的，山本同夏瑞芳、印錫璋二先生都很熟，談起之後，山本倒有意同本館合辦。當時本館鑒於中國的印刷技術，非常幼稚，本館雖說是粗具規模，但是所有印刷工具能力，只有凸版，相差很遠，萬難與日人對敵競爭。權宜輕重只有暫時利用合作的方法，慢慢的再求本身發展，可以獨立。遂由山本介紹議定，由日方出資 10 萬元，本館方面除原有生財資產，另加湊現款亦併足十萬。這是商務與日人第二期關係，並聘請日本技師襄助印務。但是所訂的條件並不是事事平等的，我們方面有二個主要條件：一是經理及董事都是中國人，只舉日人一人爲監察人。二是聘用的日人隨時可以辭退。（蟾芬先生補充謂：當時當選董事當然都是華人，惟監察人二人中，有一日人。合股後第一次所舉的監察人，日人是田邊輝雄，我國方面便是蟾芬。）〔註12〕

正式成立商務印書館有限公司是在 1903 年 10 月，其董事會構成人員我們沒有看到一手資料，推舉的兩位監察人爲張蟾芬（名桂華）、田邊輝雄。1904 年的董事會、監察人是否有變化還有待查詢。1905 年 5 月 10 日，商務印書館召開了股東常會。這是公司在香港註冊之後的第一次會議，按英國章程，註冊後四個月內應舉行第一次會議。會議報告了當年的經營狀況，並公舉印有模、原亮三郎、夏瑞芳、加藤駒二爲本年值年董事，張蟾芬、田邊輝雄爲稽查本年賬目董事。可見，有關日方在公司董事會中不出任董事的情況有變化，而兩位監察人（有時稱賬目董事，有時也稱查賬人等）很可能是連續三年連任的。從監察人的幾個別名可以看出其職能完全是按照日本公司的監察人制度來設立的，主要負責公司財務審查與監督。該年的 11 月 28 日商務再次召開了股東大會，會議同意註銷公司在香港註冊，擬在本國商部註冊，屬中國公司。會議內容還包括：本年秋季開辦師範傳習所，提充善舉費備用。自開辦至今約共用洋 2,000 元，明歲仍擬續辦。股東會舉查賬人張桂華、田邊輝雄，另有查課人張菊生、謝洪賚。

〔註12〕 高鳳池：《本館創業史》，見商務印書館編：《商務印書館九十五年──我和商務印書館》，商務印書館，1992 年，第 8 頁。

我們注意到，商務印書館的監察人（或查賬人）制度，是以清政府欽定商律《公司律》爲法理依據的。1904 年 3 月 1 日頒佈的《公司律》規定：「公司設立後，眾股東初次會議時，應公舉查賬人至少二名，其酬勞由眾股東酌定。」「查賬人任事之期以一年爲限。」「查賬人可以隨時到公司查閱賬目及一切簿冊，董事及總辦人等不能阻止，如有詢問應即答覆。」〔註 13〕大約在 1905 年 7 月，中西書局、公藝書局、會文學社、寶善齋、文通書局等 12 家書業機構聯合發起成立中國書業有限公司；作爲股份公司，其公司章程中第十七條明確規定：「本公司由各股東公舉查賬二人。」〔註 14〕到 1914 年，北洋政府頒佈了新的《公司條例》，其中設專節論述「監察人」，具體內容有十多條〔註 15〕。

1906 年到 1908 年，商務印書館的股東常會都是正常召開的。張人鳳、柳和誠編著的《張元濟年譜長編》依據商務印書館《股東會記錄簿》以及《申報》上的有關廣告等，比較詳細地引用了相關資料。這三年選舉的監察人是哪幾個還有待查詢原始檔案。我們注意到，從 1909 年到 1912 年，連續四年的監察人（記曰「查賬員」、「查賬人」、「查賬董事」等）都是張蟾芬、張廷桂。1906 年的董事爲夏瑞芳（兼經理）、原亮三郎、印有模、加藤駒二。1907 年則選舉夏瑞芳爲董事兼經理，原亮三郎、張元濟、印有模、山本條太郎爲董事。1908 年的董事會構成待查。到 1909 年，董事會、監察人都不再有日方人員。1913 年的監察人爲張廷桂、張葆初。

1914 年商務收回日股以後，當年設董事 7 人，後來陸續增加到 9 人、11 人，再增加到 13 人；但監察人一直保持 3 人不變。我們來看看 1914 年～1923 年監察人的具體人選：張國傑、丁榕、葉景葵（1914），張國傑、王亨統、吳麟書（1915），王亨統、張葆初、葉景葵（1916），王亨統、譚海秋、吳馨（1917），譚海秋、王顯華、李文奎（1918），張葆初、葉景葵、金伯屛（1919），張葆初、莊俞、周達（1920），周梅泉、譚海秋、曹雪賡（1921），葉景葵、吳麟書、黃炎培（1922），張葆初、葉景葵、金伯平（1923）。抗日戰爭全面爆發前五年的商務印書館選舉的監察人則是：徐善祥、黃漢梁、葉景葵（1933），

〔註 13〕見《申報》，1904 年 3 月 1 日。

〔註 14〕見上海市檔案館編：《舊中國的股份制（一八六八年～一九四九年）》，中國檔案出版社，1996 年，第 93 頁。

〔註 15〕見上海市檔案館編：《舊中國的股份制（一八六八年～一九四九年）》，中國檔案出版社，1996 年，第 133～134 頁。

徐善祥、黃漢梁、葉景葵（1934），葉景葵、陳光甫、周辛伯（1935），周辛伯、陳光甫、馬寅初（1936），馬寅初、黃炎培、楊端六（1937）。粗加分析可以看到，監察人人選一般每年有所變化，但又注意工作的連續性，每次不全更換。其中有的監察人是由上屆董事轉任，也有由監察人轉任新董事的。董事與監察人皆由重要股東或有影響的社會名流擔任，並轉換任職。他們業務熟悉，有利於加強對公司財務的管理和監督。〔註16〕

　　按照當時有關法律法規，「監察人」應是一種「常設機關」。裕孫指出：「監察人者，據我國《公司條例》上之解釋，係對於公司中執行業務管理財產之董事，負有監督責任之一種常設機關也。監察人與董事同於股東總會中，就股東選任之。」〔註17〕作為商務印書館監督機構的監察人，如何處理與公司執行機構——董事會和經理的關係，是很重要的。董事會要對股東會負責；董事會聘任的經理負責公司的日常經營管理活動，而經理不僅是一種職務，也是一個機構。事實上，股東會、董事會（包括經理）、監察人三者在當時的商務構成一種互相協調配合，又有所制約和監督的關係。從總體上看，商務印書館能夠快速發展，創造輝煌，是與它這種三權分立，決策、執行與監督比較合理有密切關係的。但我們也必須明確，老商務實行的還是一元制的公司結構，監察人的權力與作用是有限的。其職責主要限於一年一度的股東常會的財務審查報告，平常的監督並不能完全到位。比如，1910年的「橡皮股票風波」中，公司的監察人張蟾芬、張廷桂似乎也沒有起到什麼監督的作用。

　　商務在那個時代，所運用的企業制度無疑是先進的；但有章不循，監督不力，制衡不夠，是其深刻教訓。張元濟在給股東的信中反思道：「對於粹翁，此次尚為正元調票，不免從井救人，弟謂粹翁如駛順風路船，如飲酒過醉，往往不能自立，殊為危險。從前本公司辦事，不能盡按法律，及嚴定辦事權限，保全公司，亦正所以保全粹翁也。」〔註18〕這個分析還是講到了要害處，制度既要合理安排，更要堅決執行。

　　日本企業的監察人制度一直堅持得比較好。當今，他們主要實行的已是

〔註16〕范軍：《中國出版文化史論稿》，華中師範大學出版社，2011年，第86～88頁。

〔註17〕裕孫：《論公司監察人之職責》，載《銀行周報》第5卷第49號、第50號，1921年12月20日、12月27日。

〔註18〕張樹年、張人鳳編：《張元濟蔡元培來往書信集》，商務印書館（香港）有限公司，1992年，第143～144頁。

公司二元機構了。他們除了公司常設監事會，還在大型的上市公司實行會計監察人制度，實施雙重監督。這很值得我國大型企業包括上市的出版傳媒公司借鑒。日本《關於股份公司監察的商法典特例法》對大型股份公司的會計監察人制度作了具體規定。「特例法」的立法目的，在於加強對大型股份公司的財務監督，強制大型股份公司設置雙重監察人。「特例法」規定：凡資本額在 5 億日元以上或最後資產負債表記載的負債總額在 200 億日元以上的股份公司為大股份公司。鑒於大股份公司的股東、債權人、交易相對人及其從業人員為數眾多，其財務狀況與經營成果對社會經濟有較大影響，大股份公司除應按《商法典》規定設置監察人（監事）外，還必須設置外部監察人——會計監察人。會計監察人必須是經國家考覈註冊的會計師或監察法人。會計監察人的設置，使大型股份公司經營者受到監事與會計監察人的雙重監察。雙重監察制度的設立，既可以彌補內部監察的不足，又可以防止公司內部監察人與被監察人相互勾結，是加強對公司監察力度的重要而有效的法律手段〔註 19〕。

我國現行的《公司法》規定，股份有限公司必須設立股東大會、董事會、經理和監事會四個權力機構。其基本模式應是二元結構，基本理念是所有權、經營權和監督權的「三權分立」，目的是為了有效地實行民主管理，科學運作。總結包括商務印書館在內的晚清民國時期文化企業的經驗教訓，對於我們今天建立和完善現代企業制度，促進出版文化企業健康發展無疑是有積極意義的。

第二節　商務印書館直線職能型組織機構的形成

職能部門是總經理管理指揮的一些業務部門，對總經理負責。總經理作為公司一切日常經營的總負責人，必須借助於職能部門來實現其經營目的，推動企業發展，這些部門包括由副總經理分工負責的有關部門及直屬於總經理統管的部門。

商務印書館創立時不過是一家應時而起的印刷作坊，其廠房有限、設備簡陋，印刷所和與 1899 年開設的滄海山房是其當時以實體形式存在的業務部

〔註 19〕張鴻：《日本大股份公司的會計監察人制度及其啟示》，載《財會月刊》，2001年第 4 期。

門。那時候，夏瑞芳和鮑家兄弟之間各有分工、各司其職，夏瑞芳雖做總經理，但事實上從總經理、校對、式老夫（收賬）、買辦、出店（供銷）都一人承擔，鮑咸恩和鮑咸昌兄弟則主要負責印刷所的工作。

張元濟於 1902 年正式加入後，商務始建編譯所和發行所，實現了三所併立。商務印書館為了加強管理，打破編譯所、印刷所和發行所之間各自為政的局面，於 1916 年成立了商務「執行事務之最高機關」——總務處，用以協調和監督三所的業務。在一處三所的總框架下，下設眾多的部、科、股、組及附屬公司等各級機構，每一機構都制定嚴格的部門章程並聘任部門負責人負責部門的日常運作。其實，這種模式在其它行業的公司中也曾有過。晚清民國時期的啟新公司，就曾設最高權力機構的執行機構，叫「總理處」，1923年更名為「總事務所」，總攬全局，協調各分廠、部門事宜。1930 年，王雲五任商務總經理以後，開辦了研究所〔註20〕，與原有的印刷所、編譯所和發行所併列，總務處領導北京和香港的兩個附屬印刷廠及 36 處分、支館（店），還有附屬機構尚公小學和東方圖書館（如圖 3-2），「它的規模之大，職工人數之眾，不但當時國內出版家不能比併，世界各國也屬罕見」〔註21〕。「一‧二八」國難之後的商務印書館在全館人「為國難而犧牲，為文化的奮鬥」的激勵下於同年 8 月 1 日復業，撤銷了總務處，成立了直接接受總經理領導的總管理處，從此，商務印書館進入總管理處時期。商務歷史上的數次改革，逐步完善和改進了商務的組織機構體系，使之建立起現代意義上的完備的企業運作組織。

〔註20〕 王雲五說：「固知計劃定多疏漏，當俟分科研究諸人回國組織研究所，就本館各種資料，實地詳悉研究，陸續改良補充，然後推行。」可知，研究所設立的初衷是為了完善王雲五的科學管理法。

〔註21〕 商務印書館編：《商務印書館九十年——我和商務印書館》，商務印書館，1987年，第 103 頁。

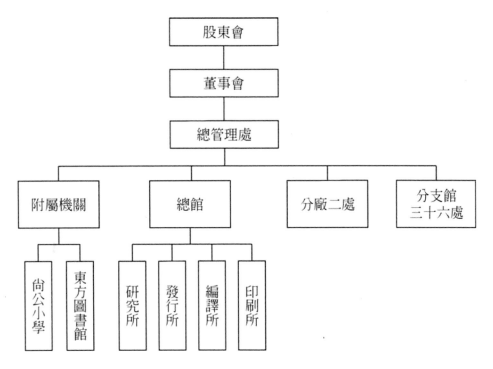

圖 3-2　商務印書館總組織系統圖示〔註 22〕

一、總館：「三所」共存向「四所」並立的發展

　　商務印書館初創時只是以一幢簡陋的廠房和簡單的設備進行印刷生產，1902 年（清光緒二十八年），張元濟入館後在長康里設立編譯所，建造了新的印刷廠和發行所。其時，編譯所、印刷所和發行所分別由張元濟、鮑咸昌和高鳳池任所長。1916 年，商務在陳叔通的建議之下建立了一個統一機構——總務處。總務處為執行事務之最高機關，其一切事務由總經理、經理執行。1918 年 9 月，總務處改組，分設機要、稽核、進貨、存貨、出納、會計、業務、分莊、交通 9 科及報運股，並規定三所所長定期敘談，制定每年的工作計劃，所與所之間的衝突和摩擦用開會討論的形式解決。會議商討事宜以三所意見一致才算通過，否則便下次開會再行商量。同時，發行部改發行所，分設收發處、賬務處、批發處、庶務處、本版櫃、西書櫃、儀器文具櫃、收銀櫃、存書課、存貨課、軋銷課。次年 11 月，營業部改隸發行所，12 月，商

〔註 22〕莊俞：《三十五年來之商務印書館》，見商務印書館編：《商務印書館九十五年——我和商務印書館》，1992 年，第 747 頁。

務印書館中國商務廣告公司成立後，以前隸屬於營業部的廣告股取消，由中國商務廣告公司設辦事處於發行所內。1922 年 9 月，發行所增設事務部及承印部。王雲五任編譯所所長之後，1922 年 1 月，編譯所改組，在編譯所設總編譯處，下設國文、英文、史地、哲學、教育、法制經濟、數學、博物生理、物理化學、雜纂 10 部及事務、出版兩部，與各委員會、各雜誌社及各函授社並存。同年 8 月，成本會計辦事處成立，直屬於總務處。因承接印件增多，次年 6 月，設印件監察處，隸屬於總務處。1925 年，商務設人事股，負責公司職員之進退、考覈及待遇等，隸屬於總務處。1930 年，王雲五出國考察回國後擔任商務印書館總經理，同年 9 月修訂總務處試行章程，總務處原有的會議製取消，由總經理主持總務處一切事務，經理二人輔助之，總務處分總務、人事、稽核、進貨、存貨、出納、會計、業務、分莊、交通 10 科，報運工程 2 股，收付簽字、印件監察、成本會計三處。同時，增設研究所，一處四所的框架由此形成（見附錄 1、附錄 2、附錄 3、附錄 4、附錄 5、附錄 6）。

1932 年國難之後，商務撤銷總務處改設總管理處，總經理主持總管理處一切事務，舉經理兩名輔助之，設協理協助總經理和經理。抗戰時期，商務印書館總經理王雲五所在地的辦事處實際上行使了總管理處的職能，其它辦事處必須聽命於這個辦事處，並統一號令。如戰時的上海、香港、長沙三地都有編審人員和印刷廠，都出書，但只有香港辦事處可以以商務印書館的名義發佈《發售新書通報》。

1946 年 5 月 20 日，商務印書館在第 463 次董事會上准許王雲五辭職。1946 年 9 月 24 日，時任教育部次長的朱經農到商務印書館視事。1948 年 11 月，朱經農因出任我國參加聯合國教科文組織會議首席代表而辭職。繼而，夏鵬被商務董事會聘請為總經理。在被夏鵬拒絕後，又聘請陳懋解為總經理，謝仁冰為經理，謝暫代編審部長，主持編輯部工作。

總管理處設編審、生產、營業、供應、主計、審核 6 部及秘書處、人事委員會（見附錄 2）。編審部主要負責商務印書館出版物的編譯、審查、計劃等；生產部統轄出版科及各工廠，主要負責出版物的製版、印刷等；營業部統轄分莊科、推廣科和上海發行所及各分館、支館，主要負責公司出版物的營銷；供應部統轄進貨科及棧務科，主要負責生產材料及貨物的供給、保管和運輸；主計部統轄會計科、出納科及稽核科，負責財務、統計、稽核、收支等；審核部統轄檢查科及考工科，負責貨物、款項、服務的檢查及工作的

改良等；秘書處負責文書、契約、保險、股務、收發、庶務及不屬於各部或人事委員會的事宜；人事委員會統轄人事科，負責公司職員的進退、獎懲及福利等。秘書處、上海發行所、各科及各工廠根據實際需要分設若干股。

總管理處下設的各部設部長 1 名，由總經理、經理、協理分別兼任，各科設科長 1 人或兼設副科長 1～2 名，各廠設廠長 1 人或兼設副廠長 1～2 名，發行所設所長 1 人或兼設副所長 1～2 名，各股設股長 1 人或兼設副股長 1 人，其餘職員無定額，視情況而定。

商務編譯所設所長 1 名，下設事務部、總編譯部、編譯評議會 3 部，總編譯部統一管理各函授學社、雜誌社、編譯委員會和各組，是商務出版選題策劃、組稿、編輯加工的總負責處，掌握著商務的出版源頭。

印刷所是商務的生產部門，是連接編譯所和發行所的紐帶，它負責商務書刊的印製。印刷所設所長 1 名，下設事務系、工務系、設計系 3 系。事務系執掌圖書的運輸及機器設備的管理和維護；工務系則主要負責具體的圖書印務，分設石印股、彩印股、製版股、裝訂股、鉛印股、排版股、製造股；設計系則負責圖書的裝幀設計、生產統計等。

發行所是商務產品的銷售部門，負責商務圖書及其它產品的發行與銷售，設所長 1 名，下設各櫃、各處及各科。

二、開辦分、支館廠，完善產銷鏈

分廠是有印刷生產能力但不從事產品銷售的組織機構，商務印書館先後在北京和香港設立了京華印書局和香港印刷局兩處分廠和重慶、贛縣兩個戰時（臨時）分廠。1932 年股東大會通過的《分廠暫行辦事規則》規定，但凡在商務印書館總管理處設立的工廠均屬分廠，分廠的設立與裁撤由總管理處提議董事會決定。商務印書館的分廠由生產部統轄，設廠長 1 名，管理分廠一切事務，設副廠長 1 名，協助廠長日常工作，廠長、副廠長的聘任、調動和裁撤由總管理處決定。分廠分設總務股、審核股、會計股、工務股，各股設股長 1 名，處理本股一切事務，設副股長 1 名，協助股長處理日常事務，各股股長、副股長由總管理處派人擔任或由廠長保薦人經總管理處核准後擔任。工務股藝局實際情況分設若干課，由廠長提議於生產部決定，各課設課長和副課長各 1 名。廠長、副廠長可兼任股長，各股雇員可 1 人兼辦兩股之事。分廠除廠長、副廠長，股長、副股長以外的人員進出，由廠長核定後報

告總管理處生產部轉送人事科。分廠總務股主管銀錢出納的人員或由總管理處派人擔任或由廠長保薦人員經總管理處核准後出具保薦書後方可擔任，出納人員須繳納押金。該規則還對分廠各股的工作內容做了規定，總務股主要掌管文書的撰擬及收發、進貨、存貨、發貨及運輸、人事、銀錢出納、營業、保管、庶務和不屬於其它各股的事項。審核股負責賬務、銀錢、進貨、存貨、定印書與印成數、發貨等的檢查與考覈。會計股負責財務的記載與核對、成本會計、預算編制、統計造報、付款開單等事項。工務股負責工作的支配與調度、預算與統計、改良及工廠的安全衛生等工務事項。

關於分館與支館的界定，商務規定，獨計盈虧者爲分館，名稱定爲「商務印書館××（地名）分館」，本身不計盈虧而與他分館並計盈虧者爲支館，稱爲「商務印書館××（地名）支館」。各分館設會計主任 1 名，分館內部設會計、營業、事務 3 股。民國二十五年（1936 年），商務重新修訂分館章程，規定總管理處所在地以外設立的發行機關爲分館，分館在其營業區域內設立分店，其地址與分館所在地不在同一市區的稱爲支館，其與分館所在地在同一市區的稱爲支店。

分、支館與總館之間，在人事、資金和管理上都是從屬關係，是管理與被管理的關係。各地分、支館的經理都由總館任命，接受總館領導。一般分館的經理，「在商務歷史上，只被視爲一般層次的管理人員，不把他們看做處於資方代理人的地位，倘若一個分館的經理調回總館擔任一個科的工作，已經算是調升了」〔註 23〕。在商務歷史上，分、支館的領導者一般不是資方代表而是公司中層雇員。

商務印書館各分、支館自身並沒有生產能力，其產品主要靠總館統一發配，總館依據各地分、支館的實際情況制定分、支館半年或一年的營業底限，超過者獲得獎勵。各分、支館的營業收入除扣除維持自身營業需要的資金之外，悉數上交至總館。分、支館，分廠職工的薪水、津貼等各項福利遵照總館規定執行，享受與總館職工一樣的待遇。1932 年「一‧二八」事變和 1941 年「一二‧八」事變後，爲了盡快恢復總館的生產，總館要求各地分、支館儘量把資金和存書情況報回總館，以便統一調配。

商務印書館分、支館的設立主要是爲了拓寬商務產品的銷售渠道，更大

〔註 23〕汪家熔：《抗日戰爭時期的商務印書館（四）》，載《編輯學刊》，1995 年第 6 期，第 88～92 頁。

份額地佔據國內外市場。漢口和廣州是商務最早設立的兩處分館，此後各地陸續設立分館和支館 36 處〔註 24〕（如表 3-3）。分、支館的增多，彼此之間都有明確的經營範圍，商務總館亦爲各分、支館制定了統一的經營規則，這樣，就有助於防止公司的客戶鑽空子拖欠購書款。「1919 年起，商務印書館編印內部刊物《通訊錄》月刊。其中一欄定期公佈各分、支館客戶名錄。一方面果然有助於分館間對欠款催收有個競爭力，另外分館可明白自己往來同業有無在與其它分館往來。」〔註 25〕

表 3-3　總、分、支館局設立情況表

類別	名稱	地址	設立年期
總館			
總務處	上海寶山路	民國五年（1916 年）	
編譯所	上海寶山路	清光緒二十八年（1902 年）	
印刷所	上海寶山路	清光緒三十年一月（1904 年）	
研究所	上海寶山路	民國十九年九月（1930 年）	
發行所	上海棋盤街	清光緒二十八年（1902 年）	
虹口分店	上海北四川路	民國十四年三月（1925 年）	
西門分店	上海民國路	民國十九年八月（1930 年）	
南京分館	南京太平街	民國三年二月（1914 年）	
杭州分館	杭州保祐坊	清宣統元年二月（1909 年）	
蘭溪分館	蘭溪官井亭	民國三年二月（1914 年）	
蕪湖分館	蕪湖西門大街	清宣統元年三月（1909 年）	
南昌分館	南昌德勝馬路	清宣統元年四月（1909 年）	
漢口分館	漢口中山路	清光緒二十九年三月（1903 年）	
長沙分館	長沙南正街	清光緒三十年二月（1904 年）	
常德分館	常德常清街	民國四年九月（1915 年）	
重慶分館	重慶白象街	清光緒三十二年九月（1906 年）	
成都分館	成都春熙路	清光緒三十三年二月（1907 年）	

〔註 24〕商務印書館編：《商務印書館九十五年——我和商務印書館》，商務印書館，1992 年，第 748～750 頁。

〔註 25〕汪家熔：《商務印書館史及其它——汪家熔出版史研究文集》，中國書籍出版社，1998 年，第 120 頁。

分館			
北平分館	北平琉璃廠	清光緒三十二年元月（1906年）	
天津分館	天津大胡同	清光緒三十二年元月（1906年）	
瀋陽分館	瀋陽鼓樓北	清光緒三十二年四月（1906年）	
濟南分館	濟南院西大街	清光緒三十三年四月（1907年）	
太原分館	太原橋頭街	清光緒三十三年七月（1907年）	
開封分館	開封財政廳街	清光緒三十二年七月（1906年）	
西安分館	西安粉巷口	清宣統二年元月（1910年）	
福州分館	福州南大街	清光緒三十二年四月（1906年）	
廈門分館	廈門大走馬路	民國十三年八月（1924年）	
潮州分館	潮州鋪巷	清光緒三十二年八月（1906年）	
廣州分館	廣州永漢北路	清光緒三十三年元月（1907年）	
梧州分館	梧州竹安路	民國四年二月（1915年）	
雲南分館	昆明城隍廟路	民國五年元月（1916年）	
貴陽分館	貴陽中華路	民國三年九月（1914年）	
香港分館	香港皇后大道	民國三年九月（1914年）	
臺灣分館*		民國三十六年（1948年）	
新加坡分館	新加坡大馬路	民國五年三月（1916年）	
支館			
吉林支館	吉林糧米行	民國二年八月（1913年）	
安慶支館	安慶龍門口	清光緒三十二年九月（1906年）	
保定支館	保定天華牌樓	民國二年元月（1913年）	
黑龍江支館	黑龍江〔註26〕南大街	清宣統元年六月（1909年）	
支店			
張家口支店	張家口上堡仁壽	民國五年二月（1916年）	
武昌支店	武昌察院坡	民國十六年元月（1927年）	
衡陽支店	衡陽八元坊	民國三年六月（1914年）	
大同支店	大同大西街	民國十七年七月（1928年）	
運城支店	運城南漢	民國十四年六月（1925年）	
南陽支店	南陽南門里	民國七年六月（1918年）	

〔註26〕原文如此，疑爲「哈爾濱」。

分廠			
香港印刷局	香港堅尼地城吉直	民國十三年四月（1924 年）	
京華印刷局	北平虎坊橋	清光緒三十一年四月（1905 年）	

＊臺灣分館：1948 年 1 月 5 日正式營業，設立初期與其它分館一樣，只負責發行本館圖書、文具和儀器，1949 年 5 月後，臺灣分館無法與上海總館取得聯繫，遂改變經營方針，由單純發行變爲兼營出版。

三、設立附屬機構，爲教育出版服務

（一）尚公小學

1906 年，商務印書館第二屆小學師範講習班附設附屬小學，次年，該附屬小學更名爲尚公小學。民國四年（1915 年），公司撥款在寶山路自建校舍，後逐漸擴充。1922 年，尚公小學擴充爲尚公學校，增設業餘夜校、平民夜校等，並在吳研因的提議下，將其作爲商務印書館出版的教科書和生產的文具、教育器械的實驗場所。尚公小學起初是商務印書館自籌資金組建的教育機構，日漸發展後，其經費由學校董事會籌措，請公司酌量津貼。

（二）東方圖書館

張元濟向來喜好搜藏古今各種有用書籍並常常以此爲責任，商務印書館寶山路的新屋落成之後，時任編譯所所長的張元濟即開始籌設涵芬樓，除供給編譯所人員做參考之外，還允許本館愛書之人閱覽。民國十三年（1924 年），商務印書館在涵芬樓的基礎上成立了東方圖書館。之所以命名爲「東方圖書館」，是爲了「聊示與西方並駕，發揚我國固有精神」〔註27〕。東方圖書館是一座鋼骨水泥的五層大樓，佔地 200 方丈，建築費用達 10 萬元。「大廈底部爲流通部和商務同仁俱樂部，二樓爲閱覽室、閱報室、辦公室，三樓爲善本室、裝訂室及版本圖書保存室，四樓爲書庫，五樓爲珍藏雜誌、保障、地圖、照片等。」〔註28〕商務印書館每年拿出 4 萬元作爲其購書經費，同時規定，但凡商務出版的書，每種必須捐贈 3 冊至東方圖書館。1926 年起，東方圖書

〔註27〕高生記：《王雲五的出版理論與實踐》，載《山西師範大學學報（社會科學版）》，2002 年第 2 期，第 143 頁。原載汪家熔：《涵芬樓和東方圖書館》，載《圖書館通訊》，1981 年第 1 期。

〔註28〕楊揚：《商務印書館：民間出版業的興衰》，上海教育出版社，2000 年，第 57 頁。

館進行對外開放，其開放時間是下午 2 時至 5 時，晚上 6 時 30 分至 9 時 30 分，周末不開放。當時，東方圖書館還爲讀者製作了入門證，每證每年收取 2 元。「直到 1931 年，外借還僅限於商務印書館的出版人員，一般讀者只能在館閱讀，1931 年才成立對外借閱部。」〔註29〕截至 1932 年「一・二八」事變前夕，東方圖書館的藏書已達 518,000 多冊，圖片、照片 5,000 多種。

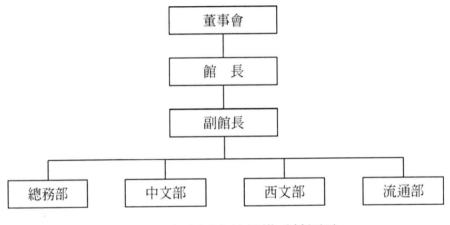

圖 3-3　東方圖書館組織系統圖示

　　由此可見，商務印書館的這種組織結構是以生產管理爲中心的。爲了大力組織生產，公司的高層領導與生產密切相關的各主要職能部門建立緊密的聯繫，生產的分配和調度統一受公司總經理指揮，總經理擁有公司最高生產指揮權，能夠靈活地指揮各職能部門，如圖 3-3。公司按職能的不同被劃成若干部分，每個部門均由企業最高領導層直接進行管理，是典型的直線職能型的組織結構。在這種組織結構中，各職能部門的分工嚴密，職責明確，每個部門都有自己的專業分工並實行專業化工作，有助於工作效率的提高。而職能部門與商務總經理、經理的緊密聯繫也使高層的決策能夠得到很好的貫徹和執行並得到及時的反饋，總經理、經理的組織生產和經營管理的才能可以在公司的整體運作中得到充分的體現。這一點在抗戰的非常時期體現得尤其明顯。

　　商務的這種「一處三所」（「一處四所」）的組織機構設置，有力地保證了

〔註29〕　〔法〕戴仁著，李桐實譯：《上海商務印書館 1897～1949》，商務印書館，2000 年，第 39 頁。

公司高層，尤其是總經理對於公司下屬機構的領導。總經理可以直接掌握公司的人事權和財務管理權，對公司的全盤運作亦具有詳細的掌控。這就有利於提高公司在執行總體規劃時的一致性，避免因領導太多或領導層意見分歧太大而帶來的目標模糊、指揮混亂的局面。商務在總館之下設立編審、生產、營業、審核各部，是與商務的出版業務相一致的，它使出版的產、供、銷連成一體，並各有其職。編譯所負責選題策劃與編輯加工，印刷所管印刷，發行所管銷售，各部門職責明確，協調一致。在提高生產效率的同時也有利於生產專業化的發展。

　　當然，這種直線型的組織結構也存在著很多不足：

　　第一，商務這種組織結構實行一元化的領導，行政業務指揮統一，具有高度集權的特點，公司的中層管理人員既不是政策的制訂者也不是其執行者，而只是起著「上傳下達」的作用，他們只對本部門的工作進行業務指導和管理，這樣就難以調動起積極性，同時也影響了決策的靈活性和執行力度。

　　第二，商務的這種直線型的組織結構過分地依賴於總經理、經理的個人能力，權力的集中使其陷入了大量的日常事務當中而無暇對商務的企業運作進行整體的調配和改良，使商務在實際運行中常常缺乏戰略指導和長期目標。

　　第三，商務職能部門的負責人在對公司進行評價的時候總是從其自身的專業角度和部門出發，對公司政策的評估也會摻雜過多的主觀因素而缺乏從全局出發的客觀性。在他們看來，自己所在部門是無可替代的，是對公司貢獻最大的，因此造成公司「政策的制訂或計劃的編制通常是有利益關係的各方協商的結果，而不是根據公司全盤需要作出的反應」〔註30〕。

　　第四，商務的這種組織結構在培養職能部門的領域專家的同時也容易造成對提高其全面素質和水平的忽視，從而導致中層管理者視野的局限和管理水平的難以提升。

　　我國市場經濟的發展給出版業帶來了衝擊也提供了新的發展機遇。出版業積極主動地進行自我調整以適應市場化的新環境。面對以數字化和市場化為特徵的競爭環境，出版業要積極尋求組織結構優化的各種途徑，改過分集權為分權管理，走內涵式發展的道路。具體而言，出版業要逐步實現選題決策權和人事權的下放，建立起全局統籌與目標管理相結合的績效考覈體系，不斷完善和改進組織結構，增強企業的內部張力，使其能夠靈活地適應市場、

────────────

〔註30〕葛樹榮、徐培新：《現代企業管理學》，青島出版社，1996年，第192頁。

政策和形勢的各種變化。同時，出版業自身也要積極探索建立企業的風險預警機制，變被動為主動，減少組織內部消耗和震蕩對企業效益提高的衝擊和影響，走良性化的可持續發展之路。

第四章　商務印書館管理制度的自覺維護

　　企業管理是指企業爲實現預期的經營目標而進行的以人爲中心的組織協調活動。一般而言，企業的管理涉及人力資源、企業財務、企業物力、企業生產、產品營銷和企業品牌等方面的調配與組織。有效的企業管理可以完善企業的生產關係和合理組織生產力，具有決策、監督、組織、協調和激勵的作用。

　　商務印書館是我國近代出版史上率先進行企業化經營和管理的出版企業，它在人力、物力、財會、品牌等各方面形成了規範、科學的管理制度，並堅持在日常經營中有效地遵照執行，爲其內部阻力的最低化和內部效益外部化的實現提供了條件和可能，從而積極地推動商務的發展與壯大。

第一節　以人爲本與規範化的員工管理

　　人力資源管理即從選聘、培訓與開發、薪酬等方面對員工的管理，從而實現人力資源的最大開發和人才的最優化使用。具體來說，人力資源管理是指「運用管理系統創新原理，通過組織、激勵、教育等方式，從選人、用人、育人等諸方面全面提高系統內各級各類人員的素質，發揮其積極性，挖掘其創造潛能，促使人與人、人與工作之間相互協調一致，更有效地實現系統預期目標，提高公司系統整體功效的一系列有組織的活動」〔註 1〕。「商務之成

〔註 1〕黃保強：《現代企業制度》，復旦大學出版社，2004 年，第 190 頁。

功半由人事半由機會。」商務印書館由始至終對員工的組織、激勵和培養，是商務印書館成功的必要條件，同時又是商務成功的巨大動力。

一、競爭上崗，擇優錄取選人才

商務印書館在進用員工方面，曾提出「取諸社會，用人惟才」的方針，早期的人員進用主要是引薦和競聘並存，「除從事編譯工作的專家學者和具有專門技能的技師、技工需向社會延聘外，對於一般職工大都公開招考，經過培養後進用」〔註 2〕。張元濟說：「余等以爲本館營業，非用新人、知識較優者，斷難與學界、政界接洽。」〔註 3〕1902 年，張元濟加入商務印書館以後，以自己的私人關係和以往的學術交往及爲官背景，招攬了一大批的文人學士等有才有德之人，如與其一起創辦中華學藝社和《外交報》的蔡元培等。1922 年，王雲五接任商務印書館編譯所所長，開始力推其「科學管理法」。其中，有一條就涉及人事的改革。「改組編譯所，延聘專家主持各部」首當其衝。王雲五引進了大批深孚時望的人才，他樹立了「大編輯主義」的用人理念，以契約方式聘請館外文化學術團體著名學者爲編審人員，一個「大學叢書委員會」幾乎將當時國內學界各學科的權威人士網羅殆盡，如胡適、馮友蘭、李四光等。

「一·二八」國難之後，王雲五升任商務總經理，對商務的人事進行了大規模的改革，商務的人員進用進一步規範化。

此後，商務印書館人員的進用其決定權集中在總經理手中，一般職員及分廠的正副廠長的進用需總經理核定，副科級以上職員的進用需由總經理訂立聘約，即便是雇傭短期雜役仍需經總經理核准。

根據《商務印書館職工之進用移調及退職》的相關規定，商務印書館的進人具有嚴格的程序並進行多種形式的考覈，必要時還需要開具保證書和繳納一定的保證金。

關於一般職員的進用程序，《商務印書館人事管理概況》有詳細記載。具體而言，主要有以下流程：用人部門開具需添人員知照單送交人事科───→人

〔註 2〕曹冰嚴：《張元濟與商務印書館》，見商務印書館編：《商務印書館九十年──我和商務印書館》，商務印書館，1987 年，第 30 頁。

〔註 3〕張人鳳：《張元濟日記》（上、下），河北教育出版社，2001 年，1916 年 9 月 6 日日記。

事科甄選出與需求人數相同或更多的合格人員，並開具提案單──→人事委員會對被提案人員進行審核並議決──→提交總經理核准──→試用（一個月至半年不等）──→人事科在試用人員屆滿之前向其所在部門的主管人員徵詢意見後上報總經理──→總經理核定──→正式進用，填寫契約──→人事科收集契約後填寫職工知照單──→進用完成。

如果遇到臨時性需要某種人才，商務採取登報或請職業介紹機關公開徵求，考選錄取。

在選聘人員時，商務採取嚴格的迴避制度，即凡一家中父母、兄弟、夫妻、子女已有一人在本公司任職的，其餘不再進用。在這個問題上，張元濟提出「滿清之亡，亡於親貴；公司之衰，亦必由於親貴」〔註4〕的觀點，極力反對商務在用人方面任人唯親，他自己亦身體力行。

人事科在進行甄選時，主要採取考試（或測驗）、談話和體格檢查三種形式，原本在商務任職的再次選聘時則不需進行這些形式的考評。人員在考試和談話均合格之後，由公司指定醫師對其進行體格檢查，合格後方可錄用。

商務印書館的用人契約主要有雇傭、工作、件工三種類型，此外還有學生契約和學徒契約。雇傭契約主要針對總館副科以上人員，分館經理、副經理、協理、會計主任及分廠正副廠長。商務事務部門的各級職員、工廠中的管理崗位如股長、課長等也適用此類契約。工作契約主要針對按月計酬的工友，件工契約則主要適用於按件計酬者。

商務印書館的職員與商務訂有勞動合同，合同滿後，視工作需要和本人意願決定解聘或續聘。契約長短不限，但一般不低於 6 個月，期滿之後，經過所在部門、人事科及總經理的各方考覈後可續約。

商務印書館嚴格的進人機制和多種形式並存的考覈方式，不僅可以避免任人唯親，而且能夠為有真才實學的人提供機會，為商務的發展注入新的活力。

二、營造學習氛圍，幫助人才提升自我

作為一家以知識生產和傳播為己任的出版企業，商務印書館在其發展過程中身體力行地開辦學習機構，組織多種形式的員工培訓。商務印書館的涵

─────────────

〔註4〕潔甫：《丁文江與商務印書館》，見商務印書館編：《商務印書館九十年──我和商務印書館》，商務印書館，1987年，第560頁。

芬樓最初設立時是爲了給本館編譯所的編輯提供一個查找資料、增進學習的地方，後來擴展爲東方圖書館，並成爲當時東亞藏書量最大的圖書館之一。這爲商務印書館員工提供了學習和交流的場所，對於商務人才的培養發揮了積極的作用。而商務印書館實行的 8 小時工作制，其出發點就是爲了給員工提供更多學習和提升自己的業餘時間。同時，商務印書館還開辦了各種員工培訓，包括書籍印刷、書刊編輯、出版發行等。

　　爲了保證商務同人的學習機會，商務還特別制定了《同人購貨優待辦法》、《同人入本館函授學校補習優待辦法》、《中華職業補習學校優待本館同人辦法》等，爲商務員工進行業務學習從而不斷提升自我提供了制度上的保障。

　　依據《同人購貨優待辦法》的規定，商務職工憑藉人事科開具的介紹信，用現金購買本版圖書可享受門市售價的八折優惠，預約特價書及公司指定的大部書和原版西文書籍享受九折優惠。《同人入本館函授學校補習優待辦法》規定，商務總館職工憑藉部長或主任的證明及分館、分廠職工憑藉分館經理、分廠廠長開具的證明進入函授學校補習享受半價優惠。在函授學校學習國文或英文而成績獲得甲等的職工可以參加學校每年的評獎活動。此外，人事科與中華職業補習學校約定，商務職工入該校晨班、夜班補習，持人事科證明可享受八折優惠。

　　從 1909 年到 1923 年，商務印書館辦過 7 期商務補習班，共畢業 318 人。補習班的學員經考試錄用後，經過半年到一年的訓練，陸續分配到商務印書館的各部門工作，這些人中的大多數都成了商務的管理骨幹。

　　此外，商務印書館還舉辦營業員講習班〔註5〕、文具儀器訓練班〔註6〕、英語訓練班〔註7〕等各種針對本館職工的培訓，爲員工進館後的再教育和再學習提供機會和平臺。

　　除了自辦培訓，商務印書館還積極爲職工提供外派學習的機會。1934 年

〔註 5〕1932 年開辦，爲期兩個月，每天早晨舉行，分本版、西書和文儀三組，主要爲上海發行所營業員傳授知識。

〔註 6〕1934 年舉辦，學習時間爲三個星期，每天早上一個小時，旨在傳授文具儀器方面的新知識，但凡上海發行所文儀櫃、文儀存貨股、棧務科文儀股各職工均可前往聽課學習。

〔註 7〕1935 年 6 月 10 日開班，聘請富有教學經驗的西籍教師於每周一、三、五、日上午 7：00 至 8：30 進行口授，以提高職工英語水平，方便其接待外國顧客。

暑假江蘇教育學院創辦暑期儀器製造講習班，商務即選派總館 3 名、分館 5 名職員前往聽課、學習。

這些都是爲商務正式職工提供的學習機會。而對於學生學徒和工讀學生，商務也開辦了諸如華文打字機練習班、發行所學生訓練班、主計部學生講習班等。此外，對於工讀學生，商務每年還發給薪酬 100 元鼓勵其入館從事商業實習。

爲了鼓勵職工積極向上、不斷學習，商務還命人撰寫了很多激勵人心的標語，製成搪瓷牌，懸掛於公共場所。

商務的這些舉措對於培養員工的學習能力，提高其業務素質是極其有用的。它爲商務員工營造了一個積極的學習氛圍，使商務企業中「人」的因素不斷得到開發和提升，爲商務的知識積纍和人才積纍創造了條件。

三、激勵與鞭策雙管齊下以留住人才

（一）表彰先進，兼顧公平的薪酬分配

初創時期，夏瑞芳雖爲商務經理並身兼數職卻只領取每個月 24 元的薪水，而他邀請張元濟加入商務印書館時，卻願意許以每個月 350 元的高薪，並供給膳宿、茶葉和水煙。「科學管理法」實施以後，商務印書館對於員工的待遇更是制定了嚴格的規章制度，主要有《總管理處職員暫行待遇規則》、《上海工廠職工暫行待遇規則》、《分廠職工暫行待遇規則》、《練習員服務及待遇規則》、《同人獎勵金分配暫行章程》、《同人普遍獎勵金派發暫行規則》、《總館特別獎勵金派發暫行規則》等。

商務印書館爲員工提供的薪酬主要由薪金、年度獎勵金組成。薪金又包括職工的定額薪水和日常獎勵金。日常獎勵金旨在獎勵日常表現良好的員工，數額一般不大，並常常以工作日酬金爲單位進行計算。如商務規定，上海發行所門市的櫃友星期日下午 1：00 至 6：00 照常工作可加薪半個工作日。商務還規定，星期日和公司放假日，薪水照給。

年度獎勵金是從公司每年度結賬盈餘中提取的用於員工獎勵的款項，商務總經理和經理享受年度獎勵金的 10%，剩餘的 90%作爲普通員工的獎勵，分爲年度普遍獎勵金和年度特別獎勵金兩類。普遍獎勵金兼顧總、分、支館全體職工，按其月薪數目的一定比例發放；特別獎勵金是獎勵職工中的成績優異者，按總、分、支館全體盈餘的一定比例發放。特別獎勵金中，總經理

先行提出一部分酌量派發給總管理處的中層幹部及各工廠廠長、副廠長和上海發行所副所長以上人員，剩餘部分再按職工業績考覈成績發放給總管理處、各工廠和上海發行所的部分優秀職工。

商務這種表彰先進、兼顧公平的薪酬制度，將職工薪酬與生產業績掛鈎，一方面兼顧了公平，照顧了商務同人的普遍收入；另一方面也使優秀人才的潛能得到更好的發揮，並建立了良好的薪酬激勵機制，形成了良好的競爭環境。

在這樣的薪酬制度下，商務印書館職工都取得了豐厚的收入。20 世紀 30 年代後，即便是練習員，商務印書館也給予其每年 50 元的待遇，練習期滿後，商務分派其正式職務進入試用期，商務發給每年最低額 80 元的薪水，這在當時，算是很高的薪水。王雲五周遊九國後曾說：「本館對於同人之待遇，雖尚有可改進。然在世界各國中實居上乘。」〔註8〕

（二）股票期權讓員工「當家做主」

商務印書館發行股票的對象不僅有本館的原始投資者，還有本館員工及作者和對商務有突出貢獻的社會人士。如民國十一年（1922 年），商務增股爲 500 萬元時，就曾另招新股 25 萬元，「專備同人及與公司最有關係者認購」〔註9〕。清光緒三十一年（1905 年）十二月二十二日股東會議上其認股對象就曾規定：「京、外官場與學務有關，可以幫助本館推廣生意，又本館辦事之人格外出力者……任其附入。」〔註10〕因此，這一年的股本由 30 萬元升至 40 萬元，股東數量劇增，其中亦有不少是本館職工的，而日本方面的木本勝太郎、長尾槇太郎、小平元、原田民治等在合資初期並未持有商務股份，只是在商務印書館的印刷所、編譯所等工作，後來亦以商務職工的名義分別購得 135 股、45 股、60 股和 13 股的商務股份〔註11〕。

〔註 8〕 王雲五：《商務印書館與新教育年譜》（全二冊），江西教育出版社，2008 年，第 285 頁。王建輝在《上海商務印書館編輯薪水和作者稿酬問題》一文中，通過將商務印書館編輯薪水與社會公眾、政府公務員及大學教員進行對比研究後認爲，商務印書館相當多編輯的薪水、業餘稿酬、花紅與福利合計，明顯優於其它企業和學校，其水平大致可以保障中等以上的小康水平。

〔註 9〕 商務印書館編：《商務印書館九十五年——我和商務印書館》，商務印書館，1992 年，第 690 頁。

〔註10〕 轉引自汪家熔：《商務印書館史及其它——汪家熔出版史研究文集》，中國書籍出版社，1998 年，第 41 頁。

〔註11〕 汪家熔：《商務印書館史及其它——汪家熔出版史研究文集》，中國書籍出版社，1998 年，第 33 頁。

　　1914 年清退日股時，日股在商務總股本中所佔比例爲 25.2%，這與 1904
年合作時的中日股份 1：1 是不符的，其原因主要是 10 年間，商務以增資形
式吸收了比日方更多的股金。而這其中更有作者、職員等的投入。東爾在《林
紓和商務印書館》中記載：「解放前商務的股票，紅利較大，爲了拉關係，有
時也讓本館職工和作譯者購買。林紓因爲是商務的大作者，稿費收入多，也
在商務有一定股份，也是商務的股東之一。」〔註12〕《苦兒流浪記》的作者、
同時也是商務的員工的包天笑亦在商務有股份 3,000 多元，「夠得上一個董事
資格」〔註13〕。

　　商務對本館員工發行股票股權，使公司成爲「人人有份」的利益共同體，
有力地拴住了職工的人心，同時也是吸引外來優秀人才的有力工具。職工，
特別是優秀職工，購得公司股票後，增添了「當家做主」的主人翁意識，有
利於其敬業精神和忠誠度的培養。而且，由於商務股票的收益高，這就無形
中使商務的知名度和美譽度得到了提高，增強了商務的品牌影響力。

（三）優厚的福利制度

　　商務印書館的《因公出外津貼規則》、《因公出外旅費支給章程》、《同人
婚喪假津貼薪工暫行規則》、《女同人生產假津貼薪工暫行規則》、《同人疾病
補助辦法》、《同人人壽保險暫行規則》、《同人子女教育補助暫行規則》、《同
人賻慰金暫行規則》等，都是爲保證職工福利的落實而制定的。大體而言，
商務印書館對於職工的福利主要包括休假、購買保險、工傷治療、各項津貼、
職工子女教育優惠等。

1. 休假

　　商務職工的休假包括年假、公休假日和特別休假三類。按規定，商務職
工均享受 3 天年假，紀念節放假遵照政府規定辦理，年節、紀念節假期內如
果遇到星期天則補放假期 1 天。

　　商務職工的特別休假因其工齡的不同而有所不同，《上海工廠職工暫行待
遇規則》規定，職工工齡未滿 3 年的，每年享受特別休假 7 天；3 至 5 年的，
享受特別休假 10 天；5 年以上 10 年以下的，享受特別休假 14 天；10 年以上

〔註12〕　商務印書館編：《商務印書館九十年——我和商務印書館》，商務印書館，1987
　　　　　年，第 543 頁。
〔註13〕　包天笑：《我在商務印書館編譯所》，見商務印書館編：《商務印書館九十五年
　　　　　——我和商務印書館》，商務印書館，1992 年，第 87 頁。

的每年加給 1 天，其休假總數不超過 1 個月計 30 天。

女職工生產前後給假 8 個星期，不扣薪金。

商務職工因本人結婚或父母、夫或妻死亡的，可以享受帶薪假期 6 天。

商務職工因病進入指定醫院住院的，其每天住院費在 1 元以下的報銷全數，1 至 2 元的報 1 元，超過 2 元則報半數，其手術費及醫藥費按比例報銷；在指定醫院門診就醫的，商務補助其全部醫藥費。

2. 購買保險

商務印書館按規定與三家人壽保險公司簽約為商務職員投保終身壽險（注釋：如 1933 年商務與友邦、泰山、四海 3 家保險公司簽訂職工人壽保險合同，約定其職工人壽保險細則），保險費由商務支付一半，另一方由商務先行墊付後再從職工工資裏分兩個月抵扣。

3. 工傷治療

商務印書館規定，總管理處及上海分廠職員直接因職務受傷其醫藥費由公司支付，治療期間，每天給予薪水額的 2/3；如果因公致殘而不能繼續工作，則公司按殘疾程度支付相當於一年薪水額的津貼；職工因公死亡的，公司除支付撫恤金外另給予喪葬費 50 元。

4. 津貼

商務印書館規定，總館派員外出公幹往返日期滿一個月的，享受本人月薪 1/4 的津貼；職工因公外出，商務依據規定報銷舟車費（依定價支給或據實開報）、膳宿費（包括房費、餐費等）、雜費（包括旅行必需的藥品費、上下舟車的時力費及在駐地每日開支的車費和零星費用）、特別費（郵電費用等）。

商務職工因本人結婚或父母、夫或妻死亡而請假 6 天及以內，因請假而扣去的薪水由公司津貼，祖父母喪或兒女結婚的，其請假日扣去的薪水由公司津貼 50%。女職工在指定醫院生育時，費用由公司承擔。此外，商務印書館的《分廠職工暫行待遇規則》規定，由上海工廠調去或由總管理處派遣的分廠職工享受每年回家一次的優待並報銷來回資費。

此外，商務的高層領導還可以享受出國考察和旅遊的津貼，如張元濟和王雲五分別於 1910 年和 1930 年出國考察，就曾享受過此項津貼。

5. 子女教育補助

　　1926 年，商務設立輔助教育基金委員會，管理和審查職工子女的教育補助。商務印書館每年從公益金中提取一定比例作為職工的子女教育補助，小學每年補助 1,000 名，中學補助 100 名，大學補助 5 名。具體補助金額為：小學生按其學費實行全額補助，中學生每年補助 40 元，大學生每年補助 200 元，均於春秋兩季各發半數。補助對象主要是商務職工中子女較多的或者薪水較少的職員。

　　此外，商務自辦的養眞幼稚園、尚公小學等，作為商務的子弟學堂，按規定為本館職工的子女就學提供方便和優惠。商務還於民國十五年（1926 年）撥款 2 萬元，由工會開辦同人子弟學校。

6. 儲蓄收益

　　商務職工以活期儲蓄或定期儲蓄的方式將閒散資金存入商務，可按活期常年八釐、定期常年九釐的利息。商務職工還可以以長期儲蓄的方式獲得利息，即由公司按月扣除月薪的 5%，按常年一分的利息於每年三月底結算。長期儲蓄的存款時間越長，利率越高，如滿三年的，自第三年起利息改為一分一釐，滿五年的，自第五年起利息增至一分二釐。這與當時銀行儲蓄六釐～八釐相比，是高出了很多的，商務員工因此獲得了不少額外的收益。

　　此外，為了開拓員工的視野，增進員工與外界的交流，商務印書館還為員工及對商務有幫助的人士提供出國留學、考察的機會，並提供資金支持。

（四）以人為本，為員工提供多種人性化服務

　　除了上述留住人才的各項措施，商務印書館在其實際工作中還非常關注員工的生活細節，堅持以人為本，為員工提供多種人性化的服務。如商務印書館規定，職員如遇本人婚嫁，父母、夫（妻）喪或火災時，可以向公司預支一個月的薪水，自預支之日起四個月內平均扣還即可；公出人員所帶旅費不夠時，得函請准之後可按相關規定向駐地的分、支館或分廠暫借。

　　為了減少職工匯款回家的麻煩並節省其匯款費用，商務與上海中國銀行總行及各大分行簽訂合同，商務職工憑鍾片可前往銀行櫃檯辦理匯款業務。1932 年，商務還特派職工 12 人參加上海青年會舉辦的急救傷科班進行急救培訓，並於 1933 年請上海市衛生局吳淞區衛生事務所導管舉辦急救員訓練班，培訓員工急救能力。

此外，商務館內特設了哺兒室，派看護對新生兒進行陪護，嬰兒可由家屬送來哺乳，一天兩次。商務還在館內設立了治療室，春秋兩季對職工子女施種牛痘，必要時也可為職工注射防疫針。又如「商務廠方對職工的生活比那時一般的工礦企業要注意，在總廠內有一個工人休息的花園」〔註14〕。

為了豐富員工的業餘生活，展現商務人的精神面貌，商務對於職工的業餘消遣也盡力贊助。商務不定期地進行職工業餘生活調查，瞭解職工的業餘愛好，每到精武體育會、青年會、國術館徵募新會員時，商務即主動為員工做介紹和引薦，並提供一定的會費津貼。商務也為自己的員工組辦攝影研究社、書法研習班等興趣小組，幫助員工豐富業餘生活，使其勞逸結合。

商務印書館科學化的人力資源開發與管理保證了有效地協調人與人、部門與部門之間的生產關係，保證了公司生產經營有條不紊地進行，有助於公司勞動生產率的提高，也有助於公司管理現代化的推進，進而增加公司的經濟效益和社會效益。

第二節　建立財會制度與加強科學管理

財務管理是企業管理的重要組成部分，是「關於公司資金的籌集與獲得、運用與耗費、回收與分配的管理工作」〔註15〕。科學的財務管理，既要理順企業的資金流轉，確保生產經營的正常進行；又要正確處理各種財務關係，確保各方利益要求的滿足。財務管理一般包括對企業資金的籌措活動、投資活動、經營引起的財務活動及利潤分配活動的協調管理。

商務印書館創立初期，以發行所和印刷所為主要的經營部門，當時的賬房艾墨樵，是大股東沈伯芬介紹入館的，後來，艾先生管理商務的銀錢有 20 年之久。但直至中日合資前，商務的財務管理仍然比較混亂。1914 年，夏瑞芳被捲入上海「橡皮股風波」而致使商務資金元氣大傷之後，張元濟深感財務改革的必要。香港、安徽分館會計攜款潛逃，夏瑞芳親戚魯雲奇貪污案，更使張元濟憂心忡忡：「公司現在範圍愈廣，頭緒愈繁，組織太不嚴密，故每每出事，以余所見，實不能不有所改革。」〔註16〕1918 年 9 月，商務印書館

〔註14〕萬籟鳴：《耄耋之年話商務》，見商務印書館編：《商務印書館九十年——我和商務印書館》，商務印書館，1987 年，第 240 頁。

〔註15〕黃保強：《現代企業制度》，復旦大學出版社，2004 年，第 209 頁。

〔註16〕張人鳳：《張元濟日記》（上、下），河北教育出版社，2001 年，第 387 頁。

總務處改組時，下設了機要、稽查等 9 個部門，其中一個就是會計科。從此，商務的財務管理有了獨立的部門，其工作內容漸漸明晰，工作程序也得到了很大的改進。1921 年 7 月，胡適考察商務時與楊端六長談，後者提出「館中無人懂得商業，無人能通籌算」，「館中最大的弊病是不用全力注重出版而做許多不相干的小買賣」〔註 17〕。以此爲契機，商務開始籌辦新的會計制度，設立了改革會計制度籌備處並公佈簡章，並於次年 1 月將新的會計制度付諸實施，改中國慣用的舊式直行記數法爲現在通用的新式簿記法。1922 年 8 月，又設立了受總經理直接指揮和管轄的成本會計辦事處，1931 年設立預算管理委員會。王雲五外出考察回國後，於民國十九年（1930 年）九月十一日向商務印書館提出組織、財務和人事方面的改革，即所謂的「科學管理法」。

一、王雲五的財務管理改革

王雲五提交給董事會的改革計劃包括「科學管理法計劃」報告和「編譯所工作報酬標準」兩個文件。「科學管理法計劃」報告長達 3 萬字，涉及預算制度、成本會計制度等 12 個子計劃。具體說來，王雲五「科學管理法計劃」報告中涉及的財務管理改革主要包括以下幾個方面：

（一）建立完善的預算體系

王雲五認爲：「國家無預算，則財政紊亂，根本易致動搖；公司無預算，結果亦正相同。」〔註 18〕他認爲，嚴格的預算是實現企業周密運轉的基礎，即便預算本身未必準確也能爲企業的經營者提供目標參考，這樣，一方面可以對其進行約束，另一方面也可使企業的銀錢管理得以調控。此外，公司預算「即對於全體職工之成績，亦可藉此考覈，而達到有功必賞，有過必罰之目的，使人人知所努力」〔註 19〕。在認識到企業預算的重要性之後，王雲五建議「就各部編裝預算，計其進出，作爲假定之成績；各小部分再根據所屬

〔註 17〕錢益民：《1920～1921 年商務印書館的改革》，載《浙江師範大學學報（社會科學版）》，2002 年第 3 期，第 54～58 頁。原載茅盾：《商務印書館編譯所和革新小說月報的前後》，見商務印書館編：《商務印書館九十年——我和商務印書館》，商務印書館，1987 年。

〔註 18〕王雲五：《商務印書館與新教育年譜》（全二冊），江西教育出版社，2008 年，第 285 頁。

〔註 19〕王雲五：《商務印書館與新教育年譜》（全二冊），江西教育出版社，2008 年，第 286 頁。

大部分之預算，另編部分預算，以迄於最小部分」〔註 20〕。因此，他將商務的預算分爲全公司的、各所各科的、各部各股的及各個人的四個級別，先從第一、二級入手，再逐漸推及三、四級，由漸而進，先粗後精。

（二）改革成本會計與統計制度

王雲五的財務管理改革還涉及商務印書館成本會計與統計制度，「精確之預算非先有精確之成本會計與統計不爲功」。他認爲，沒有成本會計，則「預算不能準確」，「工作標準無從規定」，「盈餘不可靠」。因此，他派研究專員周自安到美國各大印刷所和出版機構去研究其成本編制和會計辦法，回國後到研究所擬定改革計劃，並進一步改革商務原有的成本會計處。

統計制度改革方面，王雲五認爲：「苟無統計，則（1）預算不能準確，（2）工作方法難以改良，（3）標準化與簡單化無所依據。」〔註 21〕他建議使用各種統計圖表對商務印書館進行財務統計以獲知公司財務概況，進而對公司財務進行監督和指揮。爲此，王雲五還派關錫麟到英美各大公司研究編制統計的方法，回國後到商務研究所籌備其統計制度的更新事宜。

二、《主計部暫行辦事規則》

爲了進一步進行財務改革，推進財務制度的完善，商務印書館於 1932 年 8 月 18 日制訂，1933 年 11 月 27 日修改而成的《主計部暫行辦事規則》對主計部的組織構成、職權範圍和工作規則做了明確的規定。

（一）財務部門設置

依照《總管理處暫行章程》的規定，商務印書館的主計部是總管理處的一部分，主要負責商務賬務、統計、稽查、收支及其相關事項。主計部設部長 1 名，主計部之下分設會計科、出納科和稽核科，各科依據工作內容設若干股，如會計科就分設了總賬股、分館股、客賬股、成本股。另外，設收發股掌管主計部一切簿據、文書的收發和保管。除部長外，主計部各科設科長 1 名，各科分設副科長 1～2 名，各股設股長 1 名。

〔註 20〕 王雲五：《商務印書館與新教育年譜》（全二冊），江西教育出版社，2008 年，第 286 頁。

〔註 21〕 王雲五：《商務印書館與新教育年譜》（全二冊），江西教育出版社，2008 年，第 287 頁。

（二）明確的部門職責

商務對主計部部長及下設各科的職責都做了明確規定，如部長主要管理商務的出納、各種付款憑單的核簽、外幣買賣的審核、財產的核查、各銀行錢莊存款額的核定、財政契約的協商、公司賬目的稽查、不動產的購置及資產變動買賣的協商等；會計科主要負責總公司各種賬務的記載、結算與核對，分（支）館、分廠賬目的覆核，賬款的催收，結算報告的編制、付款開單等；出納科則負責公司的一切首款和付款、現款及票據的保管、市面金融情形的稽查等；稽查科主要負責稽查總分館、廠各項賬目，編制稽查、預算、統計報告，制定各種賬法及單據、簿冊、表格等事項。

（三）嚴格的賬務管理規定

主計部的部長、科長及副科長需在繳納一定數額的押櫃金並開具保證書和覓得擔保人的情況下才可以入館任職，在其日常工作中主要採取封閉式會議制的形式進行工作的協調和溝通。對於主計部的工作人員，商務有比較詳細的規範及工作的注意事項，如不得忽略細數、不得隨意塗改撕毀帳簿和單據、不得一人兼任銀錢與簿記兩種工作或一人兼任記賬與查核工作等。商務還規定，本部職員對於自己的工作內容有保密職責，對於外部人員詢問與賬務有關的事宜一概不得作答。

此外，對於賬務單據的管理，商務也是極其嚴格的。如各項記賬單據需先經主管員核對無誤後交科長簽字，各項記賬及覆核工作都必須由經手人加蓋圖章以明責任，對於主計部各科收到的信箋一概只能由科長或副科長拆閱等。

正是商務印書館在其財務方面實行的嚴格管理，才使得商務的資金狀況始終都處於相對明晰的狀態，即便是八年抗戰，商務仍然能夠從其董事會報告中整理出詳細的現金收支情況（見表 4-1）。蕭乾曾說：「1935 年以後，我的生活流動性很大。但不論我走到上海、香港、英國，戰後 1949 年又由香港回到北京，商務總按季度向我報告該季度銷量多少冊，作者應得版稅若干，並如期匯到。」〔註 22〕這一切與商務印書館實行嚴格和完備的財務管理制度是分不開的。

〔註 22〕蕭乾：《我與商務》，見商務印書館編：《商務印書館一百年》，商務印書館，1997 年，第 76 頁。

表 4-1　1937～1945 年商務印書館現金收支情況〔註 23〕

年份	收入總額（元）	支出總額（元）	剩餘總額（元）	剩餘占收入的比例（%）
1937	8,907,483	3,732,306	5,175,177	58.09
1938	6,985,505	3,728,645	3,256,860	46.62
1939	10,020,986	5,375,927	4,645,059	46.35
1940	14,581,955	8,574,685	6,007,267	41.20
1941	19,176,885	15,775,281	3,401,604	17.74
1942	33,255,976	11,253,595	22,002,381	66.16
1943	64,373,799	28,095,575	36,278,224	56.36
1944	190,673,183	67,399,828	123,273,355	64.65
1945	1,717,968,862	829,437,408	888,531,454	54.12〔註 24〕

第三節　完善出版結構與嚴格生產管理

　　生產管理是指「對企業全部生產系統進行計劃、組織、控制以保證生產出滿足社會需要和用戶滿意的產品或提供服務，有效地利用生產資源，提高經濟效益」〔註 25〕。生產管理包括對生產計劃的制定、生產過程的組織與生產系統的控制三個方面。出版物生產，是指「出版業生產經營者利用一定的出版資源，按照市場需求生產出與之相適應的出版物的過程」〔註 26〕。對出版物的生產管理包括前期的選題管理、出版物的質量把關等方面。

　　商務印書館是近代史上的一家實力雄厚的出版企業，圖書出版是其主體業務。在中國近代出版市場上，商務印書館不論是在出版品種還是圖書質量上都具有絕對的優勢。例如民國時期至 1949 年，商務的出版種數約占全國同期的 12%〔註 27〕。

〔註 23〕轉引自汪家熔：《抗日戰爭時期的商務印書館（三）》，載《編輯學刊》，1995年第 5 期，第 84～90 頁。

〔註 24〕此處疑有誤，應為 51.72%——作者。

〔註 25〕黃保強：《現代企業制度》，復旦大學出版社，2004 年，第 126 頁。

〔註 26〕劉益，等：《出版社經營管理》，中國書籍出版社，2009 年，第 45 頁。

〔註 27〕李家駒：《商務印書館與近代知識文化的傳播》，商務印書館，2005 年，第 156頁。

一、以「扶助教育」爲己任，建立起重點突出、兼顧其它的出版結構

創辦初期的商務印書館，只是幾個有著姻親關係和學友關係的有志青年爲著商業的理想而組建的家族式作坊，即便是曾經借著社會的風氣出了幾本《華英初階》、《華英進階》一類的英語自學教程，從本質上講，它仍然還只是傳統的印刷業。直到張元濟加入，商務印書館的出版活動才有了自覺性。張元濟的教育救國和教育醒民的思想與商務印書館的印刷出版力量結合在一起，使商務成爲中國近代史上傑出的普及教育的文化出版機構。因此，李輝將張元濟稱爲「晚清維新人士中第一個將普及教育的思想大力付之於實踐的人」〔註28〕。張元濟加入商務印書館，是商務印書館發展的巨大轉折和契機。從《最新國文教科書》（初期爲「包辦」法，後期改爲合議制）、《女子小學教科書》的編定，到《商務印書館新字典》（編纂）、《辭源》（規劃），乃至《影印元明善本叢書》、「百衲本」《二十四史》，張元濟無不滿懷熱情和執著，其「扶助教育」的文化追求和職業理想未曾中斷過。

1930 年，王雲五任商務總經理，商務進入王雲五時期，這也是其發展和騰飛的時期。事實上，從理念到精髓，王雲五的出版思想都體現了普及教育、啓發民智的思想。他所規劃出版的《北京大學叢書》、《萬有文庫》、《百科小叢書》等，堅持學術獨立和教育普及。他編纂《王雲五大辭典》，發明「四角號碼分類法」，堅持自主研發、堅持出版理想，與商務印書館的出版傳統一脈相承、息息相關。

因此，「扶助教育」不僅僅是張元濟進入商務的初衷和他爲之奮鬥一生的信念，事實上也是商務印書館自始至終堅持的出版理念和價值標準。在這一理念的指引下，1897 年至 1949 年之間的商務印書館堅持走自主創新的出版道路，逐步建立起重點突出、兼顧其它的出版結構。

（一）以社會科學類圖書爲主，其它類別爲輔

在出版方面，商務印書館尋找到了準確的市場定位，而且還將出版理念——「昌明教育」貫穿於其商業經營的各個時期。

〔註28〕李輝：《從張元濟到王雲五：以教育爲己任——商務印書館早期出版選題普及教育內涵初探》，載《中國出版》，1998 年第 9 期，第 51～53 頁。

表 4-2　1897 年至 1949 年商務印書館各種類型出版種數〔註29〕

圖書類型	出版總數	占總出版數比例（%）
（不詳）	3,718	24.56
經濟	1,102	7.28
中小學教材	952	6.29
自然科學	951	6.28
教育	922	6.09
中國文學	873	5.77
外國文學	861	5.69
政治	651	4.03
哲學	588	3.88
歷史	546	3.61
語言文字	503	3.32
法律	425	2.81
工業技術	393	2.60
地理	364	2.40
醫藥衛生	349	2.31
傳記	308	2.03
藝術	291	1.92
社會科學	265	1.75
農業科學	256	1.69
心理學	136	0.90
體育	133	0.88
文化科學	106	0.70
軍事	105	0.69
宗教	86	0.57
交通運輸	68	0.45

〔註29〕李家駒：《商務印書館與近代知識文化的傳播》，商務印書館，2005 年，第 168 ～169 頁。

綜合性圖書	62	0.41
文學理論	59	0.39
文物考古	32	0.21
世界文學	32	0.21
總數	15,137	100

由表 4-2 可見，1897 年至 1949 年，商務印書館共出版了綜合類圖書 62
種，占出版總數的 0.41%；教科書和兒童讀物類（含教育類）圖書 1,874 種，
占出版總數的 12.38%；自然科學和應用技術類圖書 2,514 種，占出版總數的
16.61%；社會科學類圖書 6,969 種，占出版總數的 46.03%。這一時期商務印
書館的出書總類占全國出書總類的 12.20%。

從以上分析可看出，這一時期的商務印書館，社會科學類圖書是其出版
的重點，它在商務圖書出版類型中居於第一位。但商務又不僅僅局限於這一
類圖書的出版，她在自然科學和應用技術類、教科書和兒童讀物類等的出版
上亦有不少建樹。

（二）以圖書出版為主，期刊發行和承接外來印件為輔

商務印書館是一家以印刷起家而以出版發家的近代企業，出版業支撐其
在近代史上的影響和地位，從中小學教材到大學教材，從教科書到一般讀物，
從普通圖書到學術專著，從新式書籍到古籍善本，從中文書籍到西文圖書，
從人文社科到自然科學，商務印書館的出版範圍幾乎涵蓋了圖書業的各個領
域。

商務在以圖書出版為主的同時，也積極在期刊發行和承接外來印件兩方
面開拓業務。

商務印書館的期刊出版不僅數量眾多而且種類齊全（如表 4-3），據不完
全統計，商務一共發行了論及教育的期刊 14 種，人文社科類期刊 13 種，涉
及基礎科學和應用科學的期刊 6 種，文學藝術和政治經濟類的期刊各有 5 種，
一般刊物 4 種。如《東方雜誌》主要是討論時政、闡明學術；《婦女雜誌》旨
在探討婦女問題，尋求婦女解放；《學生雜誌》旨在聯繫青年學生，增進青年
知識。

表 4-3　1897～1949 年商務印書館部分期刊出版統計〔註30〕

年份	期刊
清光緒二十九年（1903 年）	《繡像小說》
清光緒三十年（1904 年）	《東方雜誌》
清光緒三十三年（1907 年）	《理工報》
清光緒三十四年（1908 年）	《軍學季刊》《法政介文》《兒童教育畫》
清宣統元年（1909 年）	《教育雜誌》
清宣統二年（1910 年）	《圖書彙報》《小說月報》
清宣統三年（1911 年）	《政法雜誌》《少年雜誌》
民國元年（1912 年）	《經濟雜誌》
民國三年（1914 年）	《學生雜誌》《出版界》
民國四年（1915 年）	《英文雜誌》《婦女雜誌》
民國六年（1917 年）	《農學雜誌》《學藝》《太平洋》
民國十年（1921 年）	《兒童世界》
民國十一年（1922 年）	《兒童畫報》
民國十二年（1923 年）	《小說世界》
民國十五年（1926 年）	《職工》《自然界》
民國十七年（1928 年）	《美育雜誌》
民國二十五年（1936 年）	《文學雜誌》《新少年畫報》
民國二十八年（1939 年）	《健與力》
民國三十三年（1944 年）	《世界文藝季刊》《文史哲季刊》

　　商務印書館是以印刷創業起步的，印刷對它來說算是「祖業」，它在印刷行業擁有得天獨厚的技術優勢和人才優勢，並可以借助其社會往來的各方關係承接外來印件以增加收入，因而，代印收入事實上一直就在商務營業額中佔有一定分量。1937 年以前的幾年，商務的代印業務的收入及占總營業額的比例如表 4-4。

〔註30〕根據商務印書館編《商務印書館九十五年——我和商務印書館》（商務印書館，1992 年）中《本館四十年大事記》及〔法〕戴仁著，李桐實譯的《上海印書館 1897～1949》（商務印書館，2000 年）中相關數據整理而成。

表 4-4　商務印書館戰前代印額占總營業額比例如表〔註31〕

年份 （年）	總營業額 （元）	代印額 （元）	代印所佔比例 （%）
1927	7,917,733	1,197,826	15.13
1928	10,135,654	1,439,077	14.20
1929	11,668,000	1,299,097	11.13
1930	12,117,653	1,370,480	11.31
總計	41,839,040	5,306,489	12.68

　　商務印書館的印刷業，在國內無論是從規模還是從技術設備和技術技巧上，一直都處於領先地位。其印刷工人在極盛時期曾超過 3,000 人。陸費達曾說：「商務印書館誰都知道它是我國惟一的出版家，它的營業，出版占十分之六，印刷占十分之三。」〔註32〕

　　20 世紀 30 年代王雲五出國考察時瞭解到西方出版的經營單一性，回國後決定收縮商務的副業，停止採購新式印刷機器。同時 20 世紀 20 年代後半期商務印書館工人在全國工人運動的影響和鼓動下，以印刷所工人為主要力量的商務印書館工人運動此起彼伏，也在客觀上推進了商務印書館對印刷業的壓縮。「一・二八」事變後，王雲五採取了壓縮上海自有印刷力量，發展對外加工和加強香港廠建設的方針。上海的印刷業務裁減之後，對外承接的代印量也相應減少，原有的專管代印的「營業部」在「一・二八」事變後被取消，改設為一車間，稱「外來印件股」。

　　1937 年 8 月 13 日，日軍進攻上海的「八・一三」事變爆發，商務印書館的印刷方面又承印有價證券，如政府公債、紙幣和郵票等。這一方面與當時的總經理王雲五與國民政府的關係有關；另一方面，在戰爭的非常時期，發展政府業務有助於增加收入、彌補損失。1939 年 4 月 8 日的董事會報告稱：「計二十六年（1937 年）『八・一三』至年底，營業不下四十萬元，二十七年（1938 年）合港廠與各分館所承接者亦有五十餘萬元。今年（1939 年）則

〔註31〕　汪家熔：《抗日戰爭時期的商務印書館（二）》，載《編輯學刊》，1995 年第 4 期，第 90～95 頁。

〔註32〕　陸費逵：《六十年來中國之出版業與印刷業》，見宋原放主編：《中國出版史料》（現代部分），第 1 卷（下冊），山東教育出版社、湖北教育出版社，2001 年，第 415 頁。

已成立之合同，除一次性者五十萬元，連續性質者每年約三十萬元；此外尚有相當之希望，大約本年度或可達百萬元。」〔註33〕1937 年至 1940 年，商務印書館代印業務占總營業額比例如表 4-5〔註34〕：

表 4-5　1937 年至 1940 年商務印書館代印業務額及占總營業額之比

年份（年）	總營業額（元）	代印額（元）	代印所佔比例（%）
1937	8,907,483	約 400,000	4.49
1938	6,985,505	約 500,000	7.16
1939	10,020,986	約 1,000,000	9.98
1940	14,581,955	約 2,224,000	15.25
總計	40,405,929	約 3,764,000	9.22（平均占比）

　　1927 年至 1930 年間，商務的代印額占總營業額的比例都在 10 個百分點之上，而 1937 年至 1940 年的 4 年間，除了 1940 年突破了 10 個百分點之外，其餘的基本上都沒有達到戰前水平。1941 年，珍珠港事件後，商務印書館不再承印任何外件。因而總體上看，商務印書館的代印業務是在逐步縮減並最終被取消的。但我們無法否認代印業務作為商務印書館在圖書出版、期刊發行之外的副業地位，至於其機械製造、電影製作等營業，「在經濟上並無大的利益」〔註35〕，因而只能算作商務印書館的一種短期投資行為。

二、嚴把書刊質量關

　　圖書和雜誌是精神勞動和物質勞動的共同結晶，是傳播和傳承人類文化的載體，具有文化和商品的雙重屬性，在其生產並得以傳播之後，將產生程度不同的社會效益和經濟效益。我們分析書刊質量的把關就力圖從「軟件」（書刊承載的知識內容和精神價值）和「硬件」（書刊的物質載體）兩個方面入手。從這個意義上講，商務印書館對於書刊質量的把關是極其嚴格的。

〔註33〕汪家熔：《抗日戰爭時期的商務印書館（二）》，載《編輯學刊》，1995 年第 4 期，第 90～95 頁。
〔註34〕汪家熔：《抗日戰爭時期的商務印書館（二）》，載《編輯學刊》，1995 年第 4 期，第 90～95 頁。
〔註35〕汪家熔：《商務印書館史及其它——汪家熔出版史研究文集》，中國書籍出版社，1998 年，第 76 頁。

首先，商務印書館致力於圖書知識內容的甄別和精神價值的提高。商務印書館從圖書生產源頭——作者入手，利用其廣泛的社會力量尋找行業專家組織、撰寫書籍。從張元濟入館開始，嚴復、蔡元培、胡適等學術精英和當代著名知識分子就緊緊地圍繞在商務印書館的周圍，他們一方面爲商務撰寫高質量的書稿，另一方面爲商務的圖書出版提供諸多建議和意見，促進其圖書質量的提高。王雲五時期，商務更是召集了很多當時社會上的知名人士爲商務服務，「大學叢書」的編委會便是其一。此外，商務印書館總管理處還設立專門的編審部門並制定相關規定對圖書的「軟」質量進行前期把關。商務印書館《編審部暫行辦事規則》規定，編審部主要掌管商務出版物的編譯、審查、計劃等相關事項。

其次，商務制定了圖書出版的質量規則，如《生產部暫行辦事規則》、《考工科考覈本版樣書規則》，等等。商務規定，總管理處的生產部掌管商務出版物的製版、印刷及相關事項，包括對出版造貨的核定、總廠與分廠印刷事務的監督、印刷材料的進貨審查，等等。《考工科考覈本版樣書規則》規定，所有本版圖書，無論出版、重版，都必須送考工科進行審核，考工科必須在一個星期以內反饋樣書的缺點及需要改進之處，並由出版科返回到印製工廠進行改良或補救。

三、設立安全委員會，爲生產提供安全保障

商務印書館歷來重視爲公司財產購買保險，1903 年，商務印書館北京路的印刷廠突發大火，所有機器、工具全部被燒毀，幸好當時公司爲其新近購買的機器投保了火險，從而領到賠款重振旗鼓。自此，商務對於其機器設備和房屋等的火險購買越發重視。商務爲此專門設立直屬於總管理處的安全委員會，並制定了《投保火險規則》。商務印書館的安全委員會設委員 9 人，其職責主要是房屋建築及設備、機器、工具設備、電氣、煤氣等設備、裝修設備等的安全監管，包括對這些設備的檢查、安全設計、設施安全使用指導等。該委員會每月須開常會一次，按月檢查公司各項設備的安全並制定報告上交總管理處。《投保火險規則》主要是對商務印書館自建房屋投保程序的規定。1932 年「國難」之後，商務印書館吸取慘痛教訓，於 1936 年 6 月成立了防火委員會，該委員會負責商務的防火及職工的滅火救助演習，並負責推動商務的勞動衛生規則。

　　商務印書館還特別規定，總館出入要道及太平門、太平梯要保持通暢，不得堆積雜物或雜件，庶務主管必須監督雜役逐日檢查電力開關、火爐等，以免發生火災。此外，商務印書館還定期對職工進行消防練習，並自行設計製造安全滅火機 200 部，分發各部門科室備用。

第四節　開拓發行渠道與運用促銷策略

　　市場營銷是「通過創造有價值的產品和服務並與顧客交換，以滿足市場需求和實現企業自身目標的過程」〔註 36〕。營銷管理即企業以通過詳細的市場調查並分析自身所處的營銷環境和銷售市場為基礎，依據自身優勢進行準確的市場定位並綜合運用各種有效的營銷手段進行企業產品的銷售和企業形象的塑造，以及對這一過程的組織、調節和控制。詳細的市場調查為企業找準目標市場、確立自己的市場定位提供依據和條件，從而幫助企業設計、生產和宣傳自己的產品，並有針對性地開拓多種發行渠道進行產品的促銷，並實現產品價值和獲得利潤。

　　出版是商務印書館的主營業務。初創時期，夏瑞芳順應時代潮流和社會形勢而出版了供國人自學英語的《華英初階》、《華英進階》，張元濟入館之後，更是以時代發展和社會局勢為背景，使商務印書館在其不斷壯大之中找準了自己的市場。通過開拓多樣化的發行渠道和採取合理的營銷策略，商務成長為中國近代出版史上的「第一家」。

一、準確的市場定位

　　出版企業的市場定位是「企業根據自身特點和自身形象的特性加以設計，針對讀者心理加以傳播，使之在讀者心理上佔據一個與競爭者相互區別的位置」〔註 37〕。商務印書館從創館出版的《華英初階》、《華英進階》就開始注意和重視自己的市場定位，一方面它積極開拓和努力站穩教育市場，另一方面它的古籍整理和叢書出版事實上是它開闢圖書館市場的表現。

（一）佔穩教育市場

　　教科書及與教育有關的書籍是商務印書館出版的重頭戲。據統計，商務

〔註36〕劉益，等：《出版社經營管理》，中國書籍出版社，2009 年，第 99 頁。
〔註37〕劉益，等：《出版社經營管理》，中國書籍出版社，2009 年，第 112 頁。

1897 年至 1949 年間出版的教科書及與中小學教育有關的書籍占其出版總量 15,137 種的 22.29%〔註38〕，接近其 1/4 的比重。商務發展的前 50 多年，出版的教育書籍包括幼稚園、小學、中學、大學、師範、職業學校以及補習學校用書，民眾師資班用書，幾乎應有盡有（見表 4-6、表 4-7）〔註39〕。

表 4-6　商務印書館 1897 年至 1949 年間出版的中小學教科書情況一覽表

級別	項目	出版年份
小學程度		
	最新教科書	1903
	女子教科書	1904
	簡明教科書	1910
	共和國教科書	1912
單級教科書		1913
	實用教科書	1916
	新法教科書	1920
	新學制教科書	1923
	新撰教科書	1924
	新時代教科書	1928～1930
	基本教科書	1931
	復興教科書	1934
	更新教科書	1939
	最新教科書	1905
	共和國教科書	1912
	新體教科書	1919
	新學制教科書	1923
	新時代教科書	1928

〔註38〕 李家駒：《商務印書館與近代知識文化的傳播》，商務印書館，2005 年，第 223 頁。

〔註39〕 李家駒：《商務印書館與近代知識文化的傳播》，商務印書館，2005 年，第 216 頁。

	基本教科書	1931
	復興教科書	1934
	職業學校教科書	1937
	更新教科書	1939

表 4-7　商務印書館 1897 年至 1949 年間出版的有關學校教育的圖書的
統計〔註40〕

類別	種數
兒童	92
少年	13
初級	176
初等	37
小學	361
中學	344
幼兒	2
學生	47
學校	655
教育	685
總數	2,412

（二）開拓圖書館市場

張元濟加入商務印書館之後，積極為我國古籍善本的整理和出版而努力，曾先後組織出版了《涵芬樓秘笈》、《續古逸叢書》、《四部叢刊》（初編、二編、三編）、《續藏》、《道藏》、《學海類編》、「百衲本」《二十四史》、《四庫全書珍本》等。張元濟在寫給傅增湘的書信中說：「吾輩生當斯世，他事無可為，唯保存吾國數千年之文明，不至因時勢而失墜。此為應盡之責。」

新文化運動之後的 1923 年，中國教育改進社決定以美國退回中國的 1/3 的賠款〔註41〕來建造一批利於國人接受新教育和新思想的圖書館。圖書館運

〔註40〕李家駒：《商務印書館與近代知識文化的傳播》，商務印書館，2005 年，第 223 頁。
〔註41〕此賠款是為補償外國干涉義和團起義所造成的損失。

動在全國各地熱烈地展開起來。1928 年，全國教育會議在南京召開，會議要求全國各處的學校均建立圖書館，並要求以每年流動經費的 5%用於購置圖書。在這種形勢的推動之下，商務更加積極籌劃和運作了針對圖書館而出版的百科叢書、百科小叢書、「萬有文庫」等。王雲五曾自述：「我自從 20 歲左右便開始感到圖書館的重要。自入商務印書館編譯所之次年，即籌議為國內小圖書館植其初基。」〔註 42〕50 多年間，商務印書館一共出版了 7,668 套叢書，在這些叢書中，超過 80 種的就有 20 項。

二、多渠道推動發行

出版物發行渠道是指「出版物從出版社向讀者轉移的過程中，所經過的與出版物發行有關的一切組織和個人連接起來而形成的通道，以及在這些通道上所必然發生的出版物商品所有權轉移的經濟過程」〔註 43〕。商務印書館的成功經驗中很重要的一點就是積極開拓發行渠道，自辦發行與委託銷售相結合，建立起輻射廣、反饋及時的發行網絡。

（一）創辦分、支館

1903 年，商務印書館開始設立漢口分館，到 20 世紀 30 年代，商務共在全國設立分支機構 36 處，遍佈華北、華中、華東、華南各處。這些分、支館直屬於總務處（總管理處），主要任務在於商務圖書的發行。各分、支館自身沒有生產能力，其圖書供貨由總館統一調配，分、支館一方面接受總館的圖書配給，發貨給下級銷售商或者各支店，另一方面主動掌握分管範圍內的往來客戶情況，對其與商務的賬務往來進行監督和跟進。在分、支館的備貨上，商務採取總館集中備貨、銷售點勤添的辦法，即「貨由發行所統一備，各銷售點報銷存數，發行所根據銷售點銷存情況決定添印數額」〔註 44〕。

（二）組建「現批處」

現批處是商務自營發行機構中的終端機構。商務春秋兩季開學前由分、支館到偏遠地區設點供應課本和辭典等學校用書。商務的現批處既面向同業

〔註 42〕王雲五：《商務印書館與新教育年譜》（全二冊），江西教育出版社，2008 年，第 111 頁。
〔註 43〕劉益，等：《出版社經營管理》，中國書籍出版社，2009 年，第 120 頁。
〔註 44〕張麗明：《商務印書館早期成功因素簡析》，載《出版科學》，2007 年第 1 期，第 89～90 頁。

也面向學校及個人，其特點在於現錢交貨，不賒欠。一般而言，「現批處」投入少、規模小，但資金回籠較快，風險也不高，是一種即時性的發行方式。

（三）設立「特約經銷處」和經銷店

商務的「特約經銷處」一般是在縣城。商務以比一般零售店多 2～6 個百分點的折扣將圖書批發給特約經銷處。這些經銷處的營業額一般較高，並且有自己的下級渠道，可以實現小額轉批。商務的特約經銷處在辛亥革命以前有 300 處，一般都有自己的招牌，如徐州的普育書局等。還有一些經銷處為拓展客源，借用了商務的名稱做招牌，事實上並不是商務的自辦機構，如「商務印書館膠東分銷處」。

經銷店及一般的零售店，一般不只是賣圖書，還兼營文具、儀器等的銷售。他們一般直接與商務進行業務往來，專做學校生意。

（四）開展郵購業務

1922 年，商務成立「通訊現購處」，開始書籍郵購業務。商務印書館的現購處由發行所管轄，設在上海河南路 211 號，主要是為方便未設分館地區的讀者及學校團體購買商務的書籍、文具和儀器。商務的郵購業務一律實行款到發貨。讀者可以到就近的中國銀行、交通銀行、浙江興業銀行、上海銀行、金城銀行及江蘇省農民銀行免費匯款或通過郵局匯款至商務，商務收到購物款項後直接發給讀者，除中國蒙古、西藏、新疆及國外，國內各處均免收運費。

三、合理的促銷策略

促銷也稱市場推廣，其主要方法包括廣告、公共、銷售促進、人員推銷、口碑傳播等。合理的促銷，不僅有利於產品的銷售和經濟效益的增長，還有助於企業品牌的塑造和形象的維護，實現企業無形資產的增值。商務印書館非常注意對於自身產品促銷和形象的樹立，在它早期從事印刷業務時就在其承印的書刊、報單上面印上「商務印書館代印」字樣，這一方面可以廣開客源，另一方面也有意識地增加自身影響，樹立其自己在業界的形象。在此後的發展中，商務印書館逐漸摸索並形成了自己別具特色的一套促銷策略，主要有：

（一）廣告宣傳

廣告宣傳是最直接的促銷方式，也是傚果最直接的一種促銷方式。它以

「推」的方式通過廣告元素的綜合運用向受眾展現產品的性能、特色等,從而帶動和引發購買欲望。商務印書館的廣告宣傳主要是在當時的著名報紙和本館自辦雜誌上進行書刊廣告,內容主要包括新書書目、新出版物介紹、書目徵訂、文具儀器的宣傳、函授學校招生、特價信息等,綜合運用了多種廣告元素,如圖片、字體、字號、色彩、編排等。

除了在報紙上刊發廣告,商務還曾嘗試自辦廣告進行主動宣傳。如它曾大量編印書目、樣本大範圍發送。據統計,1910 年至 1936 年抗戰爆發之前,商務編發的綜合性書目有 140 冊,平均每季就有一冊〔註45〕。只要讀者與商務進行過通信往來即可以收到商務寄給的書目信息。

此外,商務曾雇人四處張貼廣告單,幾乎一年就要花費上萬元。20 世紀二三十年代的時候,商務還曾舉行過巡迴汽車展,在上海大範圍做宣傳。如1922 年至 1924 年,商務印書館發行所就舉辦過「巡迴圖書館」,由張敏遜、黃警頑組織人員將本版圖書運到浙江沿海的小市鎮公開展覽。

(二)公關活動

公關與廣告宣傳相比,是一種長期的、效果隱形的促銷手段。公關的目的並不在於向社會受眾推廣產品,而主要是拉進企業與消費者之間的距離,改善兩者之間的關係,在消費者心中樹立起良好的企業形象,從而間接地推進銷售。商務印書館進用名人、權威專家等,這本身就是一種高明的宣傳和廣告,能提高知名度和美譽度。據沈百英回憶,商務最盛時,聘請的各科專家多達 300 餘人,成為東方的最高學府〔註46〕。

1914 年,商務在清退日股時,就積極採用公關手段進行形象塑造。當時,為平息社會上對於商務含有日股而進行的指責,商務在上海各大報章上發表「敬告國人書」、「特別啟事」為自己已退日股做說明和澄清,以挽回企業形象的損失。這是商務進行危機公關的典型事件。作為當時國內出版界的大型企業,商務印書館還積極進行日常的公關活動,比如逢商務建館五週年或者十週年的時候派發一些紀念品(火車時刻表、電報電碼本之類的)、兒童節舉

〔註45〕汪家熔:《商務印書館史及其它——汪家熔出版史研究文集》,中國書籍出版社,1998 年,第 127 頁。

〔註46〕李映輝:《論商務印書館早期成功之道》,載《長沙大學學報》,2003 年第 3期,第 54~57 頁。原載沈百英:《我與商務印書館》,見商務印書館編:《商務印書館九十年——我和商務印書館》,商務印書館,1987 年。

辦智力比賽並派發獎品等。

值得注意的是，商務印書館積極創辦公共事業，爲社會提供便利和服務，這也是商務進行的一種公關活動。張元濟入館以來就立志「就力之所及，舉辦幾項有益於社會教育的事業，才能相得益彰，日臻繁榮」〔註47〕。商務創辦的公共事業，有尚公小學、東方圖書館、勵志夜校等。

此外，商務印書館還積極參加國內外舉辦的各種博覽會並獲獎（如表4-8）。

表4-8　新中國成立前商務印書館參加歷屆博覽會及其獲獎情況〔註48〕

時間	展覽會名稱	獲得的獎項
1911 年	德國特萊斯登萬國博覽會	最優等金牌
	意大利萬國博覽會	金牌及最優等獎
1915 年	江蘇籌辦巴拿馬賽會出品協會	農商部一等獎
	江蘇第一次地方物品博覽會	一等獎
	巴拿馬萬國博覽會	二等獎，名譽優獎章
	南洋新加坡華人製造品展覽會	優等獎
1920 年	雲南第一次物產會	一等獎
1921 年	江蘇第二次地方物品博覽會	一等獎
	上海總商會第一次展覽會	農商會最優等獎，優等金牌獎，一等銀牌獎
1922 年	籌賑江北水災全省藝術展覽會	名譽獎
	新加坡物品展覽會	獎憑
	陝西工業展覽會	獎憑
	安徽省立第一商品陳列所	優等獎
	新加坡中華總商會馬婆聯合展覽會	最優等獎
1923 年	荷屬爪哇萬隆城第四次勸業大會	獎狀
	安徽省立第二商品陳列所	最優等獎

〔註47〕商務印書館編：《商務印書館九十年——我和商務印書館》，商務印書館，1987年，第26頁。

〔註48〕根據商務印書館的《商務印書館九十五年——我和商務印書館》（商務印書館，1992年）中的《本館四十年大事記》中相關數據整理而成。

1924 年	上海總商會陳列所第三次展覽會（化學工藝品評會）	最優等獎
1925 年	江蘇省第三次物品展覽會	一等獎
	綏遠教育實業展覽會	特等獎
1926 年	美國費城萬國博覽會	大獎及榮譽獎
1928 年	國民政府工商部中華國貨展覽會	特等獎及優等獎
1929 年	西湖博覽會	特等獎
	河南省政府建設廳展覽會	超等獎憑
1930 年	暹羅（暹羅，泰國的舊稱）中華總商會國貨陳列場	獎憑
	河北省國貨展覽會	一等獎
	比利時獨立百年紀念博覽會	最優等獎

　　爲了有力地組織公關活動以提升企業形象，商務還曾設立過交際科，專門從事服務聯絡工作。交際科大幹事主要負責接待讀者，邀請作者、官員、教師等來館訪問，疏通各方關係，調查圖書發行情況等工作。黃警頑即擔任該科科長多年。

（三）銷售刺激

　　銷售刺激主要包括打折、抽獎、贈送等，它極易產生短期的購買行爲，增加自身的知名度。商務印書館的大部頭叢書在其刊發預售信息時同時注明即時匯款進行預購即可享受一定的折扣優惠、向學校免費寄送商務雜誌等都是其銷售刺激的手段。此外，商務還向讀者發行禮券、贈書券等，刺激讀者購買商務產品。如黎澤渝在回憶其父親黎錦熙的文章裏就曾說：「那時年青的商務（二十歲）曾發行一種『禮券』，『禮券說明』中印有『本券兌取敝館出版書籍暨文具儀器等類任意擇採』。」〔註 49〕

　　此外，商務印書館在 1935 年 10 月還曾利用「星期標準書」的形式進行銷售刺激，即商務每周「選取人人當讀之書，並擬定標準，分請專家審查」〔註 50〕，於每周六發行，名爲「星期標準書」。該書在一星期內以半價銷售，

〔註 49〕黎澤渝：《黎錦熙與商務印書館》，見商務印書館編：《商務印書館九十年——我和商務印書館》，商務印書館，1987 年，第 232 頁。

〔註 50〕商務印書館編：《商務印書館九十五年——我和商務印書館》，商務印書館，1992 年，第 707 頁。

自此年 7 月第一周起，改爲七折發售。

（四）人員推銷

人員推銷是銷售人員直接與消費者進行接觸，瞭解其消費傾向和愛好並進行推銷的促銷方式，這樣的促銷可以使企業與消費者之間形成長期的合作關係。商務印書館有自己的發行所，各地還設有分、支館，對於自己門市中的職員，商務要求其必須經常熟悉本館書籍及文具、儀器的使用，與讀者進行交流和溝通，直接向讀者推薦和推銷商務產品。例如教科書的推廣，商務要求員工必須至少將新書的編輯大意看一遍，以方便其接待顧客。早期做發行業務的沈知方、呂子泉以及「交際博士」黃警頑，都是商務印書館進行市場推銷的能者。

（五）口碑傳播

口碑傳播是一種有效的人際傳播，它具有較高的接受度和信任度，可以產生其它促銷手段無法達到的效果。商務印書館是我國近代史上出版企業的「第一家」，它的圖書質量、服務質量和企業形象在當時都是極爲人稱道的。當時的人對於商務印書館的經營風氣曾給予過這樣的評價：「南商習爲驕惰，客來落落對之，衣冠鄙陋者益加白眼。獨商務不然。入其肆，雖三尺童子應客，亦彬彬有禮貌，條理秩然。」〔註 51〕良好的口碑使商務在其營銷中具有紮實的群眾基礎，其圖書、雜誌等產品得以順利推銷出去。

第五節 注重品牌建設與做好版權管理

版權即著作權，是指文學、藝術、科學作品的作者對其作品享有的權利，包括財產權、人身權。版權管理是指「將版權作爲一種經營資本，對其所進行的籌劃、開發、經營和交易等活動，使之發揮最佳效益」〔註 52〕。版權管理的主要形式是版權交易與版權維護。商務的版權交易方面，如張元濟周遊歐美時曾以商務印書館的名義，與歐美的一些出版公司簽訂版權合同，約定商務作爲該公司出版的圖書的中國區代理〔註 53〕。

〔註 51〕吳方：《仁智的山水——張元濟傳》，上海文藝出版社，1994 年，第 77 頁。
〔註 52〕劉益，等：《出版社經營管理》，中國書籍出版社，2009 年，第 200 頁。
〔註 53〕茅盾：《商務印書館編譯所和革新〈小說月報〉的前後》，見商務印書館編：《商務印書館九十年——我和商務印書館》，商務印書館，1987 年，第 147 頁。

中國歷史上第一個版權合同是由商務印書館 1903 年 10 月與嚴復簽訂的。自此，商務印書館在出書之前都與著者、編者或翻譯者簽訂版權合同，約定雙方由圖書版權而產生的權利和義務。1904 年，嚴復在商務出版的《英文漢詁》除有英文版權聲明「All Rights Reserved」之外，還在版權頁上印有「侯官嚴氏版權所有，翻印必究」。商務印書館對於版權的保護是極早就已開始並一直在進行的。

首先，商務印書館主動與作者簽訂版權合同，規約雙方權責及版稅計算方式等細節問題。商務印書館與作者之間的版權交往主要包括約定版權共有、商務購買、租賃作者版權及作者向商務饋贈版權。

嚴復是早期在中國推進版權活動的第一人，他曾去信說，「此稿（作者注：《原富》）既經工學貳千金購印，則成書後自為公學之產，銷售利益應悉公學得之。但念譯者頗費苦心，不知他日出售，能否於書價之中坐抽幾分，以為著書者永遠之利益」〔註 54〕，張元濟答應了他。這是嚴復與張元濟之間第一次就版權進行交流，之後，張元濟加入商務印書館，嚴復亦因此與商務建立了長期的聯繫。商務印書館的版權意識由此萌芽，其版權活動也由此開展。

1903 年，商務印書館與嚴復簽訂的版權合同規定：「此書版權係稿、印兩主公共產業，若此約作廢，版權係稿主所有。」「此約未廢之先，稿方不得將此書另許他人印刷。」〔註 55〕由此可見，商務與嚴復簽訂的版權合同約定版權由雙方共有，任何一方不得在未經另外一方許可的情況下與第三方進行有損版權的活動。商務除了與作者約定的版權歸屬之外，還在合同中約定版稅的支付。「此書出版發售每部收淨利墨洋五角。」「此書另頁須貼稿主印花。」即是商務支付給嚴復《社會通詮》的版稅。

張元濟的日記中對於商務買斷作者版權的事常有記載，如《張元濟日記》1912 年 8 月 24 日記載：「朱樹蒸英文成語辭典一部，四百五十元，又送書二十部。」又如商務曾以「版權買入」的形式取得日用百科全書的版權，1919 年，在蔡元培的引薦下，商務 200 元購進劉半農的《中國文法通論》一書。

版權饋贈是作者將書稿的版權免費贈送給出版機構並放棄自身作為版權

〔註 54〕陳應年：《嚴復與商務印書館》，見商務印書館編：《商務印書館九十年——我和商務印書館》，商務印書館，1987 年，第 522 頁。

〔註 55〕王清：《商務印書館近代版權工作實踐》，載《法學雜誌》，1992 年第 6 期，第11～13 頁。

所有人的權利的行為。如吳訥士的《鍾鼎拓本》、梁啓超的《財政元論》、章太炎的《章太炎全集》都是作者以饋贈的方式將版權送給了商務印書館。

其次，商務印書館積極應對與己有關的版權糾紛。商務印書館與中華書局、廣益書局、美國經恩公司、美國米林公司都發生過版權糾紛。商務在面對這些版權糾紛時並沒有採取迴避或無視的態度，而是雇傭法律顧問丁榕積極應對。如 1911 年，美國駐滬領事向上海公共租界公審公廨控告商務在沒有徵得美國公司同意並支付報酬的情況下翻譯其出版的《歐洲通史》等書，侵犯了美國公司的版權，商務委派丁榕出席庭審並最終勝訴。

最後，以張元濟爲代表的商務印書館還積極參與中國近代版權制度的建立，推進版權立法。商務爲順應國內版權意識的增強和版權保護的需要，於 1903 年將英國《不列顛百科全書》引進國內，請周儀君進行翻譯，並出版了《版權考》一書。另外，1905 年，張元濟對清政府商部依據日本著作權法所擬的版權律、出版條例草案提出了修改意見書。他主張對教育書籍進行審查註冊並繳納審查費之後再給予版權，並主張在中國境內對外國人的版權實行有限的保護。

總而言之，雖然這一時期的商務印書館對於版權的管理還只是處於初級階段，但它已經意識到了版權對於出版社的意義和保護版權的必要性，並身體力行地對自身的版權進行保護，在維護版權方面進行積極的探索，邁出了我國近代出版史上出版機構進行版權管理的第一步。

結　語

　　商務印書館是我國近代出版史上一家具有卓越成就的著名出版機構，在中國現代文化教育史上可與北京大學比肩而立。它能在中國內外交困之下生存並發展壯大，很好地平衡文化與經濟的關係，不得不說是一個奇跡。然而，這個奇跡的創造絕對不是天賜的，而是幾代商務人孜孜不倦努力創造的結果，尤其是商務人在現代企業制度上不斷探尋的結果。

　　舊時代的商務印書館初步建立起現代企業制度，以公司產權為基礎，以公司制為自己的財產管理形式，在不斷探索和實踐中建立起現代法人治理結構的大框架，並結合出版業的特徵和企業化生產的需要設立了各類職能部門，形成了股東大會和董事會領導下的以總經理為核心的組織機構，並逐漸對人才、財務、出版物生產、營銷和版權等各個方面進行協調、控制，完善了對人力和物力的管理，使其科學、規範地運轉。從這個意義上講，說商務印書館作為我國近代史上現代企業制度的先行者和實踐者，規範的公司產權制度、合理的公司組織機構及制度和有效的公司管理制度的結合，支撐了它的發展和壯大，這是一點也不為過的。陳翰笙就認為，「摸索了一套科學的管理方法和可行的制度」〔註1〕是商務印書館之所以成功的原因之一，也是留給後來者的經驗之一。商務印書館的青史留名，一是因為優秀的出版物，二是因為它的優良的管理。二者缺一都不可能成為一流的出版文化企業。

　　商務印書館就整體而言，是近代史上一個力圖創新和改革，並將科學的創業理念付諸實施的現代企業制度的楷模，但由於時代的局限和各種主客觀

〔註1〕陳翰笙：《商務印書館與我同齡》，見商務印書館編：《商務印書館九十年——我和商務印書館》，商務印書館，1987年，第368頁。

原因，1949 年前的老商務仍然無法擺脫封建家族色彩，從創立時期的股東關係，到後來持續不斷的「新人」與「舊人」之爭，乃至領導層的分歧，都是封建烙印的表現。茅盾就曾這樣評介：「這個商務印書館是個『怪物』，一方面似乎搜羅人才，多出有用的書籍，而另一方面卻是個變相的官場，處處講資格、講人情，『幫派』壁壘森嚴。」〔註2〕這些在一定程度上制約和影響了商務的發展。

此外，雖然商務印書館在夏瑞芳、張元濟和王雲五的領導、協調之下，積極探索了現代企業制度並將之付諸實踐，但是，其產權制度並不具有嚴格意義上的「產權清晰、權責明確」等特徵，其組織機構在具體的實踐過程中也存在著諸如冗餘、低效等特點。而其管理制度在王雲五的改革之下是高度集權於總經理一人之手的，這就造成了管理上存在的專權和漏洞，從而導致「該管的管了，不該管的也管了」，導致事實上的執行力度不夠與制度上的一絲不苟之間的矛盾長期存在。

回顧百餘年來我國經濟發展的歷程，現代企業制度上的最大變革是企業終極所有權與經營權分離，即「所有者缺位」。據此，有專家提出，我國大型國企包括出版文化企業改革的正確思路和戰略選擇，就應該是產權資本化和資本社會化，改革的重點則應該落實在選擇和培育有效的替身所有者。其實，受當時條件與環境的限制，商務印書館在產權資本化，尤其是資本社會化方面仍然有明顯的缺憾。馬寅初在 1927 年的一次演講中稱，即如「商務印書館、興業銀行等，雖係股份公司，而其股票尚未分散於多數人之手。其餘著名公司、銀行之股份，多分配於其親戚朋友，並不流佈於各處普通不相識之人，在市上及交易所中，均無從購買，與合夥之組織不相同而其股票之流行，實無稍異，仍為少數人所創辦」〔註3〕。這當然是時代使然，但畢竟是其不足。由此看來，老商務進行過的探尋，所存在的缺憾，即便是在今日仍有其現實的參考價值。

當下，中國出版業由公益性的事業單位到經營性的企業機構的轉型已經初步完成；從更宏觀層面講，集團化、股份化、多元化的發展也已經取得了初步成效，現今的中國出版業正走在新的發展征程上，進入到新的發展模式

〔註2〕茅盾：《商務印書館編譯所和革新小說月報的前後》，見商務印書館編：《商務印書館九十年——我和商務印書館》，商務印書館，1987 年，第 154 頁。
〔註3〕馬寅初：《馬演初演講集第四集》，商務印書館，1928 年，第 25 頁。

的路口。如何進行新形勢下的戰略部署，取得新階段的健康良性發展，是擺在中國出版業面前的首要問題。企業的產權制度、組織制度和管理制度都有值得進一步探討之處。本書從個案入手，分析商務印書館在企業制度建設上進行探索的成果和留下的經驗，正是期望能爲此提供些借鑒和參考。

附錄一：商務印書館組織機構相關圖示

1、商務印書館總務處組織系統圖示〔註1〕

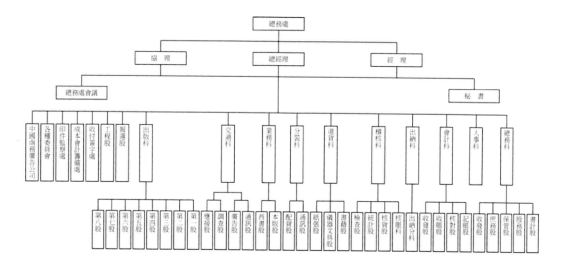

2、商務印書館總管理處組織系統圖示〔註2〕

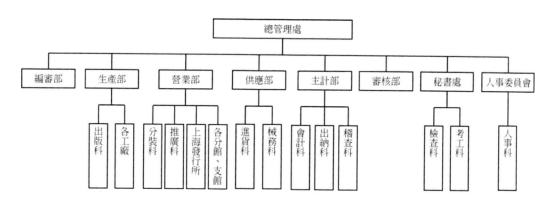

〔註1〕莊俞：《三十五年來之商務印書館》，見商務印書館編：《商務印書館九十五年——我和商務印書館》，1992年，第743頁。

〔註2〕本表係作者根據汪耀華選編：《民國書業經營規章》（上海書店出版社，2006年）中所錄的商務印書館股份有限公司《總管理處暫行章程》對於總管理機構設置的記錄繪製而成。

3、商務印書館編譯所組織系統圖示〔註3〕

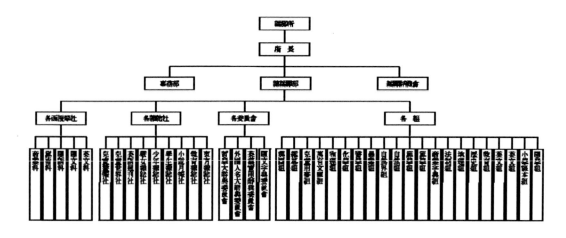

4、商務印書館印刷所組織系統圖示〔註4〕

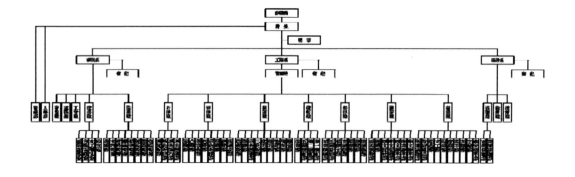

〔註 3〕莊俞：《三十五年來之商務印書館》，見商務印書館編：《商務印書館九十五年——我和商務印書館》，1992 年，第 744 頁。

〔註 4〕莊俞：《三十五年來之商務印書館》，見商務印書館編：《商務印書館九十五年——我和商務印書館》，1992 年，第 745 頁。

5、商務印書館發行所組織系統圖示〔註5〕

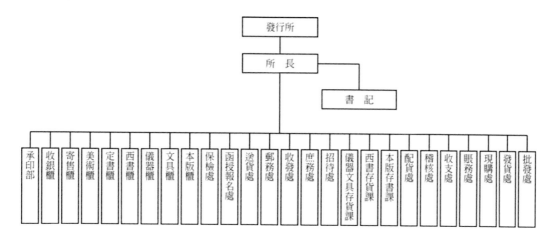

6、商務印書館研究所組織系統圖示〔註6〕

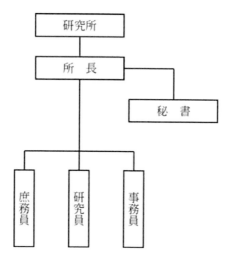

〔註5〕莊俞：《三十五年來之商務印書館》，見商務印書館編：《商務印書館九十五年——我和商務印書館》，1992年，第746頁。

〔註6〕莊俞：《三十五年來之商務印書館》，見商務印書館編：《商務印書館九十五年——我和商務印書館》，1992年，第748頁。

附錄二：20 世紀二三十年代新聞出版企業的會計改革

20 世紀二三十年代雖然是軍閥混戰、社會動蕩，但卻是追求科學和民主的變革年代，也是傳統工商業向近現代工商業轉型的時期。以上海商務印書館（以下有時簡稱「商務」）為代表的新聞出版企業順應時代潮流及時進行了改革，包括會計改革，因而獲得了突飛猛進的跨越式發展，成為當時亞洲首屈一指、全球排名領先的大型出版文化企業。本文主要以上海商務印書館為例，兼及其它新聞出版企業，對它們當時的會計改革進行梳理，以期對現今的新聞出版企業的改革有所啓示。

一、20 世紀二三十年代新聞出版企業會計改革的背景和條件

（一）會計改革的背景

1. 上海開放的氛圍和外企先進管理的示範效應

自 18 世紀中葉開埠始，上海便揭開了城市現代化進程的歷史篇章。經過半個多世紀的發展，到 20 世紀初上海已經成為中國最大的現代城市，是當時中國經濟、文化中心。伴隨著城市的發展，西方傳教士、商人和僑民不斷湧入，國際資本也迅速流入上海，西方文明對滬上的影響日漸顯現，越來越多的有識之士希望革新圖強。

西方傳教士、商人和僑民，在上海創辦了大量的工商企業，包括印刷、新聞、出版企業，如 1860 年天主教會創辦的上海土山灣印書館，同年遷居上海的美國長老會主持的美華書館，1877 年基督教會設立的益智書會， 1872

年英國商人美查等創辦的《申報》（1909 年收歸國人所有），1893 年中外商人合資創辦（外人占最大股份）的《新聞報》（1929 年完全收歸國人所有）。外資或中外合資創辦的書館、報館等新聞出版機構，採用的是西方先進的機器印刷技術，它們通過機器印刷降本增效，獲得利潤。西方傳教士和商人等創辦工商企業，不僅帶來了西方先進的設備與技術，也引入了西方先進的管理理論和管理經驗。這些讓外資經營成功的管理理論和管理經驗，對國人創辦的企業產生了示範效應，也成為其進行內部管理改革的動力之一。

　　1897 年，商務印書館於上海創立。它的出現，打破了以美華書館、申報館為主的外國人壟斷中國近代出版業的局面。但以商務為代表的中國新聞出版企業，要生存和發展，就必須引進西方的技術和管理方法；要與外資企業競爭，也需要學習其管理方法，進而從器物的引進到制度的效法。時勢所迫，必須進行改革。

　　2. 西方科學管理思想的傳播和應用

　　西方科學管理思想最早由民國時期著名企業家穆藕初引入國內。穆藕初1909 年自費赴美留學，1914 年學成回國。留美期間，穆藕初結識了科學管理之父泰勒及其弟子吉爾培萊斯，對泰勒的科學管理理論推崇備至。1915 年 10月至 1916 年 3 月穆藕初與董東蘇合譯泰勒的《科學管理原理》一書，以《工廠適用學理的管理法》的中文譯名在《中華實業界》上分 5 期連載，1916 年由中華書局出版發行，成為泰勒的《科學管理原理》一書的第一個中文譯本。除穆藕初之外，楊杏佛、林和成、張廷金、楊端六、王撫洲等留學生也先後出版了一批介紹科學管理思想的著作，向國人推介科學管理思想。1930 年 6月，在國際科學管理學會的推動下，以「研究科學管理方法、增進工商業效率，實現民生主義」為宗旨的中國工商管理協會成立，國民政府工商部長孔祥熙擔任協會理事長。中國工商管理協會的成立，進一步推動了科學管理思想在中國的發展。

　　20 世紀初，在中國早期的公司制企業中，雖然在形式上建立了現代企業制度，但其內部管理大多仍然沿襲和採用傳統的工頭制、包工制的管理模式。這種管理模式有兩個基本特點，一是「人治」，二是「經驗唯上」。它與現代企業制度化的治理結構和管理體制格格不入。

　　20 世紀 20 年代以後，在西方科學管理思想的推動下，隨著國內現代職業經理階層的逐漸形成，加之因管理不善而導致公司倒閉破產事例的發生，科

學管理對於公司制企業發展的重要性已被越來越多的人所認識。到 30 年代初，近代中國的公司制企業，特別是在諸如上海這樣的工商業大都市的公司制企業中，已經開始進入崇尚和全面推行以科學管理爲主要內容的現代企業管理的階段。公司組織的內部管理以及現代企業中的會計制度等已經受到企業界的普遍關注〔註1〕。新式會計制度是科學管理的重要內容之一，推行科學管理必然要推行新式會計制度。

3. 新文化運動的推動和新聞出版企業經營陷入困境

新文化運動初期，商務印書館對民主與科學的呼聲僅是冷眼旁觀，游離於新文化運動主流文化圈之外。這種狀況引起了新文化界的嚴重不滿和批評，在新文化人士看來，商務印書館與「抱定金錢主義」的出版商並無二致，同樣是把商業利益放在了第一位，而拋棄了出版的文化責任。〔註2〕高舉新文化運動大旗的《新青年》《新潮》等刊物紛紛對商務印書館旗下的雜誌提出批評。陳獨秀在《新青年》上抨擊商務的《東方雜誌》反對西方文明、提倡東方文明的論調。《新潮》發表羅家倫《今日中國之雜誌界》一文，更把商務各種雜誌批得體無完膚。商務的聲譽受到嚴重打擊，在社會文化領域的影響力不斷下降。

由於與時代脫節，商務的出版物已無法滿足新一代青年的心理期待和閱讀需求，商務因此流失了一大批支持或同情新文化運動的讀者，以至其經濟效益出現明顯的下滑，其雜誌銷售從 1917 年的 14.6 萬元減少到 1918 年的 11.6 萬元，到 1919 年初積壓和滯銷的圖書和雜誌多達 60 萬冊，〔註3〕總碼洋超過 100 萬元〔註4〕。商務明顯陷入經營危機。

商務的經營危機雖然與時局有關，但從根本上說卻是在「五四」新文化運動衝擊下的人才危機。商務的元老中不乏清末維新運動以來傳播西學的有功之士，在新文化浪潮的衝擊下，他們漸漸落後於時代。張元濟、高夢旦等

〔註 1〕 張忠民：《20 世紀 30 年代上海企業的科學管理》，載《上海經濟研究》，2003 年第 6 期，第 72～79 頁。

〔註 2〕 吳永貴：《商務印書館：近代出版機構中保持活力的典範》，載《編輯之友》，2008 年第 5 期，第 75～78 頁。

〔註 3〕 周武：《商務印書館與五四新文化運動》，載《社會科學》，1999 年第 5 期，第 70～74 頁。

〔註 4〕 吳永貴：《商務印書館：近代出版機構中保持活力的典範》，載《編輯之友》，2008 年第 5 期，第 75～78 頁。

商務印書館的高層，越來越迫切地感受到任用新人和改革的必要。1920～1921年，商務印書館出臺了一系列變革舉措，包括聘用新一代編輯、與學術團體結盟、改革《小說月報》等雜誌、建立新式會計制度、醞釀改組編譯所等。新進商務編譯所的李石岑、鄭振鐸、鄭貞文、楊端六等少壯派新人大多在國內外受過高等教育，對商務陳舊的管理體制、落後的經營方式及工資待遇過低等諸多方面心存不滿，急欲改良編譯所。他們對商務印書館的現代化起了重要的推動作用，爲商務印書館的全面改革作好了鋪墊。〔註5〕其中，楊端六直接主持了商務的會計改革工作。

1921年4月，高夢旦親自北上，力勸胡適離開北大，南下商務出任編譯所所長。胡適到商務考察了三個月，但最終沒有留在商務，卻推薦了他早先的英文老師王雲五。1922年1月，王雲五就任編譯所所長，特別是他1930年出任總經理之後，在張元濟等元老的大力支持下，對商務印書館進行了大幅度的改革。

4. 內部財務管理問題的暴露

1910年7月，在外國金融騙子的哄抬下，上海發生了一起轟動一時的橡皮股票風潮。在這場風潮中，約有9000萬兩白銀被外國金融騙子席捲而去，上海錢莊紛紛倒閉。商務印書館總經理夏瑞芳挪用公司鉅款炒股，在這次投機中損失慘重，使商務陷入了一場財政危機。公司不得不出賣一大排新建的房屋和辭退一批資歷較淺的員工，以挽救危機。除夏瑞芳挪用公司鉅款炒股外，「五四」以前，商務還曾發生夏瑞芳親戚魯雲奇貪污案、香港和安徽分館會計攜款潛逃、職員私改郵匯兌換等貪污舞弊事件。挪用和貪污舞弊事件的發生，反映出商務印書館早期的財務及管理體制尚不完善，仍存在巨大的漏洞。如何從制度上堵塞漏洞，是關係到商務前途和命運的大事。張元濟爲此在1916年間多次提出改革方案，引入新式會計方法，其中包括：著手調查賬房簿記改革，擬訂各部門、各分館辦事章程和預算制度，改進棧房琯理辦法等。

（二）會計改革的條件

企業的改革需要有將才、各類專業人才和先進理論的引入。革新勢力張元濟、王雲五是改革商務印書館內部管理制度的主帥，而後文要介紹的楊端

〔註5〕錢益民：《1920～1921年商務印書館的改革》，載《浙江師範大學學報（社會科學版）》，2002年第27期，第54～58頁。

六則是受命改革商務印書館會計制度的將才。清末民初，會計教育的發展則
為以商務為代表的新聞出版企業的改革培養了所需的專業人才；西方會計理
論和方法的引進也為會計變革提供了必要的條件。

1. 西方會計理論和方法的引進與推廣

鴉片戰爭後，隨著中國民族工商業的發展，中國的舊式會計已經難以適
應日益複雜的近代工商業，人們開始學習、引進並推廣西方的會計理論和方
法。1905 年駐外使節蔡錫勇所著的系統介紹西式簿記（即後文所稱「新式簿
記」或「複式簿記」）原理的《連環賬譜》由湖北官書局出版。該書不僅在引
進西式簿記方面具有先導性作用，而且其引例說明中西賬法相結合的基本原
理還對後世改良中式簿記學派的理論有直接的影響。1907 年，謝霖在東京出
版中文版《銀行簿記學》，將近代銀行會計運用的「現金式借貸分錄法」引進
中國，並在大清銀行試行簿記改良。1912 年，謝霖根據複式簿記原理和銀行
業務特點，設置了中國銀行的帳簿組織體系，首次採用西式賬頁和阿拉伯數
字；1917 年，他又為交通銀行改革帳簿組織，也頗有成效。1918～1919 年，
《上海銀行週報》主編徐永祚在《上海銀行週報》特闢會計研究專欄，展開
了會計簿記方面的學術性探討。徐永祚力主改良中式簿記的觀點，得到一些
學術機構、社團組織、會計界人士和政府機關的支持。清末民初，民間會計
變革既有理論的引進、探討，也有具體的實踐，這為 20 世紀二三十年代新聞
出版企業的會計改革提供了理論支持，也積纍了較豐富的實踐經驗。

2. 會計教育事業的發展

清朝末年，清政府設有兩所經濟專科學堂即銀行學堂和江南高等商業學
堂，為當時試行改良中國會計培養了幾十名精通西式簿記的會計專門人才。
辛亥革命後，國內上下都提倡革新，政府部門和企業開始廣泛運用西方會計
理念和方法，會計帳簿也發生了很大變化，但能使用新式簿記之人仍寥寥無
幾。為了全面切實地推行新式簿記，當務之急是培養專門人才。為此，北洋
政府通過舉辦簿記講習所、審計講習所因勢利導、就地取材發展會計教育事
業。這是中華民國初期最早的公辦會計教育。通過短期培訓教育，傳授了新
式會計賬冊，介紹了新的會計方法。北京政府成立以後，在大學裏開始開設
經濟類相關專業時設有簿記學或會計學課程。1921 年復旦大學商學院開設會
計系，成為系統培養會計人才的公辦學校教育的開端。當時，上海是中國會
計教育最發達、最集中，也最有影響的地區，上海乃至華東地區是舊中國會

計教育事業發展的中心。北京政府時期大批回國的知識分子投身教育事業，試圖通過改良來振興民族工業，達到救國救民的目的。他們創辦的私立學校如雨後春筍不斷湧出，形成了與政府公立會計教育交相輝映、并駕齊驅的教育格局。﹝註6﹞會計教育事業的發展，爲會計改革奠定了基礎，培養了專門會計人才。

二、20世紀二三十年代新聞出版企業會計改革的內容

20世紀初，正值中國新聞出版企業從業主制或合夥制向公司制轉型時期，如商務印書館於1905年轉型爲股份公司，世界書局、開明書店分別於1921年和1928年轉型爲股份公司。由於公司的所有權與經營權分離，股東需要公司提供公開透明的會計資料，而公司規模的擴大也使傳統的中式簿記難以適應經營管理的需要，從而促使公司進行系統的會計改革。

20世紀初，商務的會計改革是由楊端六完成的。楊端六於1906年赴日留學，1913年二次革命爆發後，受黃興資助，又赴英國留學，進入倫敦大學政治經濟學院學習經濟學，在英留學長達七年之久。1920年回國後，即在商務印書館主辦的《東方雜誌》任撰述。因他1917年在《太平洋雜誌》上發表《會計與商業》一文深受商務領導重視，於是在1921年與他訂立籌辦新會計制度的合同。1921年8月，商務成立改革會計制度籌備處，以楊端六爲主任。1922年1月起，楊端六提出的新會計制度付諸實施，改革獲得成功。從此，商務原來較爲混亂的財會工作得到了改變。1923年，楊端六被正式任命爲商務的會計科長，直到1927或1928年離職。

楊端六之得以在商務一展長才，主要還是有賴於張元濟的慧眼識英才，因此有學者認爲張元濟致力於在商務建立一個現代化的資本主義企業，比如他進行了商務管理方式的改革，並在中國第一個引進了現代會計制度﹝註7﹞。30年代初，王雲五推行「科學管理」，其中一項重要內容也與財務密切相關。他注重財政預算與成本核算，將館內財政預算分爲公司、處所、部科、個人四項，並結合考覈計酬，以獎勤罰懶﹝註8﹞。

﹝註6﹞郭華平，曾勁：《論中華民國初期的會計教育》，載《中國經濟史研究》，2009年第3期，第139～147頁。

﹝註7﹞葉宋曼瑛：《從翰林到出版家——張元濟的生平與事業》，商務印書館（香港），1992年，第392頁。

﹝註8﹞郭太風：《王雲五在商務印書館推行科學管理的功過是非》，載《東華大學學

以商務爲代表的中國新聞出版企業在 20 世紀二三十年代的會計改革主要是採用新式簿記，同時建立相關制度，培訓會計人員。

1. 採用新式簿記（即複式簿記）

新式簿記是指源自西方的複式簿記。爲區別於中國長期使用的單式簿記，時人將前者稱爲新式簿記或新式賬，將後者稱爲中式簿記或舊式賬。

複式簿記對每項經濟業務都以相等的金額在兩個或兩個以上相互聯繫的賬戶中進行記錄，即作雙重記錄，故爲「複式」；單式簿記除少數業務外一般只在一個賬戶中登記，且只記錄現金收付和人欠（債權）、欠人（債務）業務，記錄簡單且不全面。比如，出版企業以現金購買紙張等材料，複式簿記需記錄現金的減少和材料的增加，而單式簿記則只記錄現金的減少。

複式簿記的產生需具備兩個條件，一是商業的發展，新的經濟要素的產生；二是資本的出現和擴張，產權關係的複雜化。〔註9〕複式簿記的推廣使用也需要具備這兩個條件。20 世紀初，中國的民族工商業快速發展，規模不斷擴大，經濟業務日益複雜化；中國民族資本在 1914 年至 1921 年、1925 年下半年至 20 年代末經過兩次迅速發展，出現了資本集中和資本集團〔註10〕。使用複式簿記的條件顯然已經成熟。改革會計制度，以適應商品經濟的複式簿記替代適應自然經濟的單式簿記，成爲歷史的必然趨勢。複式簿記時人稱爲新式簿記。當時，中國的新聞出版企業已陸續開始採用新式簿記。商務印書館在楊端六的主持下於 1922 年 1 月開始採用新式簿記。改革取得成功，原先混亂的財會工作走上正軌，國內其它公司紛紛仿傚。《大公報》和《世界日報》也都採用了新式簿記。據記載，1926 年吳鼎昌、胡政之、張季鸞組成「新記公司」，盤收《大公報》。「新記」《大公報》採取嚴格的財務核算，使用當時新式簿記，賬目公開明晰。1931 年，成舍我在《世界日報》著手改革會計制度，採用新式簿記，實行成本會計，嚴格控制成本開支，要求報館任何開支都要注重投資回報問題。1933 年《世界日報》成立監核處，並改革會計制度。《世界日報》較早採用新式簿記，實行成本會計，成立會計處。〔註11〕

20 世紀初，將上收下付的中式簿記改爲左右對照的新式簿記，同時編制

報（社會科學版）》，2001 年第 1 期，第 15～19 頁。

〔註 9〕宋麗智：《民國會計思想研究》，武漢大學出版社，2009 年，第 22～23 頁。

〔註10〕胡太春：《中國報業經營管理史》，山西教育出版社，1998 年，第 126 頁。

〔註11〕胡太春：《中國報業經營管理史》，山西教育出版社，1998 年，第 68～95 頁。

資產負債對照表；棄用中國傳統的書寫習慣，改用橫式登記，在記錄主要簿時採用阿拉伯數字自左向右書寫，這是中國會計史上的一場革命，促使中國的會計與國際慣例接軌。

　　對於新式賬與舊式賬的區別，孫耀宗在 1920 年 3 月 23 日《銀行周報》第 4 卷第 9 號上刊出《新式賬與舊式賬之比較》〔註 12〕一文，詳細分析了兩者的 15 個不同點，這些不同點擇其要者可以概括爲以下幾方面：（1）新式賬有一定的格式，便於記賬和查賬；（2）新式賬設有會計科目，需編制會計分錄；（3）新式賬設置完整的帳簿體系，全面記錄企業的經濟活動；（4）新式賬可自行平衡且分工記賬，利於查錯、防弊；（5）新式賬需編制會計報表，便於外人閱讀、分析。

2. 建立內部牽制制度

　　內部牽制是指企業的每項經濟業務都必須由兩個或兩個以上的部門或人員分別掌管或完成，彼此之間建立相互聯繫、相互制約和相互監督的關係，以防發生錯誤或舞弊的一種控制機制。一般來說，兩個或兩個以上的部門或人員無意識地犯同樣錯誤的機會是很小的；兩個或兩個以上的部門或人員有意識地合夥舞弊的可能性大大低於單獨一個人或部門舞弊的可能性。所以內部牽制可以發揮防止錯弊的作用。

　　1910 年「橡皮股票」事件之後，張元濟從中汲取教訓，認爲「以後宜按照法律嚴定辦事權限」，1912 年 2 月他又提出「更改章程，劃清董事及經理權限，訂立管理銀錢出入規則」等設想。〔註 13〕「嚴定辦事權限」、「劃清董事及經理權限」便是要建立相關內部牽制制度。在實施新式帳簿和建立各項管理制度的過度中，以商務印書館爲代表的新聞出版企業也逐步建立了與會計業務相關的內部牽制制度。其內容包括分崗、合作和規範流程。

　　劃分會計工作崗位。內部牽制制度的核心內容就是將不相容的崗位或職務分離開來。不相容的崗位或職務是指不能同時由一個人兼任的崗位或職務。如果不相容的崗位或職務由同一個人兼任，就有可能發生錯誤或舞弊。分離不相容的崗位或職務，即是分崗。分崗的同時，還應分責、分權。以商

〔註 12〕孫耀宗：《新式賬與舊式賬之比較》//陳志閧，李玉：《制度尋蹤（公司制度卷）》，上海財經大學出版社，2009 年，第 138～141 頁。

〔註 13〕周武：《重創與改制——民國創立前後的商務印書館》，載《檔案與史學》，1998 年第 1 期，第 65～72 頁。

務為代表的中國近現代新聞出版企業在推行新式簿記和制定內部管理制度的過程中均融入了內部牽制制度。商務印書館在總管理處下設主計部負責賬務、統計、稽核、收支及其相關之事，統轄會計科、出納科及稽核科。1932年商務制定的《主計部暫行辦事規則》規定了部長、會計科、出納科和稽核科的職責劃分及權限。其第三章辦事總則中規定，「不得一人兼任銀錢與簿記兩種工作，不得一人兼任記賬與核對兩種工作」，就是指不相容的崗位或職務不得一人擔任；第十七條規定「各項記賬及覆核工作以及開寫單據應由各經手人加蓋圖章，以明責任」，這顯然是為了明確劃分權責。〔註14〕

共同完成一項與會計相關的業務。孫耀宗在《新式賬與舊式賬之比較》一文中指出：「在新式賬，每一交易登記數種賬簿，經過數人之手，各賬互相貫通，作弊甚難。舊式賬記載簡單，各賬均係獨立，且一人經管數種賬簿，作弊易而查弊難」。新式賬融入了內部牽制，而舊式賬則無。採用新式賬後，一項與會計相關的業務由兩個或兩個以上的部門或人員共同完成，彼此相互制約和相互監督，可以有效防止錯弊。1932年，商務印書館制定的《總管理處處理重要事務暫行規則》〔註15〕對於款項開支作了如是規定：「各部、各廠、發行所及秘書處，於主管範圍之用款，得開具付款知照單，交由主計部核開付款憑單，送請總經理、經理、協理或其代理人簽字」，一筆款項開支需經三個部門合作方能完成。在這項規定中就融入了內部牽制制度。

規範與會計相關業務的流程。按流程處理業務不但可以防止錯弊，還可以提高工作效率。20世紀30年代，中國的新聞出版企業制定的內部管理規章明確規定了相關業務的處理流程。1934年，開明書店制定的《款項收支試行規則》〔註16〕分收入之部、支出之部和和通則三個部分，分述當時各類收支的處理程序。該規則有如下規定：「凡支出款項必須由主辦部分開具付款知單，連同收款人應備單據，送由經理室開具支款憑單，經經理簽字後，方可向出納部支取」，分工和流程均清楚明瞭。

3. 建立企業財務預算制度

古人云：「凡事預則立，不預則廢。」對企業來說，財務預算制度建設有著特殊的意義。在這方面，商務印書館的探討值得關注。1930年3～9月，王

〔註14〕 汪耀華：《民國書業經營規章》，上海書店出版社，2006年，第60～63頁。
〔註15〕 汪耀華：《民國書業經營規章》，上海書店出版社，2006年，第48頁。
〔註16〕 汪耀華：《民國書業經營規章》，上海書店出版社，2006年，第317～320頁。

雲五出國考察，在此期間與美國企業界人士和有關專家進行了深入的交流。舊金山的鮑華士曾提醒王雲五，實施泰羅制和財務預算都很有必要，但必須循序漸進，穩紮穩打。美國企業財務預算和成本核算的制度與經驗使王雲五受益頗多。他後來幾次有效地解決了商務印書館的經營困難，同他實行科學的會計制度尤其是預算制度是密切相關的。哥倫比亞大學會計學教授凱士達著重向他講解搞好財會工作的重要性：企業各部門都應該制訂詳細的預算，如及時預估第二年的業務如何發展，需要添置哪些設備，人員要作怎樣的增減，各項計劃需要多少開支等。各部門預算應匯總到公司。公司據此對各部門進行細緻考察，提出較完善的年度發展計劃。〔註17〕這種建立在財務預算基礎上的企業年度發展計劃，確實有著極重要的作用。王雲五考察歸國後，向商務印書館董事會提交的「科學管理法計劃」長達3萬字，包括12個子計劃，位列前三項的內容是預算制度、成本會計制度和統計制度。由此可見預算制度在企業管理中的極端重要性。商務的這種預算制度後來也在其它文化企業中運用、推廣，效果良好。

4. 初步建立會計信息公開制度

會計信息公開是指向股東、債權人等會計信息使用者定期公佈會計報告和不定期公佈重大會計事項等會計信息。會計報告公佈之前，企業的賬簿記錄須經獨立第三方審查，即查賬。「查賬的最大目的，在確定各種企業的真實財政狀況，供資本主、管理企業之當局、銀行家及投資家之參考；其次要目的方為舞弊的舉發和錯誤的糾正。」〔註18〕

關於會計信息公開問題，會計理論界早有呼籲。1927 年潘序倫在《銀行周報》刊發《有限公司經濟公開之必要及辦法》，1930 年又在《經濟學季刊》上發表《有限公司會計公開問題》，竭力主張會計信息公開，以保護債權者、股東、社會民眾等有限公司之有關係人的利益。會計理論界的推動和公司股東對自身權益的關注，促使公司制企業陸續向股東公開會計信息。1932 年商務制定的《商務印書館股份有限公司章程》〔註19〕第二十六條規定，「本公司總經理、經理等每年應將賬目詳細結算，造具簿冊，由董事會轉交監察人覆核後布告於各股東」；1937 年大公報制定的《大公報社股份有限公司章程（民

〔註17〕郭太風：《王雲五評傳》，上海書店出版社，1999 年，第 157 頁。
〔註18〕吳君實：《查賬何以要請會計師》，載《商業雜誌》，1926 年第 3 期，第 11 頁。
〔註19〕汪耀華：《民國書業經營規章》，上海書店出版社，2006 年，第 46 頁。

國 26 年 7 月 15 日登記給照）》〔註 20〕第三十條規定，「每屆決算造具：（一）營業報告書，（二）資產負責表，（三）財產目錄，（四）損益計算書，（五）公積金及股息紅利分派案，經董事會通過後交監察人查核，提出股東會請求承認」。雖然當時的會計信息只向股東公開，且未經獨立第三方審查，但畢竟向會計公開邁出了關鍵的一步。

5. 培養會計人才

推行新式簿記，需要培養會計人才；提高會計信息質量，加強內部管理，也需要大量的會計人才。民國初期，政府舉辦的簿記講習所、審計講習所以及國立大學和私立大學，培養了一大批會計人才。但仍然不能滿足採用新式簿記的企業的需要。

當時的新聞出版企業大多採用兩種方式培養會計人才，一是從大學畢業或具有同等之程度者中招收練習會計員，進行適應性訓練。因爲新聞出版企業有不同於其它企業的特點，非經培訓不能勝任；二是從高中畢業生中招收會計學生。商務印書館 1933 年 7 月訂立的《招考練習會計員簡章》規定，經考試錄取的大學畢業或具有同等之程度者，先行試習三個月。試習期滿，如雙方同意繼續者爲練習會計員，另訂兩年之契約。練習期滿經雙方同意，另訂職員契約〔註 21〕。可見商務的要求甚是嚴格，會計專業的學生正常情況下需經過兩年零三個月的實習，方能聘爲職員。商務印書館 1934 年 12 月訂立的《招考會計學生簡章》規定，對會計學科有特別興趣的高中畢業生，可招收爲會計學生，學習期一年，學習期滿如本公司認爲合格，升任職員，另訂服務兩年之契約。這是商務自己培養會計人才。開明書店 1934 年 7 月 1 日公佈的《練習生規則》規定，練習生進店時由本公司指定職員爲其業師，負責訓練，並定期舉行謁師禮。練習生初進店時先試習三個月，試習期滿後得爲正式練習生。其學習期間以三足年爲標準。同時，練習生應在本公司指定之學校補習，其學業成績應與工作成績並計考覈之。學習期滿後，經本公司認爲及格得升職員〔註 22〕。開明書店顯然是採用雙師制培養會計人才。

會計人才及其它經營管理人才，既可以立足於自己進行培養，也可以放開視野，積極物色和引進。如王雲五 1930 年的多國考察，是帶著目的和任務，

〔註 20〕 胡太春：《中國報業經營管理史》，山西教育出版社，1998 年，第 70 頁。
〔註 21〕 汪耀華：《民國書業經營規章》，上海書店出版社，2006 年，第 175 頁。
〔註 22〕 汪耀華：《民國書業經營規章》，上海書店出版社，2006 年，第 334～335 頁。

以科學管理爲主題的。他一路走一路看，廣泛搜集資料，認眞思考問題，旅途中寫下了四五十萬字的筆記；對一些他認爲有必要進一步考察的公司，就選派當地的中國留學生以商務印書館研究員的身份設法去現場實習，繼續向他報告，並承諾實習與考察結束，即可聘用他們爲商務的雇員。例如，他派周自安在美國各印刷所、出版公司專題考察其成本會計的辦法；派關錫麟專題研究英國公司的統計方法；派殷明祿到美國的未利印刷機器公司實習，專題研究該公司的工作標準和薪酬制度，等等。這幾個人後來均成爲王雲五在商務推行科學管理法的重要骨幹。〔註23〕

　　梳理 20 世紀二三十年代新聞出版企業的會計改革，可以給轉企改制後的新聞出版企業一些有益的啓示。第一，企業規模越大，業務越複雜，會計就越重要。改制後的新聞出版企業都有做大做強的願望和行動，不但擴展了本部業務，還設立了分公司或子公司；不但從事新聞出版活動，還開展其它經濟活動，企業的經濟關係和經營業務日趨複雜。在這種情況下，依憑經驗進行管理顯然已不可能，必須通過會計信息系統獲取所需信息，進行高效的、有針對性的管理。第二，必須建立、完善預算管理制度。改制前，新聞出版單位一般都沒有建立預算制度；改制後，新聞出版企業大多也沒有完善的預算制度。預算是企業的整體規劃和動態控制的管理方法。在美國，90%以上的企業都要求實施預算管理，而歐洲一些國家甚至要求 100%的企業都制定預算，實行預算管理與控制。〔註24〕20 世紀 30 年代，商務印書館等新聞出版企業即已開始推廣使用預算制度，效果良好。預算管理是現代企業制度的重要內容之一，在企業管理中發揮非常重要的作用。在轉企改制之後，新聞出版企業建立一套完善的預算管理制度，顯然是非常必要的。第三，會計工作必須與企業發展水平相適應。改制前，新聞出版單位一般都是「事業單位，企業化管理」，但企業化程度不高，會計的職能一般僅限於會計核算，只是對新聞出版單位的經濟活動進行記錄、匯總，重在事後反映情況；改制後，會計的職能應涵蓋事前預算、事中監督、事後考覈，會計工作應相應從核算型向管理型轉變，以更好地爲新聞出版企業的經營管理服務。第四，必須健全公司治理結構，完善內部牽制制度，防止錯漏、舞弊和濫用職權。改制後新聞

〔註23〕 金炳亮：《文化奇人——王雲五》，廣東人民出版社，2006 年，第 83 頁。
〔註24〕 趙繼英：《出版企業如何實施全面預算管理》，載《出版參考》，2006 年第 12
　　　　期，第 32 頁。

出版企業設立的董事會、監事會和經營班子，應當分權、分責，發揮各自的職能作用，不能形同虛設。第五，應注重會計人才的培養，不斷提高會計人員的專業素養和職業道德，以更好地發揮會計的職能作用。

（與沈東山合作撰寫，原載《中國出版史研究》2006年第1期）

附錄三：20世紀30年代商務版「大學叢書」的策劃與運作

　　論及百年商務印書館前五十多年的文化貢獻，人們往往是從西學引進、古籍刊刻、教科書編纂、工具書出版、雜誌創辦等方面展開討論。而論述教科書的編寫和印行，主要是以初中等學校教材為對象的。以今天的觀點來看，在三大出版板塊中，20世紀前五十多年的商務印書館主要是做教育出版，兼及專業出版。大眾出版並非其所長，亦非其用力所在。而在教育出版領域，商務是有多方面嘗試與成就的。過去人們對它在服務高等教育、編寫與出版大學用書方面的工作重視不夠，研究甚少。其實，老商務在這個被時人忽視的領域也曾進行過積極的探索，並有一定的影響。王鐵崖先生在《商務印書館對中國文化教育的貢獻》這篇回憶性質的短文中說：「我有深刻印象的是兩件事。第一，商務出版了『大學叢書』，雖然每部書的情況不同，但是，總的來說，它對當時大學生的學習和青年在知識方面的提高都很有益處。……第二，商務建立了一個『東方圖書館』，圖書相當豐富，為學人提供了方便。」商務印書館編：《商務印書館九十年——我和商務印書館》，商務印書館，1987年，第420～421頁。郭太風先生在《王雲五評傳》中說：「王雲五主編的『大學叢書』，則填補了近代中國高等院校沒有中文教科書的缺憾，將我國高等教學推進到一個新的階段。」郭太風：《王雲五評傳》，上海書店出版社，1999年，第2頁。這裏，我們僅以「大學叢書」為題，來探討老商務特別是王雲五先生在高等教育出版方面的策劃、運作和貢獻。

一、策劃出版「大學叢書」的背景

（一）高等教育的穩步發展

「大學叢書」是從 1932 年開始出版的，此後陸續推進；而「大學叢書」的編輯與刊行無疑是以大學師生爲主要服務對象的。因此，我們就有必要來看看 20 世紀 20 年代後期和 30 年代全國高等學校發展的基本情況。

清朝末年頒佈的《癸卯學制》規定，高等教育機構有大學堂、高等學堂、高等實業學堂、政法學堂和優級師範學堂等。民國元年（1912 年）頒佈學制規定，高等教育機構有大學、專門學校。民國十一年（1922 年）頒布新學制，高等教育機構的改變主要是：可以設立單科大學；高等師範學校改爲師範大學。從此，全國許多專門學校和高等師範學校紛紛改爲大學。從民國五年（1916 年）至民國十四年（1925 年）高等教育發展的情況大致如下：（1）大學。民國五年（1916 年）全國有大學和獨立學院（包括師範大學）10 所，教員 420 人，學生 1,446 人，經費 883,069 元。民國十四年（1925 年）全國有大學及獨立學院 50 所，教員 4,669 人，大學生 25,278 人，經費 11,473,289 元。（2）專科學校。民國五年（1916 年）全國有專科學校 76 所，教員 1,616 人，學生 15,795 人，經費 2,790,086 元。民國十四年（1925 年）全國有專科學校 58 所，教員 2,909 人，學生 11,043 人，經費 3,235,372 元。從這些數據可以看出，從民國五年（1916 年）到民國十四年（1925 年）的 10 年間，大學數、大學生人數、辦學經費都有很大的增長。但專科學校則明顯減少，除教員人數外，學校數和學生數都顯著下降。據中華教育改進社的調查，北京市在民國十三年（1924 年）、民國十四年（1925 年）兩年間的大學由 12 所增至 29 所，成爲當時世界大城市中大學設立最多的城市。其主要原因是新學制頒佈後，許多專科學校升格爲大學。（熊明安：《中華民國教育史》，重慶出版社，1997 年，第 72 頁）

與北京政府時期相比，國民政府初建（從民國十七年（1928 年）到民國二十六年（1937 年），即國民黨政權建立到抗日戰爭爆發時期的高等教育），在學校的層次、類別和數量上還是有進一步發展的。（熊明安：《中華民國教育史》，重慶出版社，1997 年，第 147～149 頁）具體情況見下表：

高等教育發展情況（民國十七年至民國二十六年）

年度	學校（所）	學生（人）	教員（人）	經費（元）
民國十七年（1928 年）	74	25,198	5,214	17,909,810
民國十八年（1929 年）	76	29,123	6,218	25,533,343
民國十九年（1930 年）	85	37,566	6,985	29,867,474
民國二十年（1931 年）	103	44,167	7,053	33,619,237
民國二十一年（1932 年）	103	42,710	6,709	33,203,821
民國二十二年（1933 年）	108	42,936	7,209	33,574,896
民國二十三年（1934 年）	110	41,768	7,205	35,196,506
民國二十四年（1935 年）	108	41,128	7,234	37,126,870
民國二十五年（1936 年）	108	41,922	7,560	39,275,385
民國二十六年（1937 年）	91	31,188	5,657	30,431,556

　　民國十八年（1929 年）七月，國民政府公佈了《大學組織法》、《專科學校組織法》。同年八月，教育部又公佈了《大學規程》。民國二十年（1931 年），又公佈了《專科學校規程》。這一系列的法令、法規，對高等學校的教育、教學、經費及設備等問題都作了明確的規定。但由於教育經費的投入並不到位，高等學校總量和教師、學生人數的增長並不是很快。據悉，民國二十年（1931年）統計，全國人口 474,787,400 人，每萬人中小學生有 246.85 人，中學生有 11.3 人，大學生只有 0.93 人。

　　但若從高等教育的內在結構、辦學質量等多方面考察，1928 年到 1937 年的 10 年，又是我國高等教育發展相對穩定、較爲迅速的階段。高等教育初具規模，形成了獨立的體系。我們以「大學叢書」出版前的 20 年即民國元年（1912年）到民國二十年（1931 年）爲一個時段來分析，也是很有啓發的。（霍益萍：《近代中國的高等教育》，華東師範大學出版社，1999 年，第 212～215 頁）先看大學數。1912 年時，全國有專科以上學校 115 所。其中除 4 所大學外，絕大多數爲專科學校或大專院校附設的專修科。1931 年時，專科以上學校有103 所，數量雖不及民國元年（1912 年），但內部比例結構及層次規模卻非民國元年（1912 年）可比。103 所專科以上學校中，大學 40 所，獨立學院 32所，專科學校 30 所。再看教員數。1912 年全國專科以上學校有教員 2,312 人，1931 年教員數達 7,560 人（此爲霍益萍統計，與前引熊明安的說法略有不同）。20 年增加了 3 倍多。至於大學內研究機構的建立，課程設置的完善，圖書儀

器設備的增加，還有中國人自己主政的大學，等等，這 20 年的變化都是顯著的。王雲五對高等教育發展與出版之間的關係是有自覺意識的。他在其《商務印書館與新教育年譜》「民國二十一年，即 1932 年」部分中就「教育部編印全國高等教育統計一冊」的有關資料做了著錄，內容包括從民國十七年（1928 年）到民國十九年（1930 年）大學及專科學校數、學生人數、經費等項目。（王雲五：《商務印書館與新教育年譜》上冊，江西教育出版社，2008 年，第 359～360 頁）

（二）大學教學改革的逐步深入

關於大學的教學改革，內容是很豐富的。這裏，我們僅就與大學用書密切相關的課程設置和教材編寫略作申發。

高等教育的教學改革肇始於晚清。那時，一些傑出的、有世界眼光的開明教育家就把課程設置以及相應的教材編寫提上了議事日程。張百熙（1847～1907）就是其中的一個。1902 年，他奉命辦理京師大學堂（北京大學前身），「悉心考察，夙夜構思」，厲行改革。他親自抓了教科書的翻譯與編寫。（霍益萍：《近代中國的高等教育》，華東師範大學出版社，1999 年，第 76 頁）戊戌變法後，中國國內新式學堂紛紛設立，但對教科書則未予重視。故談中學則四庫七略，談西學則東抄西錄，斷章取義。張百熙認為，新學制只是新教育的外殼，課程是其靈魂，教科書實與學堂相輔而行。他指出，「泰西各國學校，無論蒙學、普通學、專門學，皆有國家編定之本，按時卒業，皆有定程」。因此「學堂又以編譯課本為第一要事」。（《中國近代學制史料》第二輯上冊，華東師範大學出版社，1987 年，第 835 頁）當時京師大學堂既是全國最高學府，同時兼管全國教育行政事務。因此，張百熙既注重中小學的教科書建設，又關注大學堂的教學及教材問題。他要求大學堂各科教習，除西學可採用其它譯本外，其餘均須自編講義。當時的教習們在這方面確實也作了努力。如倫理學講義，由張鶴齡編寫；經學講義、中國通史講義，由王舟瑤編寫；史學科講義，由屠寄編寫；中國史講義，由陳黼宸編寫；萬國史講義，由宇之吉編寫；中國地理、中國地理志講義，由鄒代鈞編寫；經濟學通論、經濟學各論講義，由於榮三郎編寫；掌故學講義，由楊道霖編寫。（霍益萍：《近代中國的高等教育》，華東師範大學出版社，1999 年，第 76～77 頁）有學者指出，京師大學堂這樣大張旗鼓地編譯教科書，在中國教育史上史無前例。教育史家注意到它對京師大學堂恢復正常教學、對各個學科的建設所起到的積

極作用，給予了充分的肯定。其實，它對教育出版特別是大學教科書出版的潛在影響也是值得重視的。

民國時期對於教學改革予以高度重視的首推蔡元培。1916 年 12 月被任命為北京大學校長後，蔡元培整頓教師隊伍，改革教學內容以及學生的課外活動，成效顯著。在教學內容的改革方面，也充分體現了積極吸收國外先進文化科學知識的「兼容並包」的教育思想。他說：「今世為中西文化融合時代，西洋之所長，吾國自當採用。」他提出，大學教學內容，要對「世界的科學取最新的學說」。（蔡元培：《在北京大學畫法研究會之演說詞》，見《蔡子民先生言行錄》（下冊），新潮社，1920 年刊行，第 349 頁）當時理科的一些教材，多採用各國科學的新成果。如物理系三、四年級的近代物理課，內容大多選自居里夫人在巴黎大學講授的最新材料。至於請進來、走出去，多方面接受外國先進科學文化成果並用於教學之中，蔡元培還有許多舉措。

在蔡元培那裏，吸納世界最新文化科技成果與大學教學中的自主創新和教材本土化不是矛盾的，而是相輔相成的。因此，他後來擔任中央研究院院長一職後，對教學改革和教科書建設又進一步提出了建設性的意見。1931 年 4 月，蔡元培在上海的一次演講中提出了「國化教科書」的問題，提倡用中文編寫本國各學校（特別是高中以上）所用教科書。他的演講很快引起了國內學術界的重視。（馮春龍：《中國近代十大出版家》，廣陵書社，2005 年，第 71 頁）我們注意到，經過近三十年的努力，中小學教科書的編寫與出版已經取得了很好的成效。除了商務印書館，還有中華書局、世界書局、開明書店等機構，都紛紛介入教科書出版的競爭，推動了教科書的水平提高。但相比之下，當時國內所用大學教材，多為外國人編寫，有的還是外文原版。這是有利有弊。如果教科書一味地、長期地西洋化或東洋化，對於提高教師的研究和教學水平，對於學生的適用與提高，都是存在問題的。而當時，隨著高等教育的穩步發展，教師隊伍建設的加強，教學科研水平的逐步提高，自主編寫出版「國化教科書」就顯得不僅必要，而且可能。

（三）現代圖書館的勃興與發展

19 世紀末葉，在戊戌變法運動的影響下，一些較開明的維新派人士請求開設公共性的藏書樓。初期的公共圖書館，多由藏書樓演變而來。1910 年，國家圖書館的前身——京師圖書館（曾改為國立北平圖書館）開始籌建，1912 年正式開放。到這時，大多數省級圖書館也紛紛創立。

　　而近代大學圖書館的產生，在時間上要早於近代公共圖書館。由中國人自己創辦的，以 1902 年建立的京師大學堂圖書館為代表；由外國人創辦的教會大學圖書館，則以 1894 年成立的上海聖約翰大學圖書館為最早。

　　辛亥革命和五四運動都給近代中國圖書館事業的建設注入了新的活力。旨在推廣、普及近代圖書館的「新圖書館運動」從 1917 年興起，一直持續了 10 年左右。20 世紀二三十年代，圖書館事業發展較快。據統計，1930 年全國有各種類型的圖書館 2,935 所，到 1936 年達 5,196 所。前身為京師圖書館的國立北平圖書館 1929 年與北海圖書館合併，藏書 50 餘萬冊。這一時期的通俗圖書館改為民眾教育館，據 1935 年統計，民眾教育館多達 1,225 所。（見《中國大百科全書》（圖書館學　情報學　檔案學）關於「圖書館學」的概述部分，中國大百科全書出版社，1993 年；來新夏，等：《中國近代圖書事業史》，上海人民出版社，2000 年，263 頁）

　　近代圖書館的興起，特別是國家圖書館、省級圖書館和大學圖書館的建立，為高層次的大學用書提供了新的市場。圖書館成為學術著作和大學教材新的重要的客戶。近些年因為大學評估，大學圖書館成為圖書採購的一支重要力量，對推動圖書出版事業產生了積極作用，也可印證圖書館事業與圖書出版事業之間的密切關聯。

二、「大學叢書」的具體運作情況

　　「大學叢書」成系列、大規模的刊行是從 1932 年開始的。但在此之前的多年，商務即已涉足大學教材和學術專著的出版。對此，王雲五先生有比較詳細的論述：

> 　　各大學與學術團體，為人才薈萃之所，向來教授學者常有心得之作，惟以出版不易，此於作者與讀書界均有損失。商務印書館在我主持編譯所以前，亦嘗與若干學術機構訂有出版各該機構叢書之合約；然為數無多。我認為此種合約可以保證作者之著作獲有問世之機會，所以鼓勵學人頗大。我又想起商務印書館過去所編印之教科書，僅止於中小學校；所有大學教本，向來惟外國文字之出版物是賴，學子瞭解終不如本國文字之便利。今後當謀更進一步，編印以本國文寫作之大學教本，計亦惟有以各大學教授所編者擇優採用為宜。為推行此計劃之初步，惟有鼓勵大學教授的寫作儘量由商務

印書館代爲印行，將來積有數量，再行嚴加審查，擴充爲大學教本。
於是加強與各大學及學術團體商訂出版合約，分別冠以各該機構之
名爲叢書名義，與商務編譯所自編或特約撰著之分科叢書或小叢書
分道揚鑣。迄於對日抗戰之前，先後訂立此項各大學及學術團體叢
書之合約，多至四十種，而在我主持編譯所以前訂約者不過三四種
而已。（王雲五著，王學哲編：《岫廬八十自述》（節錄本），上海人
民出版社，2007 年，第 58～59 頁）

　　商務印書館正式運作「大學叢書」是在 1932 年「一·二八」國難之後。
這一年，商務遭空前之浩劫，被迫停業半年。王雲五回憶當時「大學叢書」
編輯出版的情況說：「甫於是年八月復業，我即於十月開始將此項擬議付諸實
施，並組織大學叢書委員會，分聘全國學者爲委員。」「後來應聘爲「大學叢
書」委員會委員者共 55 位，皆爲全國一時之選。各科各類皆有專家，對於審
查書稿，可各按專長擔任，至爲便利。」「迄於民國二十六年（1937 年）秋間
全面抗戰之時，僅四年有奇，已編印出版之大學叢書超過二百種，已達原計
劃三百種的三分之二以上。抗戰初期，商務印書館以香港分廠爲重心，對於
新收之大學叢書仍繼續出版；及三十一年（1942 年）以後，重心移至重慶，
製版印刷之力遠不如前，仍鍥而不捨，雖出版數量遠不如戰前，但每年新出
版者，平均亦達十餘種，重版重印者約倍之。」（王雲五著，王學哲編：《岫
廬八十自述》（節錄本），上海人民出版社，2007 年，第 105～106 頁）「大學
叢書」從 1933 年開始正式推出，當年出版 80 餘種，此後陸續增加，歷時 9
年。據出版史家汪家熔的說法，「大學叢書」「前後共出版 370 種」。（汪家熔：
《民族魂——教科書變遷》，商務印書館，2008 年，第 225 頁）這與筆者統計
的 369 種基本一致。

　　作爲一套服務於高等學校教學科研的大型叢書，「大學叢書」的編纂出版
體現出了很強的選題策劃意識與制度規約意識。其策劃的周全和嚴密充分表
現在叢書的兩個章程中，一個是《商務印書館印行「大學叢書」章程》，另一
個是《商務印書館「大學叢書」委員會章程》。一個側重於出版印行，一個側
重於組織，二者緊密聯繫，相互配合。它表明，這裏「不是人管人，而是機
制管人，機制管書的出版」。（羅維揚編：《編輯大手筆》，崇文書局，2005 年，
第 4 頁）兩個章程都比較簡潔，不妨轉錄於下：（羅維揚編：《編輯大手筆》，
崇文書局，2005 年，第 2～3 頁）

　　《商務印書館印行「大學叢書」章程》規定：一、大學叢書依大學委員會所定目錄，經各委員代為徵集稿本，由本館酌量次第印行，或經各委員介紹專家，由本館約定編著之。二、本館已出版之專門著作，經委員會審查後，得加入大學叢書。三、大學叢書第一集暫以三百種為限。四、大學叢書擬分五年出版，除本館已出版可以歸納者外，自民國二十二年起，每年出版四十種。五、大學叢書每書分量約為十五萬字至三十萬字。六、大學叢書經各委員徵集或由本館約編之稿本，須經委員一人以上之審定。七、大學叢書出版後，由本館以版稅百分之十五報酬著作人。八、大學叢書出版時，除列著作人姓名外，並在裏封面載明全體委員姓名。九、國內各大學及學術團體之叢書加入大學叢書時，仍在各書封面附列某大學或某學術團體叢書字樣，以示區別。十、關於本書之訂約印行等事，均由本館編審委員會辦理。

　　《商務印書館「大學叢書」委員會章程》規定：一、本會由本館聘請國內著名大學及學術團體代表，協同本館編審委員會代表若干人組織之。二、本委員會任務如左：1.擬定大學叢書全目。2.介紹或徵集大學叢書稿本。3.審查大學叢書稿本。三、委員各就專長，分別擔任前條之任務。四、大學叢書出版後，各書均列委員會全體委員姓名，以昭慎重。五、委員會受本館委託審查收稿時，每稿由本館酌送審稿費。六、大學叢書每次初版發行時，由本館贈送全體委員各一冊，以備隨時審核。

　　這兩個出自王雲五手筆的章程十分簡約精到，但又十分重視細節，具有很強的針對性和可操作性。前者主要是規範出版機構內部的，後者是針對商務所聘請的館外專家的。叢書委員會由德高望重的蔡元培領銜，學科專家包括胡適、馮友蘭等眾多名流學者。一流的編輯出版人才，加上一流的專家隊伍，還有一流的規範管理，無疑構成了「大學叢書」品質的堅強有力的保障。而有關「大學叢書」這個大型出版項目的學術質量管理、行政管理、業務管理、經營管理等，在兩個章程中皆可見一斑。「細節決定成敗」，「過程見證品質」，「大學叢書」的成功並非偶然。

　　一般認為，抗戰後期商務印書館最終停止了「大學叢書」的編輯出版工作。這是因為「部定」大學用書編寫事宜已經由籌備逐步到實施，取代了商

務印書館等出版機構自行編印的大學用書。1939 年教育部設立大學用書編輯委員會之初，對已經出版的大學用書加以甄選、審查、修改，權作「部定」大學用書。自 1942 年起，教育部特約專家編寫的教科書已經達到相當數量，達到 250 部，於是商務印書館不再自主新編「大學叢書」。但列入「部定」者依然印行。「部定」大學用書交予正中書局和商務印書館兩家分擔印行。正中書局印行者爲法、農、工、師四學院用書，商務印行者爲文、理、醫、商四學院用書蘇朝綱：《國立編譯館與「部定大學用書」》。（見葉再生主編：《出版史研究》（第三輯），中國書籍出版社，1995 年）筆者最近從孔夫子舊書網上查詢到 1948 年 8 月刊行的一個 20 頁的圖書目錄，內容即「商務印書館出版部定大學用書・大學叢書目錄」。

三、「大學叢書」的特點和價值

依據王雲五的回憶，「大學叢書」是從 1932 年開始運作的，而上海圖書館編印的《中國近代現代叢書目錄》則把該叢書的編輯出版時段定爲 1929 年至 1954 年。（上海圖書館編：《中國近代現代叢書目錄》，上海圖書館 1979 年印行，第 47 頁）本文涉及的其它叢書也參考了這個目錄，不再一一進行注釋。比較可靠的解釋應該是，作爲一個大型出版項目的策劃和操作的確是始於 1932 年，但有些此前已經刊行的圖書再版時加入了這套大型叢書，《商務印書館印行「大學叢書」章程》裏有「國內各大學及學術團體之叢書加入「大學叢書」時，仍在各書封面附列某大學或某學術團體叢書字樣」等話，《中國近代現代叢書目錄》很可能就是據此而把叢書的起點定在 1929 年的。這樣一套大型的「大學叢書」有什麼特點，又有什麼重要的出版價值和意義呢？

首先，商務版的「大學叢書」最爲全面系統地反映了現代大學教學與科學研究的新成果，具有集大成的特點。

隨著中國現代形態的大學的產生和發展，著眼於服務大學教學科研的出版家在擔當文化學術使命的同時，也是把大學作爲一個利好的市場來看待的。除了和具體的某個大學或研究機構合作出版叢書外，一些出版社也紛紛打出了「大學叢書」、「大學文庫」之類的牌子，推出一些論著。據《中國近代現代叢書目錄》，「大學叢書」既非商務印書館首創，也非其專利。在 20 世紀三四十年代，上海南京等地的一代出版商以「大學叢書」名義出書的還有 5 家，以「大學文庫」名義出書的有 2 家，以「大學叢刊」、「大學學術叢書」、

「大學教科叢書」名義出書的還各有 1 家。但這些所謂叢書、叢刊、文庫大都有其名而無其實，或不成系列，或有始無終，或門類單一，沒有哪一種能與商務版的「大學叢書」相抗衡。我們來看 5 種「大學叢書」的情況：上海黎明書局的，僅出書 2 種，分別為《楊著中國金融論》（楊蔭溥著，1931 年初版，1932 年再版）、《貨幣金融學》（朱彬元著，1932 年再版）；上海珠算學社的，僅於 1931 年刊行施伯珩著《錢莊學》；上海啓智書局的，也僅出書 1 種，即 1936 年初版的《電氣事業減價補償論》（蕭冠英編譯）。「大學叢書」稍具規模者只有南京正中書局和貴陽文通書局出版的，前者的此叢書 1934 年出版（後來有的曾再版）了《中國田制史》、《現代人口問題》、《變態心理學》、《戰後歐洲土地改革》、《最近歐洲政治史》5 種，後者標明由馬宗榮、謝六逸主編，於 1941 年～1948 年間出版了 9 種著作，包括《大學訓導之理論與實施》、《中國文字學概要》、《中國訓詁學概要》、《心理與教育測驗》、《生理學實習指導》、《機械人生（生理學）》、《西洋戲劇史》、《邱氏最新內科學》、《經濟學原理》。其它以文庫、叢刊、學術叢書相標榜者，少的僅一種或三四種，最多的也不超過 20 種；稍成氣候且呈明顯進步特色的是言行出版社 1938 年的「大學文庫」，刊行的著作有《馬克斯傳記》、《馬克斯的經濟學說》、《藝術社會學》、《史的唯物論》、《社會主義之教育政策》、《西洋哲學的發展》、《中國歷代文學理論》等 16 種。

　　從比較可以看出，商務印書館「大學叢書」無論規劃的宏大、章程的嚴密、編輯的規範、專家的權威，還是編輯理念的先進、具體運作的認眞、實際效果的良好、社會影響的持久，都是其它同類叢書無法比擬的。有人認為，商務版的「大學叢書」從 1932 年到 1939 年刊出了 52 種，（羅維揚編：《編輯大手筆》，崇文書局，2005 年，第 4～5 頁）顯然是不準確的。這個提法可能來源於王建輝的《文化的商務——王雲五專題研究》，該書中說：「現存一份 1932 年～1939 年出版的著作目錄（翻譯不在內），可見這套書的若干面貌，見本文附錄。」（王建輝：《文化的商務——王雲五專題研究》，商務印書館，2000 年，第 116 頁）查王建輝著作，這份著作目錄著錄了馬宗霍《文學概論》、徐謙《詩詞學》、吳梅《詞學通論》、王力《中國音韻學》等，共計 52 種。但本書作者並未說它就是 1932 年～1939 年「大學叢書」的全部目錄。至於叢書出版的種數，王雲五自己的說法也不一致，前面引述的他的回憶，說到 1937 年時已經刊行了兩百多種，而他在《七十年與五味》一文中又說近四百種。

這兩個數字當然都遠遠大於 52 種。筆者據《商務印書館圖書目錄（1897～1949）》一書統計，「大學叢書」收錄圖書有 277 種；而統計《中國近代現代叢書目錄》所得，商務版「大學叢書」包括的著作是 369 種，不過出版的時間下限是 1954 年了。值得注意的是，這兩個大型目錄所列商務的「大學叢書」，似都沒有把所謂「國內各大學及學術團體之叢書」加進來。商務印書館出版過的這類叢書很多，包括「國立中央大學叢書」、「北京大學叢書」、「國立清華大學叢書」、「國立武漢大學叢書」、「南京高等師範學校叢書」、「中山文化教育館研究叢書」、「尚志學會叢書」、「共學社叢書」等。這些叢書中，哪些是列入「大學叢書」名下的，還有待查對。即便是撇開這些叢書，僅以上述兩個目錄所列商務版「大學叢書」的情況，仍可看出其規模的宏大、內容的豐富，以及學科門類的齊全。《中國近代現代叢書目錄》所錄是按照所錄圖書書名第一個漢字的筆畫編排的，不易看出叢書在各學科的出版面貌；而《商務印書館圖書目錄（1897～1949）》中的「大學叢書」是按學科進行了二次分類，它可使我們對叢書爲教學科研服務、爲學科建設服務的貢獻一目了然。叢書涉及的專業、學科共分爲 27 類，具體包括總類、哲學、社會、統計學、政治學、經濟學、法律、行政、保險、教育、商業、交通、語文學、科學、算學、天文學、物理學、化學、生物學、醫學、工程學、農業、商業實踐、化學及製造工業、藝術、文學、史地。王建輝認爲這套叢書「對中國大學教材的科學化起到了推動作用」，（王建輝：《文化的商務——王雲五專題研究》，商務印書館，2000 年，第 117 頁）應該說是言之成理的。它對以前大學的學術研究、學科建設和教材編寫在某種程度上可以說是一個整合、一個總結，而其「篳路藍縷以啓山林」的功效也是十分明顯的。

其次，「大學叢書」的策劃與運作體現出自覺而強烈的學術名家意識與精品戰略意識，對我們今天的出版工作仍不乏啓示。

大學憑藉大師立校，優秀的出版社也要依靠大師級作者立社。香港陳萬雄先生論及「商務印書館出版歷史經驗」說過這樣一段話：

　　在商務出版的發展過程中，有一個很好的經驗。出版主持人常集攏了一批出版的翼贊者爲商務的出版出謀劃策。一生不渝，配合張元濟發展出版文化的最爲人熟知的是蔡元培。除蔡元培外，早期爲商務依俾甚深的是汪康年、嚴復、梁啓超等人。稍後是章士釗、馬君武，再稍後是蔣夢麟、胡適等。這些都是一批在近代中國文化

思想大有影響的人物。值得指出的是，這些翼贊者群像很有共通性。他們一輩人都是一生獻身於中國文化教育的人物，關心時務，但基本仍是傾重於從事文化教育的人物，態度穩健，較側重於長遠文化教育的考慮。至於個人素質，都是學有專精，學貫中西，舊學深邃，新學洞知的學者。從商務主持人對這批出版翼贊者的依重，也透露了商務的出版取向——注重長遠文化教育價值的發展，這也是商務有異於推動當前政治社會思潮，鼓動意識形態的一類出版社。（陳萬雄：《歷史與文化的穿梭》，中國社會科學出版社，2000 年，第 233～234 頁）

　　陳先生所說的張元濟稍後的主政者就是王雲五。王雲五與胡適的非同一般的關係人們已不再陌生，其實他同蔡元培的公交私誼也是極其深厚的。王雲五策劃運作「大學叢書」時就充分倚重了這些學術文化界的「翼贊者」。由蔡元培領銜的叢書委員會可謂名家薈萃，皆為各學科「一時之選」。當時以姓氏繁體字筆畫為序，排列各委員名單如下：（見《商務印書館百年大事記》編寫組編：《商務印書館百年大事記（1897～1997）》，商務印書館，1997 年）

丁燮林	王世杰	王雲五	任鴻雋	朱經農	朱家驊	李四光
李建勳	李書華	李書田	李聖五	李權時	余青松	何炳松
辛樹幟	吳經熊	吳澤霖	周 仁	周昌壽	秉 志	竺可楨
胡 適	胡庶華	姜立夫	翁之龍	翁文灝	馬君武	馬寅初
孫貴定	徐誦明	唐 鉞	郭任遠	陶孟和	陳裕光	曹惠群
張伯苓	梅貽琦	程天放	程演生	馮友蘭	傅斯年	傅運森
鄒 魯	鄭貞文	鄭振鐸	劉秉麟	劉湛恩	黎照寰	蔡元培
蔣夢麟	歐元懷	顏任光	顏福慶	羅家倫	顧頡剛	

　　這個 55 人的委員會到叢書正式刊行時略有調整。從名單看，社會名流、學界精英和出版專家濟濟一堂。而這些委員不只是掛名的虛銜，根據章程，他們對於叢書書目的擬訂、書稿的介紹徵集、圖書質量的審核把關，是負有切實責任的。比如馮友蘭的兩卷本《中國哲學史》，當年列入「大學叢書」時就是由陳寅恪、金岳霖分別撰寫審讀報告的。前者說該書「神遊冥想與立說之古人處於同一境界」；後者評價它是「沒有以一種哲學成見來寫中國哲學史」（汪子嵩：《對商務提點要求》，見《商務印書館一百年》，商務印書館，1998年）。馮先生的這部成名之作至今受到哲學界的高度重視。從書目看，其中的

不少委員本身又是叢書的重要作者。我們現在一些大型叢書也有眾多名家掛編委、顧問之類的頭銜，但十之八九是不管事的。

為了保證「大學叢書」的質量，確保有高水平作者無疑是關鍵。為此，商務是很費心力的。僅舉一例。為組稿等事宜，1934年6月27日時任商務印書館編譯所的所長何炳松深夜抵達南京，次日一早即去中央大學和金陵大學，拜訪兩校校長羅家倫、陳裕光，面議有關「大學叢書」諸事。商定與羅、陳以叢書委員的資格聯名發帖，在中央飯店宴請兩所大學的教授。

「大學叢書」的作者大多是學界名家、大學名師，少數青年才俊也是富有學術實力和創新能力者，加上嚴格的委員審核把關制度，使得叢書精品迭出，名作眾多。我們從1937年9月1日商務所做的「大學叢書」宣傳廣告書目即可見一斑（《商務印書館百年大事記（1897～1997）》，商務印書館，1997年，「1939年」部分）。這個書目包括52種圖書，其中有吳梅的《詞學通論》、王力的《中國音韻學》、郭紹虞的《中國文學批評史》（上）、鄭振鐸的《文學大綱》、潘天壽的《中國繪畫史》、馮友蘭的《中國哲學史》、胡適的《中國哲學史大綱》（上）、金岳霖的《邏輯》、錢穆的《中國近三百年學術史》等。這些著作堪稱學術文化精品，或為大家的成名之作，或為學科建設的開山之作，或為學術上的厚積薄發之作。它們雖以教科書的形式出現，但突出的是學術性和專業性，因而對於發展學術和建設現代學科體系意義不同一般。這中間的一些著作，至今仍然是從事某些學術領域研究的必備必讀之書。即便是某些人們並不熟悉的著作，其實也在學界也享有美譽。例如列入上述書目的陳恭祿的《中國近代史》就是如此。當代著名史學家章開沅前不久就向筆者推薦此書。「大學叢書」中的一些教材不僅在國內享有盛譽而且也為國外翻譯，如薩本棟的《物理學》就被譯成英文，影響波及海外。

至於有研究者認為這套「大學叢書」的策劃刊行「促進學術獨立」（見洪港：《試論中國近代大學教材的發展——以商務版「大學叢書」為中心》，載《煤炭高等教育》，2008年第3期）筆者則覺得有些牽強。所謂學術獨立主要是指學術獨立於政治意識形態。學術獨立是和大學獨立等相關聯的，這種獨立除了現代的思想觀念以外，最重要的是制度設計。幾本書乃至一套叢書無論規模多大，影響是十分有限的。如果說「大學叢書」體現了當時相對開放、自由的學術氛圍倒還可備一說。筆者以為，「大學叢書」在促進中國學術的現代化、高等教育的科學化、大學教學的規範化等方面確實是有意義的。誠如

有論者所指出的，大學是高等教育的標誌，專業是大學成熟的標誌，課程是專業成熟的標誌，而教材是課程成熟的標誌。如果從這個角度來看，「大學叢書」的意義就更加清晰地凸顯出來了。

（原載《濟南大學學報（社會科學版）》2010 年第 4 期）

附錄四：鄭孝胥・張元濟・商務印書館

　　研究商務印書館史的著作和論文不算少了，有關老商務的史料彙編也出版了多種，但這些論著與史料集中基本沒有涉及鄭孝胥——一個商務史上曾經佔有一定地位的歷史人物。本文主要從鄭孝胥與張元濟（字菊生）及商務印書館關係的角度，來略述相關史實。

　　鄭孝胥（1860～1938），字蘇戡，號太夷，福建省閩縣（今福州市）人。《鄭孝胥日記》整理者勞祖德先生對他作了這樣的綜合性評價：「鄭孝胥生當封建末世，頗知民生疾苦，早歲奮發有為，深思力學，一時以幹略稱，晚清所謂名督撫爭相延攬，士林亦謂其舊學精邃，直諒相與，事功可期。但即在此時也已有人指出：『其論多不足信，此欺世盜名者也』，又有人說他：『論事甚好，然不能作事』（以上引文均見於日記）。從他的日記中可以看出他封建意識的濃重以及封建士大夫的虛偽性。例如他後來經濟裕如，其積聚實始於廣西邊防督辦三年任內。平素自許過當，好為嚴刻之論，於所遊處，或時加微詞，或凶終隙末。先後規畫甚多，成就殊鮮。終則以貞事一人為節操，以逆時代潮流而動為卓特，由遺老淪為國賊，助桀為暴，身敗名裂。」（見中國國家博物館編，勞祖德整理：《鄭孝胥日記》（一），中華書局，1993 年，「整理說明」）

　　「遺老」尚可寬容，「國賊」卻無法原諒。正是因為這個原因，人們回憶、研究晚清民國時期的商務印書館，不願意提及鄭孝胥就不難理解了。但這位商務的重要股東，從 1909 年到 1923 年長達十餘年連任商務印書館董事，其中 1913 年後持續多年擔任董事會董事長（或稱主席，或稱會長）的鄭孝胥，

還是值得重視和研究的。張元濟擔任董事會主席的時間是：1909 年 3 月到 1912 年 3 月；1926 年 8 月到 1950 年 8 月。（見《館史資料》，第 19 卷〔1982 年 11 月〕，第 20 頁。轉引自葉宋曼瑛《從翰林到出版家——張元濟的生平與事業》，商務印書館（香港）有限公司，1992 年，第 285 頁，注釋部分）而他和商務聯繫最為密切的近 20 年，正是商務印書館的張元濟時期。無論於公於私，鄭孝胥都和張元濟、商務印書館有著千絲萬縷的聯繫，不可一筆勾銷。

一

1898 年，38 歲的鄭孝胥受回任湖廣總督的張之洞保舉，至京引見，遂以道員候補，派在總理各國事務衙門章京上行走，曾疊上《敬陳變法大要以備別擇先後緩急》等折，主張變法圖強。而這一年，31 歲的張元濟「繼續在總理各國事務衙門任章京職」，（見張人鳳、柳和城編著：《張元濟年譜長編》（上卷），上海交通大學出版社，2011 年，第 62 頁）兩人算是同事關係，開始有所交往，但不頻繁。6 月 16 日，光緒帝在頤和園召見張元濟。是日，鄭孝胥日記有載：「徐致靖保薦人才：康有為、張元濟皆召見……」（中國國家博物館編，勞祖德整理：《鄭孝胥日記（二）》，中華書局，1993 年，第 661 頁。以下凡引鄭的日記，皆出自五冊本的《鄭孝胥日記》，為查核方便，不再一一加注），次日的日記又再次提到「刑部主事張元濟，著於本月二十八日預備引見」。而百日維新失敗後的 10 月 1 日，張元濟於午後拜訪了鄭孝胥，自言「已備就逮，奴僕有下堂求去者，今特漏網耳」；言罷「零涕讀三詩而起（去）」。此時同屬改革派的兩個年輕章京有共同的語言，同氣相求。這年的 11 月 1 日、2 日，兩人又相遇往還。10 月 25 日，夏偕復宴請鄭孝胥，張元濟也在座。此後不久，經李鴻章向盛宣懷推薦，張元濟前往上海謀求新的事業。這個期間，兩人的交往更加密切，11 月 1 日、2 日、12 日、13 日張與鄭在塘沽、上海或偶遇，或互訪。

戊戌變法失敗後，鄭孝胥也離開京師。他先是請假南下，抵湖北，任蘆漢鐵路南段總辦。張之洞倚重之，委辦湖北全省營務處。義和團運動在北方興起，佐張之洞鎮壓會黨，並聯絡劉坤一訂立《東南互保章程》。1903 年，岑春煊督兩廣，奏調到省，委充洋務處督辦、營務處總辦。兩廣借調湖北武建軍，鄭即充該軍統領，因「邊防不靖」，由岑奏准督辦廣西邊防事務，率軍駐龍州。鄭孝胥在龍州三年，因調度餉項，自立銀號，又特別留意地方教育，

創設學社，開辦學堂，籌撥專款，保送地方士子出洋或到上海學習。這個階段鄭孝胥積聚了一些個人財富，但也爲地方辦了一些實事、好事，應予公正評價。

1899 年以後的數年間，張元濟先是在盛宣懷主辦的南洋公學下屬譯書院任職，後來正式加盟民營的商務印書館。鄭孝胥南下曾途經上海，後來在湖北、廣西任職期間也屢次來到上海。鄭每到滬上，必然會和張元濟有所接觸。查《鄭孝胥日記》，1899 年 1 月 3 日，張元濟訪鄭孝胥；隔了一天後的 1 月 5 日，鄭即到張所居虹口北隆慶里回訪，「逢趙仲仙工部，寓張處。……菊生言『夏堅仲已歸浙江』」。1 月 13 日，張元濟再次拜訪了鄭孝胥。6 月 20 日，鄭得何嗣焜來信，他在日記中記下何對張元濟的評價：「張菊生勤敏，經此摧折，或者可成正果。」後來的事實證明了何的判斷。1900 年，鄭孝胥忙於會黨之類事務的處理，與張元濟聯繫不多，僅 4 月 13 日有「復張菊生書」的記載。

1901 年，舊曆的正月、二月鄭孝胥在上海。西曆 3 月 12 日，張元濟訪鄭孝胥。3 月 15 日，鄭孝胥等「同詣趙仲宣、張菊生，菊生未歸，晤其兄」。3 月 16 日，鄭孝胥等到南洋公學，晤福開森；下午盛宣懷等人也來，飯後，張元濟邀請一行人參觀上院、中院。此後一直到 8 月，鄭孝胥似乎都沒有離開上海，日記中不下 8 次記載高夢旦來訪、與高夢旦和李拔可（名宣龔）共同進餐的情形。但這幾個月，張元濟在南洋公學並不愉快，與監院福開森衝突加劇，加上盛宣懷對自己也不那麼理解和支持，漸生退意。他和鄭的交往此期也比較少。也就是在這一年，張元濟正式投資商務印書館，與印有模同時成爲商務的重要股東。這裏，我們順便要提及的是，除了張元濟與鄭孝胥故舊關係外，鄭之能在後來入股商務並熱心商務的出版事業，與其福州同鄉高夢旦、李拔可關係很大；二人與鄭在數十年間，其來往之頻繁、關係之密切是遠在張元濟之上的。李拔可《碩果亭詩》中就有與鄭孝胥唱和的詩詞 13 首之多（見鄭孝胥著，黃坤、楊曉波校點：《海藏樓詩集》（附錄二），上海古籍出版社，2003 年）鄭孝胥則創作有《寄李拔可》、《爲拔可題黃石齋與喬柘田手劄》等詩詞（鄭孝胥著，黃坤、楊曉波校點：《海藏樓詩集》（附錄二），上海古籍出版社，2003 年）上海淪陷時期的親汪僞文人刊物《古今》半月刊第 31 期（1943 年 9 月），所登趙叔雍《記鄭孝胥》一文說鄭孝胥「海上往還陳衍夏敬觀李宣龔周達。尤相投分」。

到 1902 年，張、鄭往還又有所增強。4 月 25 日，鄭孝胥午前自漢口抵滬，

吃罷午飯就到譯書院拜訪張元濟，隨後又拜見了盛宣懷。在上海期間，他起草了《南洋公學譯書院撙節辦法》並上呈盛宣懷。5 月 1 日，張元濟在萬年春餐館宴請鄭孝胥、蔡元培、湯壽潛、沈孝宜。5 月 5 日一早，鄭孝胥又拜訪了張元濟。5 月 20 日，鄭再次到虹口譯書院與張元濟「談久之」。10 月 8 日，鄭孝胥「得菊生書」。11 月 7 日，張元濟專程拜訪鄭孝胥，談南洋公學事。此時，張去意已決，年末便辭去南洋公學譯書院職，打算全身心投入出版文化事業。也就這一年，張元濟把家搬遷到了離設在北福建路的編譯所不遠處的文極司脫路長康里。

接下來的 1903、1904 兩年，鄭孝胥後期可能沒怎麼來上海，故而也沒有與張交流，但 1903 年上半年二人的往來還是比較密切的。1 月 28 日，鄭、張見過一面；1 月 29 日，鄭拜訪張，但沒有見到人。三四月間兩人則有比較高頻度的往返。3 月 12 日，張元濟和湯壽潛一道宴請鄭孝胥、汪康年等人。3 月 21 日，鄭孝胥收到岑春煊電報，託他邀請張元濟、羅振玉「同入川」。次日，鄭孝胥便在一家春餐廳請張元濟和李維格吃飯。3 月 23 日，鄭登門拜訪張元濟。隔天後的 25 日，張元濟正式回話「辭不入蜀」。4 月 23 日，鄭孝胥「午後過張菊生談」；24 日，他又在九華樓約了六七個人聚會，張元濟在列。此後的 5 月 8 日、9 日、14 日，兩人又在不同場合或多人共敘，或兩相對談。也就在 1903 年，張元濟介紹鄭孝胥的同鄉、過從甚密的朋友高鳳謙（字夢旦，以字行）加入商務印書館編譯所。高夢旦後來被譽為商務印書館的「參謀長」。

從 1898 年到 1904 年的六年間，張元濟與鄭孝胥從初識，到逐步互相瞭解，建立了工作關係的基礎和個人的友誼。早年的鄭孝胥「奮發有為」，與張元濟同屬支持變法一派；他的「深思力學」，舊學根底深厚，熱心文教出版事業，又為以後兩人共同發展商務印書館的事業奠定了基礎。當然，兩人在政治傾向、為人處世等方面存在明顯的分歧，這也決定了他們以後在一些重要問題上的不同態度，以及人生和事業最終的不同歸趨。

二

1905 年，鄭孝胥自求解職去，在上海築「海藏樓」，參與路礦、金融、工商、新聞、出版、教育等新興事業，譽望甚隆，其詩歌、書法尤為時人所重，學部奏為頭等諮議官，預備立憲公會舉為會長，端方邀入兩江幕府，岑春煊殷約共事。1910 年，應東三省總督錫良和奉天巡撫程德全之聘，任錦璦鐵路

督辦。次年，受任湖南布政使，隨即被湖廣總督電派進京以備內閣咨詢。鄭
孝胥抵京後，四川有抗路之事，密爲盛宣懷應對之策。武昌起義後，盛宣懷、
載澤都向之問計，疊有建議。以後局勢急轉，他便回到上海。此後的十幾年
間，鄭孝胥在上海作寓公，遵養時晦，曾一度閉門謝客，以示與世相遺。而
實則盱衡中外，廣通聲氣，多與日本朝野接納，指使其子鄭垂奔走南北，靜
觀待變。他還與一班遺老組織「讀經會」，每月皆聚，共抒戀舊懷故之情；與
新成立的中華民國採取不合作態度，排抵時政，懸筆單賣字，凡書件有「民
國」字樣者一律不寫。(見中國國家博物館編，勞祖德整理：《鄭孝胥日記》
(一)，中華書局，1993 年，「整理說明」)這種情況一直持續到 1923 年。

在長達 19 年的時間裏，鄭孝胥雖也有過短暫外出，但基本上是穩定地居
住在上海。這 19 年特別是他在 1909 年擔任商務的董事後，便直接進入商務
印書館，參與了公司管理與運作。而這個階段也是張元濟心無旁鶩地獻身商
務出版文化大業並作出傑出貢獻的輝煌時期。

1905 年的鄭孝胥可能是剛解職務，築樓繁忙，還有身體方面的原因，與
商務印書館的聯繫似不及以前緊密。據日記記載，7 月份有《邊事旁記》由商
務印書館付印；9 月份曾收到商務所寄該書 40 本。此外，在年底的 12 月 4 日、
8 日，見過李拔可一面，另赴李拔可宴請一次。但接下來的 1906 年，鄭孝胥
與商務人的來往驟然劇增。鄭與張元濟、高夢旦、李拔可等人相互探視、宴
請，正可謂「過從甚密」。其中，日記中「過高夢旦」、「夢旦來談」、「赴夢旦
約」這類的字樣就有 46 處，每月近 4 次。而這個期間，他與張元濟聯絡也多
達十八九次，與商務印書館的溝通，對編輯出版領域的實際工作開始有所涉
及。比如，4 月份張元濟在京時寫信給高夢旦，請他催鄭孝胥速選編《古文讀
本》。鄭孝胥 5 月 5 日日記即載有選編工作啓動之事。1907 年，鄭孝胥繼續保
持與商務高層張元濟、李拔可、高夢旦等人的密切聯繫，向商務印書館推薦
編輯人才如孟森，此外還記載有多次和高夢旦等人玩「鬥牌」的娛樂活動。
不僅如此，他和商務的董事印有模也有了接觸，總經理夏瑞芳 5 月 22 日專門
宴請過他。

1908 年，他在日記中提及張元濟的大約有 9 處。我們注意到，從這年開
始，鄭孝胥比較具體地介入了商務的經濟管理與運作。3 月 20 日寫道：「至商
務印書館，晤二高，談印股票事。」4 月 13 日這樣記載：「過商務印書館訪張
菊生、高夢旦，皆不遇。」第二天，他又「至印書館，晤菊生，知子益已到，

即往華興坊訪之，談有頃」。我們還注意到，鄭孝胥除了工作關係，個人在經濟方面也與商務建立起密切的聯繫。比如他 1 月 21 日的日記就有這樣的內容：「自至商務印書館，以存款交艾墨樵，取息而去。」在以後各年的日記中，鄭在商務存錢取錢是家常便飯，倒很少見他去銀行存款取款。

三

1909 年是鄭孝胥正式出任商務印書館董事的年份。

新年伊始，鄭孝胥就與商務高層往返密切。在 4 月 15 日召開股東常會之前的三個多月，鄭在日記中記錄的與夏瑞芳、張元濟、李拔可、高夢旦等來往多達二十六七次。例如，1 月 21 日，「過商務印書館，與夏瑞芳談久之。張菊生來」。3 月 3 日，「赴張菊生之約預備立憲會」。

4 月 15 日，是鄭孝胥與商務關係史的一個重要時間節點。這天他在日記中記載：「午後，詣商務印書館股東會，議增董事爲七人，被舉者張菊生、鄭蘇戡、高翰卿、印錫璋、高夢旦、鮑咸恩、夏粹方。股本已收七十五萬元，擬增至八十萬元。」4 月 23 日召開董事會，鄭的日記這樣記載：「又至商務印書館，董事會第一次會議，張菊生爲主席。」擔任商務印書館董事後的鄭孝胥開始以很高的熱情參與公司的決策與運作，積極建言獻策，如他在 5 月 23 日的日記就詳細記錄給張元濟提出的若干建議：「張菊生來談商務印書館事，余言，宜分四部：股票、產業爲一部，物料、印刷爲一部，款目、發行爲一部，編譯、出版爲一部，每部由董事一人擔任其責，則基業固矣。菊生然其說，擬於董事會提議。」過了沒幾天，鄭「又過商務印書館，與張菊生談」（5 月 25 日）。鄭孝胥不僅一如既往地和商務同鄉密友你來我往，一如既往在公司存款取錢，而且更多了一項任務：參加董事會會議。僅 1909 年 4 月到 12 月，他就一次不少地參加公司董事會的全部 8 次會議（包括個別時候因人數不夠沒開成的）。他關心商務的事業，也介入商務的人事，例如 12 月 14 日的董事會上，他就「薦楊思慎於張菊生」。

鄭孝胥在商務不是只掛名不管事的董事。查鄭 1910 年和 1911 年的日記，可知他越來越具體地參與到商務的日常管理和重大決策中了。1910 年 1 月 14 日日記有云：「張菊生來，示商務印書館董事會復日本股東一信，使余簽名，爲夏瑞芳加薪水公費事也。」次日，又「至商務印書館，議北京琉璃廠典屋事」。同年 7 月 22 日，「午後，商務印書館開特別會議，夏瑞芳經手，被錢莊

倒去十四萬」。這裏所舉幾件事都是比較重要的，特別是夏瑞芳在「橡皮股票風潮」中受騙致使公司損失很大。會後，董事會由高夢旦出面致信在國外的張元濟通報相關情況。此信現已不存。約 8 月初張覆信鄭孝胥、印有模、高鳳池，對於夏「爲正元調票」，造成公司損失，提出處置危機的幾條意見。第一，要求內緊外鬆，保持鎭靜；公司有款，分散存儲。第二，吸取教訓，依法辦事。（柳和城：《商務印書館「橡皮股票」風波豈容否認！》，載《中華讀書報》，2009 年 8 月 12 日）可見，在商務處理一些重大問題時，鄭孝胥都不是處於等閒位置。1911 年 6 月 3 日，「至時事報館，晤菊生、瑞芳、夢旦，余謂：宜編通俗少儀教科書，養成少年知禮之風氣」。

四

1912 年是農曆壬子年、鼠年，中華民國元年。1 月 1 日，孫中山在南京就任中華民國臨時大總統。2 月 12 日，清帝下詔退位，滿清覆亡。3 月 10 日袁世凱在北京就任臨時大總統，中國進入北洋政府軍閥混戰的民國時期。

作爲滿清遺老，鄭孝胥對新政權採取了不合作態度。商務藉重鄭廣泛的社會關係、人脈資源，開展業務活動。6 月 7 日，「商務印書館送辛亥結賬報告。昨夏瑞芳來信，請余作書致陸榮廷，將在廣西設商務印書館分莊，遣鮑寶琳持書見陸，求爲保護；即爲作致陸干卿書」。但不知何故，鄭不久提出了有關商務印書館董事的辭呈，但商務高層沒有同意。6 月 14 日，「夏瑞芳偕劉秉鈞來訪……夏瑞芳言，商務印書館董事請余勿辭」。鄭顯然接受了夏瑞芳的挽留。6 月 16 日，「張元濟來談商務印書館事，謂余既舉董事，曷以暇日研究進行之策」。既留之則安之，商務高層希望鄭孝胥發揮更大的作用。估計事先已經面談，7 月 1 日「商務印書館以函來，約請到公司辦事，每日三小時，月送輿馬費百兩。」從此時起鄭孝胥有長達一年多（至次年 10 月）的時間，每日到商務印書館「坐班」。自此，鄭孝胥不僅參與商務印書館的一系列重大決策，而且參加到公司的日常管理工作中。比如，7 月 8 日，「與夢旦、菊生談仿宋銅模事」；7 月 9 日，「往印書館，夏瑞芳商派人赴各省聯絡，調查所擬章程」；7 月 13 日，「夏瑞芳忽謂余曰，『欲聯合報館中人，專持開放主義』。印錫璋使之商於余。晤夢旦，示蔣維喬致張菊生書，欲歸印書館編譯所，月索二百元，且求假錢八百元購印書館股票，而分三年歸還」。9 月 14 日，「至印書館，調查發行事務」。9 月 18 日，「至印書館，商教科書減價事」。9 月 26

日，「至印書館，談奉天教科書事」。10 月 2 日，「爲公司草一信與各省財政司，以浙江所辦不動產移轉稅法及登記收費法章程格式寄之，以攬印刷之業」。可見，作爲駐公司的董事鄭孝胥涉及的工作包括編輯、印刷、發行、人事諸多方面。

應該承認，作爲封建士大夫的鄭孝胥傳統文史的根基比較深厚，藝術的素養也比較好。而他這方面的優勢也正是張元濟從事古籍整理出版所值得藉重的。張與鄭在商務的工作聯繫往往以此爲紐帶展開。1912 年 9 月 16 日，「楊小宋兄弟三人攜褚《蘭亭》墨跡來，乃梁茝林故物，有米老跋，莫雲卿、王弇州、文體承、王百穀諸跋，翁覃溪考證甚詳，梁茝林雙鉤入石。與菊生共看一過，議付石印」。10 月 2 日，日記有「菊生遺《涵芬樓書目》」字樣。10月 3 日，「至印書館，菊生示所藏精本書目」。10 月 11 日，「菊生邀入藏書樓，出觀宋、元刊本及抄本二十餘種，有北宋刻本《珞琭子》、南宋刻本《草堂集》爲最，毛斧季、何義門、黃蕘圃校本皆精」。10 月 14 日，「晨，過張菊生，觀所藏唐人書《文選》卷子，長二十餘丈，及元刻《王荊公詩》，李壁（璧）注，劉辰翁評點」。10 月 15 日，「菊生示宋嘉興張有謙中所著《復古編》抄本，中有朱筆用影宋本、錢塘本、吳本對校，又有『覃谿』印，然非翁校，字既不類，且翁性丁寧詳審，必不肯不署己名耳。」11 月 28 日日記寫道，「昨，張菊生示《永樂大典》一冊，學字二萬九千，二卷，凡四十一葉。每卷二十二葉，上卷缺三葉，自第四葉起，云以四十元得於北京」。12 月 7 日，「至印書館，菊生示明仁孝皇后《勸善書》，乃北京所購者」。1920 年 1 月 26 日，「張菊生贈石印宋李明仲《營造法式》三十四卷目錄、《看詳》二卷，原本爲絳雲樓物」。1920 年 9 月 28 日，「菊生送來《漳州府志》」。珍貴古籍相互借閱、共同欣賞的事在兩人的日記中均還有多處記載。

張元濟與鄭孝胥有著相似的國學根柢、共同的文史興趣，但他們作爲商務印書館的「高管」，對中國古代珍稀典籍、寶貴書畫的愛好又不僅僅停留在相與賞析的階段，而是把這種愛好、知識和經驗運用到古籍出版工作中。1912年 12 月 18 日，鄭記曰：「張菊生請余擇碑帖各種可資初學摹寫者，將石印賤售以供小學校之用。」1914 年 8 月 23 日，「張菊生來，攜《宋詩鈔》示余，將付石印」。1915 年 5 月 17 日，鄭又「至印書館，晤拔可，談《四部舉要》，余曰：『有總集，無別集，殊不可解。宜擇別集數十種列入第一集』」。這是典型的工作建議。到 7 月 1 日，鄭孝胥更加具體地就《四部舉要》中史書的刊

本提出自己的看法：「楊壽彤談《四部舉要》中全史幾居其半，若仍用武英殿本，則與各家所印無異，不若自《宋史》以上別覓佳本，四史可用宋本，《三國志》有明本，注用大字、低一格，似亦可用。余深然之；至印書館以告拔可，使轉語菊生。」1917 年 4 月 26 日，鄭孝胥記曰：「小七攜《李思訓碑》，云有人欲託商務印書館石印以售，菊生使余觀其佳否。余展視，乃翻板之劣者耳。」趙叔雍《記鄭孝胥》對鄭的評價頗多諂詞，其中一段寫道：「商務印書館經理張元濟、李宣龔。延主董事會。先後十餘年。改革館制。徵存文獻。孜孜不辭勞苦。四部叢刊初編議定。更爲去取存篇。俾於影本留眞之外。兼爲治學者之門徑。」（趙叔雍：《記鄭孝胥》，載《古今》半月刊，第 31 期，1943 年 9 月）此乃親汪文人寫漢奸，不無溢美誇大處，但也在某種程度反映了鄭與商務印書館及其古籍整理刊刻的密切聯繫，可備參閱。

我們知道，張元濟在古籍整理出版方面是作出了巨大貢獻的，而在這項重要的工作中，館外得益於傅增湘最多，館內則孫毓修是得力助手，鄭孝胥也是一個很好的參謀。

五

作爲商務印書館的董事和董事會主席，鄭孝胥除了日常工作，還參與了公司的眾多重大決策，對一些重要事項發表意見，發揮了應有的作用。

鄭孝胥身爲商務局中人，十分關心其競爭對手。1912 年 7 月 31 日日記寫道：「張繼、胡漢民、熊希齡、于右任、汪兆銘等發起民立圖書公司，招股百萬，編譯、印刷二部已成立，此商務印書館之勁敵也。」

收回商務印書館的日股一事在 1913 年前後事關重大。新成立的中華書局號稱完全華股，拿商務的日股說事。鄭孝胥在該年 1 月 4 日日記中記載：「至印書館，會議收買日人股票事，余以爲不便。」鄭與日本人淵源很深，關係曖昧，在商務收回日股問題上可見一斑。同年 9 月 10 日他又記載：「夏瑞芳將同長尾赴東京議購日本股票。聞日本海軍第三艦隊將封鎖長江。」在這個大是大非問題上，張元濟與鄭孝胥態度截然不同，鄭 9 月 11 日的日記這樣寫道：「報言，日本要求甚和平。至印書館，菊生憤憤言：『日人太無理，非收回日股不可。』」鄭未予評議，但臧否隱於其間。關於此事，鄭在此後日記中還屢次涉及。鄭孝胥後來附逆日寇，張元濟則在抗戰時期編寫出版被日本人查禁的《中華民族的人格》，便不足爲奇了。

　　1914 年有兩件大事：商務印書館收回日股和總經理夏瑞芳被暗殺。暗殺
案件原因至今仍是謎團。據《鄭孝胥日記》，1 月 4 日，「晚，赴商務印書館，
議收回日本股票事。總價五十四萬餘元，先付一半，余以六個月為限。」1 月
7 日，「遂赴商務印書館董事會。收回日股已於昨日簽字，付二十七萬餘兩。
議以正月三十一號開臨時股東會。李湛陽勁風來談，欲在外處購地。余聞夏
瑞芳有地十四畝在膠州路，每畝只售一千兩，乃約夏瑞芳及拔可於禮拜日往
觀」。1 月 10 日，「夢旦約晚飯。……至寶山路夢旦新宅，甫坐進食，有走報
者曰：『夏瑞芳於發行所登車時，被人暗擊，中二槍，已入仁濟醫院。』夢旦、
拔可先行，余亦繼至，知夏已歿，獲兇手一人。此即黨人復閘北扣軍火之仇
也。眾議：夏卒，公司鎮定如常，菊生宜避之。余與菊生同出，附電車送至
長吉里乃返。」第二天，「至印書館。拔可來。夜，赴商務印書館董事會，舉
定印錫璋為總經理」。送夏瑞芳出殯是 1 月 14 日；但追悼會則遲至 5 月 9 日
才舉行。鄭記曰：「雨。夏瑞芳追悼會在張園，請余為主禮，弔客甚眾。」據
說，「夏瑞芳的葬禮十分隆重，有二三千人參加，由此亦可見得商務印書館社
會影響之大了」（劉俐娜：《出版史話》，社會科學文獻出版社，2011 年，第 54
頁）有研究者指出，即便是不再擔任董事長後，作為董事的鄭孝胥仍然參與
一些重大決策。如 1925 年和 1927 年，商務爆發了兩次工潮。「對於工潮，商
務印書館董事會和領導層有兩種不同意見，以鄭孝胥、王顯華為代表的主硬，
不惜以停業和請兵來對付工人；以張元濟、王雲五為代表的主柔，想採取適
當的妥協辦法來平息工潮，保證公司正常生產不受大的影響；最後以張元濟、
王雲五的意見占上風。」（王建輝：《舊時商務印書館內部關係分析》，載《武
漢大學學報（人文科學版）》，2002 年第 4 期）

　　我們注意到，在這個多事的時期以及此後相當長時期，鄭孝胥配合張元
濟等人，主持召集公司會議，參與商務印書館重大決策，應急處理突發事件，
在議決公司章程、調整相關政策、收回日人股份、公司增資擴股、購買土地、
新建分館、推舉新的總經理、主持重要喪事活動以及後來與中華書局合併的
商談等利害攸關的問題上，均發揮了一定作用。

　　鄭孝胥在《陳叔通屬題江弢叔墨跡》詩中，曾經發出「名心未死深可歎」
之慨（《海藏樓詩集》卷九）。陳叔通也是老商務的高管。1923 年，鄭孝胥受
胡嗣瑗等人鼓動，赴北京見溥儀，溥儀深加信重，即於宮中派為內務府大臣，
佩帶印鑰，任領班。鄭亟思振衰起弊，革易舊章，部署清理皇產，裁節經費，

並曾建議溥儀出洋遊歷。然而形格勢禁，徒託空言，未幾即不得不「奏稱開缺」。……1931 年「九・一八」事變發生，又同溥儀潛行出關。次年，偽滿洲國成立，任「國務總理」，方逾半載，即遞辭請……然此時之出處去就既非鄭氏所能干請，亦非溥儀所可擅斷。到 1935 年 5 月才得解職。其後頗擬歸老北京，亦不獲行，淹留長春至死，時在 1938 年 3 月，時年 79 歲。（中國國家博物館編，勞祖德整理：《鄭孝胥日記》（一），中華書局，1993 年，「整理說明」）最後這十餘年，鄭孝胥與張元濟、與商務印書館也就沒有多大關係了。商務印書館原來的館名本是鄭孝胥題寫的，因爲他曾出任過偽職，1958 年商務恢復獨立建制時便另請郭沫若題寫館名，此乃後話。（汪家熔：《郭沫若爲我館題寫館名二三事》，載《商務印書館館史資料》，2012 年 2 月新一期）

（原載《出版博物館》2012 年第 2 期）

附錄五：談談張元濟的出版廣告

張元濟先生是學者型的出版家，但他不是迂腐的學究一類，而是屬於典型的「儒商」。從商仍向儒，在商亦言商，文化理想與商業智慧在他那裏很好地統一起來了。在出版實踐中，他不僅重視選題策劃、編輯加工，同時也高度關注文化市場，關注競爭對手，瞭解讀者需求，注重產品的推廣與宣傳。老商務對書刊宣傳投入了大量的人力、物力和財力，張元濟先生本人既積極倡導，還身體力行，親自撰寫了少量硬性的出版廣告，以及數量甚多的軟性書刊廣告。

一

收錄在《張元濟全集》中的硬性廣告只有五六則（見《全集》第 4 卷、第 10 卷）。其中，原載於 1914 年 1 月 13 日《申報》上的《商務印書館廣告》原文如下：

> 本公司總經理夏粹方君不幸於民國三年一月十日午後六時遇害，經董事會舉定印錫璋君為總經理，其經理一職仍由高翰卿君擔任。本公司一切事物、賬目由印、高二君主持，特此聲明。
>
> 董　事　伍廷芳　鄭孝胥　葉景葵
> 張元濟　鮑咸昌　　　同　啟

這個出自張元濟手筆的「廣告」其實說是「告示」或「啟事」都更恰當些，當然從寬泛的「廣而告之」角度說它是「廣告」也未嘗不可。張元濟執筆撰寫的另外兩則廣告（1916 年），一個是以商務印書館同人名義贈送紀念冊的，內容為：「本日隨報附送商務印書館國慶紀念冊，專送本埠。如未收到，

請即向送報人索取。外埠另期贈送。」另一推薦商務版影印古籍「殿版四史」
的預約廣告，刊登在 1916 年 10 月 10 日《申報》的國慶日增刊上。這個預約
廣告算得上是典型的圖書宣傳廣告。廣告的主體是這樣的：

　　文學家史學家必備　商務印書館影印　殿版四史　預約展期三
月　中國上等賽連紙印　《史記》　《前漢書》　《後漢書》　《三
國志》　共五千頁　訂四十冊

　　　本書爲學界研究文學及史學必備之書，即學校教授歷史尤可資
爲參考之助。自樣張發布後，外間均以印刷精良、校刊精審，頗爲
歡迎，紛紛購券預約。項者預約業經截止，而外間仍以偏僻之處未
能普及，均以延長期限爲請。本館用是特將預約期限展長三月，至
本年年底爲止。此書出版，極應愼重。現以全書校閱必經三次，始
敢付印。落石已後，清樣修整亦費數次手續，務使印刷、校閱兩臻
滿意。特改爲年底出書。區區之忱，幸希公鑒。

　　　預約每部七元，陽曆年底截止，陽曆年底出書。

　　接下來就是具體的《預約簡章》，介紹《殿版四史》如何約定，不同地區
的郵資如何，沒有郵局不能匯款的地方如何辦理，等等，內容十分詳細周全。
《張元濟日記》（商務印書館 1981 年版）1916 年 9 月 30 日載：「擬祝日送價
告白、簡章。」張人鳳以此爲據，在編輯《張元濟全集》時推斷這個「告白」、
「簡章」爲張元濟所撰。仔細閱讀這則廣告，我們注意到其內容之豐富、行
文之雅潔、推銷之講求實際，堪稱樣板。張元濟深諳讀者心理，對於選擇的
版本底本如何（殿本）、校刊是否過關（影印本仍三次校對，稱爲「精審」）、
價格如何（僅七元）、規模如何（厚達五千頁，四十冊）、紙張如何（上等賽
連紙）等均交代得清清楚楚。至於讀者對象，主要定位爲「文學家史學家」，
稱該書爲其「必備之書」；雖爲廣告口吻，但亦比較恰當，絕無浮誇之辭。

　　張元濟撰寫的另一則典型的圖書廣告是《〈雪竇四集〉廣告》，刊登在 1934
年 10 月 21 日的《申報》上。1934 年 10 月 18 日張元濟致丁英桂書云：「又《雪
竇四集》廣告已撰送推廣科矣。」張人鳳據此推斷這則廣告當係張元濟所親
撰。具體內容是：

　　雪竇四集
　　頌古集　拈　古　　宋刊本
　　瀑泉集　祖英集　　二冊九角

《四庫》著錄，《祖英集》二卷，宋釋重顯撰。《提要》稱：「重顯戒行清潔，其時多語涉禪宗，胸懷灑脫，韻度自高。」又稱其「風致清婉，非概作禪家酸餡語。」是爲南宋寧宗時刊本，於《祖英集》外，又增《頌古》、《拈古》、《瀑泉》三集，均爲《四庫》未收之本。

在古籍版本中，宋版書享有崇高的聲譽。這裏，張元濟以宋刊本作爲賣點來進行宣傳推廣，是抓住了古書購買者心理的。既是宋代珍貴的刊本，又爲《四庫》未收之書，其價值可想而知。這是專家寫的廣告，專業、精準，又實事求是。

古籍整理刊行是張元濟出版活動的重要組成部分，也是其最有貢獻和價值的一個方面。爲了保存國粹、廣羅舊籍，以便收藏和刊刻，張元濟1909年3月16日在商務印書館自辦的《教育雜誌》第一年第二期刊出《收買舊書廣告》：「茲爲保存國粹起見，擬搜羅舊學書籍。無論經、史、子、集，只須版本精美，的係舊刊，或據善本影抄，或經名人手校，均可收購。海內藏書家有願割愛者，祈將書名、冊數、撰人姓氏、序跋姓氏、刊印時代、行款、紙色、有無殘缺損破、欲得售價若干，逐項開示，逕寄敝寓。信資自給。合用者即當函商一切，否則恕不答覆，伏乞雅鑒。」最後還落下了張公館詳細地址。在古籍出版中，搜集、收藏、整理、校勘、出版都是十分重要的。這則廣告意不在推廣而在收購，但仍可歸於出版廣告的範疇，值得注意。

1937年4月，商務印書館推出了《影印元明善本叢書十種樣本》。「樣本」是中外出版界進行圖書宣傳推廣的一種重要形式，屬於典型的廣告。張元濟爲這個《樣本》撰寫了《影印元明善本叢書十種啓事》，有云：「茲選定《濟生拔萃》、《今獻彙言》、《歷代小史》、《百陵學山》、《古今逸史》、《子彙》、《兩京遺編》、《夷門廣牘》、《紀錄彙編》、《鹽邑志林》十種，用手製連史紙景印；書式爲四開本，字體與原書大小殆無二致。仍就可能範圍，從廉發售。在昔重金難致之孤本佳槧，今後盡人得以百分之一二之代價，置之几案。在未備《叢書集成》者，固可由是而擷其精華；在已備《叢書集成》者，更可藉此進窺原書之面目，而益增其瀏覽之興趣。至於圖書館之已備有《叢書集成》者，今更得此景印眞本，一以應公共閱覽，一以供永久保存，尤爲二美兼備。今將景印叢書十種之提要、子目及其樣張附列於後，敬祈公鑒。」（收入《全集》第10卷）這裏的廣告宣傳意味之濃是顯而易見的。其針對的對象既有個人，也有圖書館；既有已收藏《叢書集成》者，也有未購買《叢書集成》者。

從版本（景印眞本）、價格（從廉）、開本等多角度進行介紹，屬於名副其實的「專家代言」，句句行話，要言不煩。

二

張元濟的營銷宣傳理念更多的是體現在他對市場的重視，體現在編輯出版的各個具體環節之中。抗日戰爭全面爆發以後，張元濟於 1937 年編纂了《中華民族的人格》這一影響甚巨的著作。他在《編書的本意》中說：「只要謹守著我們先民的榜樣，保全著我們固有的精神，我中華民族，不怕沒有復興的一日！」這本小冊在出版後成爲超級暢銷書，一版再版，印了很多次，主要是因爲其內容適應戰時救亡圖存的需要，同時商務的廣告宣傳也起到了很好的推廣作用。民國二十八年（1939 年）五月的商務印書館《圖書彙報》（新八號）上有一則《中華民族的人格》廣告，內容如下：

張元濟先生編著《中華民族的人格》一冊　定價三角

作者校閱「百衲本」《二十四史》，最近校《史記》時，深有感於古代英雄人格之高尚，足以激揚民族精神，因就列傳及《左傳》、《國策》中選取十數人，均捨生取義復仇雪恥之輩，堪爲今日國民模範，並將原文譯成白話，分排上、下層，對照讀之，明白淺顯，尤易感動。今欲復興民族，必先提高人格。此爲國難期中不可不讀之書。

這則廣告側重介紹《中華民族的人格》一書內容上的特點、價值及時代意義，兼及編輯形式（分排上、下兩層，便於對照閱讀），非常精鍊、準確、實用。它可能不是出自張元濟之手，但應當是得到了他過目或認可的。

張元濟爲教科書、工具書、古籍整理類著作、刊物撰寫了大量序跋文字，其中不少具有廣告宣傳的功效，詳細介紹編輯緣起、內容特色、形式風格、適用對象等，可以歸入「軟性廣告」之列。

1903 年 6 月，張元濟爲《中國歷史教科書》撰寫的序言，先談及舊有的經書如《十三經》，史書如《綱鑑易知錄》、《通鑑輯覽》等「宜於瀏覽而不宜於教科也」，新式學堂需要適合的教科書。「今欽定學堂章程，由大學以至小學，無不有史學一科。而大學堂復有編纂課本之議，蓋亦知以上諸書之不宜於教科矣。編纂新本，迄爲頒行。商務印書館主人輯爲是編，以應急需。綜閱始末，條理秩然，頗與童年腦力相合。用爲課本，可使稍知古今大事。雖

不能盡得讀史之益訓，而致之要不難。」這裏，張元濟側重強調新編的歷史教科書條理清晰，內容的難度適合少年兒童的「腦力」。作爲商務人，來宣傳商務的教材，有宣傳推銷意味，但因抓住要害、特點，並不使人生厭。

《康熙字典》是清代最有影響的工具書之一。該字典用張元濟的話說是「其於點畫之釐正，音切之辨析，足以裨益寫讀者殊非淺鮮」。但該書規模甚大，收字四萬二千多個，後來的《備考》、《補遺》，又增加了六千四百多字。這樣的大型字典並不適合一般讀者日常使用。因此，商務印書館 1949 年 2 月編輯刊行了《節本康熙字典》，張元濟爲這個「節本」撰寫了「小引」，其中寫道：老的《康熙字典》「每檢一字，必遇有不能識亦不必識者參錯其間，耗有限之光陰，糜可貴之紙墨。時至今日，窮當思變。不揣冒昧，嘗於翻閱之際汰去其奇詭生僻、無裨實用者，凡三萬八千餘字，留者僅得十之二弱。非敢謂披沙揀金，抑聊謀藝林之樂利。原序云『部分班列，一目了然』，亦猶是此意而已」（收入《全集》第 5 卷）。張元濟在此處將原《康熙字典》的優點、不足說得十分清楚，把爲什麼要新編《節本康熙字典》以及這個「節本」的優點、特色也交代得很到位。

對於一些大型的古籍整理出版項目如《四部叢刊》、「百衲本」《二十四史》，張元濟更是盡心竭力，從搜羅善本，到審鑒校勘，再到摹寫影印，乃至預約發行，無不親力親爲，力求達到最好的效果。他在《印行〈四部叢刊〉啓》（收入《張元濟論出版》，商務印書館 2011 年版）中，就自豪地宣稱，「《四部叢刊》之刻，提挈宏綱，網絡巨帙，誠可云學海之鉅觀，書林之創舉」。關於《四部叢刊》的特點和優長之處，通過與以往同類書比較後張元濟總結了叢刊之「七善」：一是所收之書，「皆四部之中家弦戶誦之書，如布帛菽粟，四民不可一日缺者」。二是與過去「裁剪」者不同，叢刊「仍存原本」。三是「廣事購借，類多秘帙」，以舊本爲貴。四是將學者「所求之本具於一編，省事省時」。五是運用石印新技術，冊小而字大，便於收藏和閱讀。六是版型紙色均佳，堪稱「精雅」。七是售價優惠，加上預約更加划算。關於第七善，原文是：「夫書貴流通，流通之機在於廉價；此書搜羅宏富，計卷逾萬，而議價不特視近日舊籍廉至倍蓰，即較市上新版亦減之再三。復行預約之法，分期交付，既可出書迅速，使讀者先睹爲快，亦便分年納價，使購者舉重若輕，其善七矣。」這是典型的「王婆賣瓜」語氣，也是高超的廣告藝術，但條條說到了點子上。對於這類大型的國學典籍叢書，沒有深厚的國學根柢，以及

對古舊圖書市場的諳熟，毫無疑問是難以宣傳到位的。可見，小廣告中也有大學問。「百衲本」《二十四史》刊行時，張元濟也撰寫了「前序」（收入《張元濟論出版》，商務印書館 2011 年版），在該序的結尾有這樣一段話：

> 長沙葉煥彬吏部語余：「有清一代，提倡樸學，未能彙集善本，重刻《十三經》、《二十四史》，實爲一大憾事。」余感其言，慨然有輯印舊本正史之意。求之坊肆，匄之藏家，近走兩京，遠馳域外。每有所覯，輒影存之。後有善者，前即捨去，積年累月，均得有較勝之本。雖舛錯疏遺，仍所難免，而書貴初刻，洵足以補殿本之譌漏。誦校粗畢，因付商務印書館，用攝影法覆印行世。縮損版式，冀便巾箱；眞面未失，無慮塵葉。或爲有志乙部者之一助歟！

「百衲本」《二十四史》梓行開始於 1930 年，中經「一・二八」事變，直到 1936 年才全部完成。全書分裝 820 冊。所謂「百衲本」，是指採用的各種版本，殘缺不全，彼此補綴而成，有如僧服的「百衲衣」一樣。其實，在該書開始刊行的 20 年前，張元濟就在進行相應的準備工作了，數十年嘔心瀝血，終成巨帙。這篇序略述訪書之過程，搜羅之艱辛，誦校覆印之情形，絕非一般的圖書宣傳廣告所能比。1930 年 6 月 1 日《申報》頭版用整版篇幅刊登了「百衲本」《二十四史》的廣告，6 月中旬到 8 月底，幾乎每兩三天就在頭版登半版廣告，形式變換，內容豐富。廣告上有百衲本與殿本對比的校樣，有北平、南京、瀋陽、漢口等地報刊對「衲史」的評論摘要；此外還印製了不少「樣本」，刊登序言，介紹各史書版本，選擇一二樣張，給讀者以直觀印象。樣本有目的地分贈各地藏書家、學者、學校、圖書館，也在發行所和各分館免費任讀者閱讀、索取。據 1930 年 9 月 17 日張元濟致傅增湘信所言，「百衲本」《二十四史》僅發售預約就超過一千部。1932 年 11 月 4 日張元濟在給丁桂英的信中說，《東方雜誌》所登「百衲本」《二十四史》廣告「仍戰前之言，殊有不合，趕緊停印，改撰」，要求「以後關涉是書廣告，務先送鄙處看過再發，以免歧誤」。可見張元濟對廣告宣傳之認眞、之重視。1933 年 12 月，張元濟還撰寫了「百衲本」《二十四史》出書通啓」（收入《全集》第 10 卷），亦帶有特殊背景（突遭國難）下的廣而告之之意。張元濟其它眾多經、史、子、集的序跋文字，也都包蘊著豐富的帶有推廣意味的內容。如 1937 年 6 月撰寫的《景印〈國藏善本叢刊〉緣起》（收入《全集》第 10 卷）末尾說：「茲編之成，庶兼兩美：所採皆學人必備之書，所摹爲流傳有緒之本。非僅供儒

林之雅玩，實以樹學海之津梁。搜奇採逸，期爲古人續命之方；取精用宏，差免坊肆濫竽之誚。」這個《善本叢刊》第一輯還編印了廣告性質的《樣本》，每種書的提要也由張元濟親自撰寫。在張元濟的序跋、識語一類文字中，像這種帶有營銷宣傳性質的還有不少。

總起來看，張元濟的圖書宣傳屬於專家推薦型。不同於當下大眾媒介上的眾多假專家（網友戲稱爲「磚家」）的裝腔作勢、胡吹海吹，張元濟是眞正的一流編輯出版家、一流的版本目錄學家，其宣傳性文字雖有一定的推銷意圖，但都是實事求是，富有專業的深度和高度，含有濃濃的書卷味。這也是晚清民國時期眾多編輯出版大家如魯迅、茅盾、葉聖陶、鄭振鐸、巴金、趙家璧等人書刊宣傳的共同特徵，值得今天的書業界學習。

（原載《張元濟研究》2013 年第 2 輯）

附錄六：張元濟與商務印書館電影部

一

　　晚清民國時期的上海，有「東方好萊塢」之稱。作為中國電影搖籃的上海，在很長時間裏一直是國內電影的製作中心，是優秀電影人才和資金集中的地方。中國 90%以上的電影攝製在這裏進行，上海各大電影公司製作的電影，影響一直輻射東南亞。在 20 世紀 40 年代以前，上海也是亞洲豪華電影院最多的大都市。而無論在上海還是中國電影發展史上，晚清民國時期著名的書業龍頭企業——商務印書館都在其中佔有重要的一席之地。

　　早期的商務印書館得益於夏瑞芳與張元濟的珠聯璧合。1902 年張元濟正式加盟商務後，夏、張二人互相信任，優勢互補，密切配合，使得商務印書館完成了由主要是單純致力於印刷業務，向多元化的現代文化出版企業的轉型。在這個期間，商務印書館還在國內剛剛起步的電影領域進行了積極而有益的探索，值得我們關注。

　　在商務成立前一年的 1896 年 8 月 11 日，電影遠涉重洋來到了中國。上海徐園的「又一村」放映了「西洋影戲」，這是電影在中國的第一次放映。1897年 7 月，美國商人雍松將美國片帶到上海，先後在天華茶園、奇園、同慶茶園等處放映。1899 年，西班牙商人加倫·白克來到上海，帶來了一部半新不舊的放映機和幾本殘舊的短片，在福州路的茶樓裏放映。後來，加倫·白克將設備和影片全部轉讓給了他的西班牙朋友雷瑪斯。雷瑪斯經營有方，在 1908年建造了著名的虹口大戲院，還組織了「雷瑪斯遊藝公司」。作為新生事物，電影進入中國，成為大都市一種新的娛樂方式，受到了大眾的喜愛，也使得

中國人產生了自己拍攝影片的願望。1908 年，國人嘗試在北京攝製影片，內容是京劇《定軍山》中的請纓、舞刀、交鋒等幾個場面，是由著名京劇演員譚鑫培表演的。因為是無聲片，只能拍攝一些動作較多、富於表演性的場面。而當時還沒有電影製片廠這樣的專門機構，第一個「吃螃蟹者」是琉璃廠的豐泰照相館。該照相館是在露天廣場，利用日光代為拍攝的。1909 年，美國人布拉士其在上海組織亞細亞影戲公司，攝製了《西太后》、《不幸兒》等片子，此外還拍過一些新聞片和風景片。中國人張石川、鄭正秋等組織了「新民公司」，與亞細亞公司合作，承擔了亞細亞的編劇、導演和雇傭演員等相關工作。1916 年，張石川、管海峰等在上海徐家匯成立了自己的「幻仙影片公司」，拍攝了《黑籍冤魂》。幻仙影片公司儘管受到觀眾的歡迎，但也只是曇花一現，不久即因資金周轉不靈而宣告停業。（程季華：《中國電影萌芽時期簡述（1899～1921）》，載《中國電影》，1956 年第 1 期（創刊號））

電影，正如程季華所說，是一種企業，屬於文化工業範疇。它需要有相當數量的資金和雄厚的技術設備，始可著手攝製，並堅持下去。因此，電影在中國出現後，雖然引起了一些知識分子的重視，並且也有人嘗試攝製了一些短片。但由於缺乏足夠的資金和相應的技術裝備，並沒有能順利地開拓和發展我國自己的電影事業，再加上一切技術設備及膠片供應等都完全依賴外國，萌芽和初創時期我國的電影事業一直發展緩慢。正是在這種背景下，商務印書館開始在新興的電影行當試水，並作出了自己的貢獻。

關於商務印書館是如何涉足電影業的，親歷者楊小仲導演曾經回憶說：「1917 年的秋天，商務印書館由於該館交際科長謝賓來的介紹，向一個美國人購買了一批拍攝電影的器材，於是在該館印刷所照相部隸屬之下成立了活動影戲部，開始拍攝了一些新聞紀錄片、古蹟風景片和一些文明新戲式的短故事片。1919 年底、1920 年初，美國環球影片公司來滬拍攝連集長片《金蓮花》中的一部分在中國的外景，該館給予幫助，並將照相部設備供與使用。該攝影隊返國時，即將帶來的炭精燈和一些攝影器材售與商務印書館，活動影戲部乃得到進一步的擴充，改名為電影部，直接由印刷所管理，於 1923 年開始拍攝大型故事片。至 1926 年，由該館分出改組為國光影片公司。」（楊小仲：《憶商務印書館電影部》，載《中國電影》，1957 年第 1 期）這個國光公司維持了僅一年多，到 1928 年就結束了。1932 年，商務印書館的電影拷貝和幾乎所有相關文件毀於戰火。

關於商務印書館電影部（這裏所稱「電影部」包括早期的「活動影戲部」，回憶者也稱「影片部」），我們還可以從一些資料上知道更多細節。比如起初從美國商人手裏盤下的攝影機是「百代」舊式駱駝牌的，價格算很便宜了，只需 3 000 元；另外還有放光機 1 臺，底片若干尺。商務還專門派鮑慶甲到美國實地考察印刷業和電影業，回國後就正式成立活動影戲部。活動影戲部成立時，聘請曾任基督教會報刊編輯的陳春生爲部主任，又調印刷所裝訂部的任彭年做助手，而攝影師則聘請了留美歸國學生葉向榮。他們在上海寶山路商務印書館印刷所四樓照相製版部內，建了一個長方形的玻璃屋頂攝影棚，這在當時是最先進的。後來，這個攝影棚主要用來租給其它沒有大廠的小公司拍片子用。

商務印書館的電影拍攝無論是在影片內容上、類型上，還是技術上，都有過嚴肅認眞的探索，並奠定了良好的影片類型規範和技術基礎，在一定程度上開創了中國電影史的新紀元。商務電影部的影片涉及新聞、記錄、宣傳、科教、舞臺藝術、虛構故事等重要的電影類型。商務電影部拍攝影片的初衷，是「抵制外來有傷風化之品，冀爲通俗教育之助」。可見，他們的電影活動與出版活動類似，皆有「扶助教育」、提升國民素養的良好願望。因此，電影部拍了不少教育片，如介紹新興教育事業及體育、軍事教育的《盲童教育》、《慈善教育》、《女子體育觀》、《陸軍訓練》等；還拍攝了時事教育類的電影，如《歐戰祝勝遊行》、《東方六大學運動會》、《國民大會》，等等。更多的還是直接配合學校課堂教學和愛國教育的風景片，如《北京風景》、《長江名勝》、《浙江潮》，等等。這些影片的拍攝，創作態度嚴謹，同時又富有探索精神。而在故事片創作中，商務電影部涉足喜劇片、正劇片、武俠片、神話片等不同的電影類型模式。1920 年攝製完成的新劇《車中盜》獲得巨大的成功，並且成爲中國電影史上第一部類型片。而商務電影部 1921 年拍攝的 3 卷《第五屆遠東運動會》，也屬於我國新聞紀錄片的開先河之作。它的教育片製作，同樣也是具有開創性意義的。（陳江：《我國電影史上的商務印書館》，見《商務印書館一百年》，商務印書館，1998 年）

在電影技術和藝術手段上，商務印書館電影部也多有創新和開拓。根據《聊齋誌異》中的《嶗山道士》改編的神話劇《清虛夢》，採用了水缸破而復原、人走入牆壁中、對象自己會動等特技，成爲我國第一部用特技攝影的影片。在影片製作中，楊小仲導演等大膽試驗和探索，如第一次用電力大風扇

創造出風雨之景，第一次用模型和布景相結合創造出活靈活現的火燒場面，還有意識地將許多自然風光的空鏡頭插入電影之中，以「蒙太奇」的形式反映人物的內心活動和思想感情。除此之外，商務印書館電影部還依託自身企業管理與經營的良好基礎，不斷完善電影部的管理體制和生產方式，盡量謀求經濟與藝術的共贏。

二

關於商務印書館電影部與張元濟的關係，過去未見有專門文章論述。筆者認為，夏瑞芳 1914 年遇刺逝世後，在商務的企業經營中張元濟發揮了越發重要的作用。而商務印書館電影部從創辦到消逝的十一二年，也正是在張元濟擔負極重要管理職責期間。我們有必要梳理、勾勒一下張元濟先生與商務電影部的關聯之處。因為這方面的資料甚少，只好主要依據張先生本人的日記和《張元濟年譜》等來做些歸納和整理。

夏瑞芳去世後，接任的總經理是頗具才幹的企業家印有模，可惜他也在 1915 年病逝。而代之者是屬於「教會派」的商務元老高鳳池。張元濟則在 1916 年擔任經理（相當於副總經理）。實際上便由過去的「夏張配」變成了「高張配」，二人共同主導商務印書館的館務，但他們的相互配合並不默契。1920 年，張元濟、高鳳池改任監理，鮑咸昌任總經理一職。商務印書館電影部的成立、發展恰恰是在這個階段。《商務印書館百年大事記（1897～1997）》在「1918」條下記載：「設活動影戲部。」「活動影戲部 1918～1926 年先後拍攝梅蘭芳的戲劇片《天女散花》、《春香鬧學》兩部，教育片《兒童教育》、《養真幼兒園》、《養蠶》，風景片《南京名勝》，新聞片等數十部。——摘自檔案資料。」《大事記》的「1926」條下僅記這樣一句話：「活動影戲部改組為國光影片公司，獨立經營。」而這一年，「張元濟辭監理職，被推為董事長」。

查詢《張元濟日記》等可知，張元濟對於商務活動影戲部（電影部）的成立、經營和管理是頗為關注的。1918 年 1 月 22 日的日記有載：「翰在會議室又言、活動影片部已費去若干資本、宜決定如何進行。余意首要得人、次須取得版權。前郭洪生到日本、曾與日本電影公司談過。余意擬派人前往考查、一面並與日人商議合辦之法。」這裏的「翰」即高翰卿，也就是高鳳池（字翰卿）。張元濟一向重視選人用人，這裏首先強調「得人」；版權意識是一種現代觀念，商務也是最早由張元濟與嚴復簽訂了中國歷史上第一份版權

合同，搞電影顯然也有版權問題；至於與外商合作，商務早期無論是印刷，還是教科書編輯，都得益於日本技師、專家甚多，因此張元濟提出與之「合辦」影戲部的建議。張元濟與高鳳池的配合遠不及與夏瑞芳默契，他的這些想法能否都得到支持就大可懷疑。同年 1 月 29 日的日記即可爲證：「電燈影片事。議定、先請杜就田到廠、與郁君等研究、再赴日本考察。目前先就教育、實業、風景三項酌制。如成二三萬尺，即可出租於人。余意能與日本電影公司合資，可得人才、可得版權。同人多不贊成。且俟到日考察後、如何情形再定。」活動影戲部的重大問題，張元濟一直是參與其中，並積極建言獻策，且大多從戰略出發（與外資合作），有市場意識（考慮「出租」影片）。

1919 年，張元濟日記中與活動影戲部有關者有 6 條。（1）是年 1 月 21 日，「演試焚土影片」。（2）3 月 15 日，發信「伯恒、爲活動影片事、電促夢回」。「伯恒」即孫伯恒，爲商務印書館北京分館經理，「夢」指高夢旦。至於「活動影片事」具體何事，因記錄簡略不得而知。（3）4 月 10 日，致信傅增湘，告知《百衲通鑒》棉紙印就即運，又《四部叢刊》擬目及「影片免稅」之事。（4）4 月 14 日，「爲影片遞呈事」，給孫伯恒寄信。張元濟給北洋政府的呈文寫道：「（自製活動影片）分運各省城商埠，擇地開演，藉以抵制外來有傷風化之品，冀爲通俗教育之助，一面運銷外國，表彰我國文化，稍減外人輕視之心，兼動華僑內嚮之情。」本是爭取影片的免稅優惠政策，屬於「在商言商」，但張元濟很懂得「講政治」，呈文從敦風俗、施教化，以及文化「走出去」，增強民族向心力、凝聚力的高度來論析，頗有說服力。（5）5 月 6 日，商務印書館召開公司第 220 次董事會議，推舉鄭孝胥爲董事長。張元濟參與會議並提出購買政府公債等提案。他當日的日記記載：「約請鮑王諸君、一商發售活動影片事。」「鮑」即鮑咸昌、「王」爲王顯華，二人皆爲公司高管。（6）5 月 7 日，張元濟又與鮑咸昌、鮑慶甲商議「影片進行、與外國聯絡，並赴各地試演攝照辦法。又後日赴富春江攝照，又照蠶織各事種種辦法」。這裏就涉及活動影片部具體的工作了。可見，張元濟對活動影戲部既有宏觀戰略決策，爭取政府政策支持上的參與；也有較爲微觀切實的如製作內容、拍攝題材，以及推廣發行方面的關心和指導。

從 1920 年起張元濟不再擔任經理之職，雖還以董事和監理的身份參與商務印書館的重要決策與相關工作，但顯然比以前管得少一些，也不那麼具體了。從 1920 年到 1923 年的 4 年間，與活動影戲部（電影部）相關聯的主要

有以下幾次：（1）1920 年 1 月 2 日日記記載：「製造影片事。余函知陳春生、可與美國某公司接洽。係郭生所介紹。」陳春生就是前面提及的活動影戲部主任。（2）同年 5 月，梅蘭芳應李宣龔邀請，來商務印書館電影部拍攝戲曲片《春香鬧學》、《天女散花》，張元濟很關注這件事。《天女散花》借天蟾舞臺開拍時，張元濟還親自到現場觀看。此事梅蘭芳在《我的舞臺生活》中也有記載。（3）1923 年 1 月 16 日，商務印書館第 278 次董事會召開。在會上董事郭秉文提議，公司日下經濟寬裕，製造活動影片一項已有銷路，似可加以擴充。對此，張元濟提出：「郭君提議本日可以先行記錄。一面由總務處核定後提請下次會議再行討論。」（4）1923 年 5 月 12 日，與蔡元培一起去青年會觀看有關相對論的影片。（5）1923 年 7 月 24 日，商務召開第 284 次董事會議，議題之一是討論電影部（又稱影片部）發展特別是硬件建設問題。就影片部在花棚原址改建一事，張元濟提議：「公司於影片部事屢謀發展，總以難得具體辦法而止。近時雖因聞孔雀公司來華將有大舉，恐公司難與競爭，曾主停辦。旋以同人多主繼續，鄙意不進則退，應就現狀稍稍擴展，建築費一千七百餘兩。」各位董事都沒有異議。

根據楊小仲回憶，大約是在 1925 年，張元濟有感於電影部陳春生、任彭年等人製作的影片，不能與一些新興電影公司相抗衡，尤其是在教育方面也不能起到大的輔助作用，於是，向曾經創作《好兄弟》劇本、時任機要科服務股股長的楊小仲徵詢改革電影部的意見。楊小仲寫出了萬言意見書呈報給張元濟，張元濟給予認可，並用紅筆批註後，轉交給高鳳池；但高鳳池對此態度比較冷淡。後經過討論協商，決定由楊小仲主持，先試拍一片，用來比較。於是，楊小仲著手自編、自導《醉鄉遺恨》。到第二年 5 月拍攝完成後公映，得到社會好評。著名導演鄭正秋等人讚揚該影片與中國電影前途大有關係。這部影片的成功，也促成了商務印書館擴大改組電影部。1925 年 12 月 8 日，商務的第 310 次董事會議上，總務處報告說，本公司民國六年（1917 年）間創設影片部，現影業競爭甚烈，用人、行政有非公司章程所能限制，提議另組公司為妥。張元濟說：「影片部雖另組公司，不過形式上一種表示，其完全主權仍為公司所掌。若添招外股，意見難免參差，於管理上轉有不便。」於是，董事會經過討論後決定，影片部照准所擬另組公司，一切辦法由總務處擬定並報告董事會。1926 年商務電影部另組公司之後，經營和發展並不理想，因此存世的時間也就不長。楊小仲說：「至 1928 年，國光影片公司虧蝕

甚多，商務印書館董事會就決定將國光影片公司解散結束。」（楊小仲：《憶商務印書館電影部》，載《中國電影》，1957 年第 1 期）這裏，人的因素也是很重要的，商務高層意見的不一、具體支持措施不到位等也是原因之一。張元濟強調「得人」確實是很有遠見的。

通過以上梳理我們看到，商務印書館電影部在創建、發展過程中，尤其是在創業階段，張元濟一直是十分關注、積極支持的。他注重電影的社會功能和文化責任，強調其思想傾向和文化品位。但作為企業家，張元濟不僅講社會效益，同時也「在商言商」，高度重視經濟效益和可持續發展。在他看來，商務的電影部要麼服務教育、服務出版，為商務的主板塊業務發揮積極作用，間接獲取經濟利益；要麼完全按照市場化原則，進行公司化運作，參與市場競爭，接受同業的挑戰與受眾的檢驗。專業人做專業事，當電影專業化程度越來越高，專門的電影公司發展越來越成熟，市場競爭越來越激烈時，商務印書館急流勇退，退出電影行業，未嘗不是明智之舉。不過，商務印書館電影部在中國早期電影發展史上的探索和貢獻，應該也已經載入史冊。它的成功與失敗，經驗與教訓，也或多或少給我們今天的出版傳媒集團多元化發展一些借鑒和啟示。

附錄七：兩件有價值的出版史料

近來興趣集中在中國近現代出版企業制度研究方面，因此特別留心與之相關的史料。閱讀上海市檔案館編著的《舊中國的股份制（一八六八～一九四九年）》，發現中間有兩種比較重要的出版史料。一種是關於中國書業有限公司的，屬近代；另一件是關於良友圖書印刷股份有限公司的，屬民國。這兩件史料沒有被張靜廬編的《中國近現代出版史料》（八卷本，上海書店出版社影印再版）收錄，宋原放主編的《中國出版史料》「近代部分」、「現代部分」（湖北教育出版社、山東教育出版社出版）也均未收入。而汪耀華選編的《民國書業經營規章》（上海書店出版社出版）同樣沒有涉及良友圖書印刷股份有限公司。鑒於兩份史料的重要價值，加之《舊中國的股份制（一八六八～一九四九年）》一書刊印僅千冊，流佈不廣，治出版史者很少注意到，因此有介紹的必要。下面筆者對這兩件重要的出版史料分而述之。

一

書中收有中國書業有限公司的史料有二：一是《中國書業有限公司緣起》（以下簡稱《緣起》），一是公司的《章程》。（上海市檔案館編著：《舊中國的股份制（一八六八～一九四九年）》，中國檔案出版社，1996 年，第 90～95 頁）

《緣起》的文字不是很長，不妨抄錄如下：

> 保固有之勢力，關將來之利益，以為我社會擴充生計者，商業而已。傳先哲之精蘊，啟後學之童蒙，而為我國家培育人材者，書籍而已。至經商而專業為書，則國家教育之成敗，社會進化之遲速，

悉於是託命焉。其業之隆替，即以人材之多寡，爲實驗之衡。書業
而有失敗，即國家社會之運命，亦將隨以中蹶，其所繫顧不重哉。
印版書之發明也，典籍流傳，爲之大增。中興以來，書業之盛，以
粤、蜀、江、湘爲最。中省刊行之本，衣被遍天下。自西人聚珍石
印之法，輸入中國，而刊目之用，日形其絀，至今日而幾絕響矣。
邇者朝廷停罷科舉，廣開學校。舊時典冊，不適教科，庠序之中，
咸欲購取新編，以供訓迪。海內達識之流，聞風興起。滬上一埔，
書肆林立。進步文明，此實先導。然而經營伊始，缺點實多。無消
息以相關通，無章程以相部勒。同一有用之書，而彼此編譯，各自
爲謀。憂者猶思創作，黠者不恥襲取，面目改變，則專利無權辭義
雷同，則購資虛耗。推其流弊，悉數難終，小則喪失信用，大則貽
誤學術。使非有以整齊而劃一之，幾何不立見失敗也耳？往者同文
書局之設，影印精良，規模宏達，中外推重，卒以經理失宜，重資
虛擲，曾幾何時，戛然中止。前車之鑒，其可不深長思耶？用敢不
辭苦口，敬告同人，凜優勝劣敗之危言，據同舟共濟之大義，重鳩
團體，明定商聯，合各省爲大群，化幺匿爲拓聲，以拯國覺民爲天
職。宗旨必期相同，以大局公益爲指歸，利害必思與共。謹定名曰：
中國書業有限公司。用競爭於對外，萃秦越爲一家，則我書業之宏
大博實，莫之於京，而互相砥礪，益求精善，其影響於國家社會者，
庸有既哉！

這份資料也包括章程，檔案的原件均沒有標注年月，據上海市檔案館研
究人員考訂，時間應是 1905 年 7 月。《公司章程》包括正本的 35 條，另附有
《現行招股章程》。《公司章程》第一款「名號」中第一條曰：「本公司以聯合
全國書業團體，共享固有之利權，輔佐教育普及，驅策文明之進步爲宗旨。
故定名爲：中國書業有限公司。遵照欽定大清商律有限公司章程，在商部呈
請註冊。」第二款是「營業」方面的，第二條這樣說明：「本公司係辦理各種
石印、鉛印、銅版、印刷，翻譯各種書籍、圖畫，發行雜誌，製造標本，鑄
售銅模，銅版、鉛字、鉛版，並製造運售學校一切用品及印刷機器紙張、物
料等。」第三款是「營業地方」，標明爲「上海英租界」，「編輯所、印刷所先
行賃屋開辦，再行擇地建造」。本款有 4 條，涉及本埠、外省，乃至偏僻之區，
內容詳盡，不贅述。第四款的 5 條，是關於「股本」的，其中第七條云：「本

公司股本共集銀圓五十萬元，分作五萬股，每股計銀圓十元。先收二十萬元，作爲有限公司優先股。除本埠創辦同業先認十萬之外，再招外股十萬元（除本埠同業外，學界、商界皆得預股）。其餘三十萬元，作爲普通股，俟辦有成效，需用款項，分三次續招，須於兩個月前登報布告。」第九條則申明「本公司爲中國書業同人組織創辦，並爲保全華商利益起見，故專收華人股本」。第五款的 4 條分別論述「股東權利」。第六款「辦事權限」是關於董事、司理（即現在的經理）、查賬等人員責權利及辦事規則等問題。第七款爲「分派利息」。第八款是「附則」。《現行招股章程》文字不長，亦全文轉錄：

　　一、本公司創辦人，共認定一萬股，其餘一萬股在外招集。凡屬華人，均可附股。

　　二、發起贊成，不支薪水，不沾利益。俟公司成立，即行告退，歸入股東。

　　三、本公司收股銀日期，以本年七月初一日爲始，以拾月三十日截止。如於限内股數已足，即行登報停收。

　　四、凡願附股者，於七月初一日後、十月三十日前，開具店號、姓名、籍貫、住址，向本公司代收股本處掛號，並將所認每股三十元，同時繳納，製取收據。

　　五、收股截止，應換股單，於兩個月內登報布告。

　　發起者：中西書局　公藝書局　會文學社　同文書社　寶善齋文富樓　文盛書局　讀味樓　彪蒙書室　同文晉記　新學界圖書社文通書局

　　這些發起單位，有的是我們熟悉的，出版史上有明確記載；更多的是大家不太清楚的。這裏，我們還有一點疑問提出來討論。上述兩份史料，編著者是分列於「中國圖書公司」下的。分明標明是「中國書業有限公司」，爲什麼冠以「中國圖書公司」的總帽子呢？我們推測是館藏檔案原件整理者這樣標注的。其實，從《緣起》和《章程》的實際內容看，叫「中國書業有限公司」名副其實，因爲它的經營範圍不限於圖書出版發行。

　　至於中國圖書公司或稱中國圖書有限公司，晚清民國時期上海倒是有過兩家。據朱聯保編撰《近現代上海出版業印象記》記載：1906 年蘇州洞庭山人席子佩（裕福）與曾少卿發起組織中國圖書公司，以出版小學教科書爲業

務重心。席、曾兩人都是上海的大資本家；他們拉南通張謇爲董事長。這個公司於 1914 年 4 月關閉，出盤給了商務印書館，改名爲中國和記圖書公司。（見朱聯保編撰：《近現代上海出版業印象記》，學林出版社，1993 年，第 103 頁）這個中國圖書有限公司成立時曾在《申報》刊登廣告，宋原放主編的《中國出版史料》收錄了該公司的《招股緣起》、《章程》以及《開收股份廣告》。（宋原放主編，汪家熔輯注：《中國出版史料》（近代部分　第三卷），湖北教育出版社、山東教育出版社，2004 年，第 151～158 頁）同是這一家公司，《上海出版志》所記有所不同，其「1843～1949 上海出版機構一覽表」中，中國圖書公司的創辦時間標注爲 1908～1918 年，地址在河南路（今河南中路），創辦人、主持人爲席豫福、傅子濂等。（見《上海出版志》編纂委員會編：《上海出版志》，上海社會科學院出版社，2000 年，第 251 頁）「豫福」顯然是「裕福」之誤。席子佩（？～1929），原名裕福，字子佩，祖籍江蘇吳縣洞庭東山，遷居青浦（今屬上海市）朱家角鎮。清光緒二十三年（1897 年）冬其兄席子眉病逝，繼任《申報》經理。美查公司因《申報》營業不振，於光緒三十二年（1906 年）正式以 75 000 元代價將《申報》全部產業出讓給席子佩等人。清宣統元年（1909 年）正式簽訂合同，主權移歸國人。民國元年（1912 年）席等又將《申報》產業以 120 000 元代價轉讓給史量才。可見，席子佩辦中國圖書有限公司，正是他接掌《申報》的初期。此公司與我們前面所敘述的中國書業有限公司顯然沒有什麼聯繫；而迄今爲止，還未見有關於中國書業有限公司的考證與分析。因此之故，上海市檔案館的那份史料也彌足珍貴。

二

良友圖書印刷公司，是由廣東人伍聯德集資創辦的一家以印刷業務爲主的機構，發展成以出版爲主的新型出版社。公司從 1925 年 7 月 15 日正式開張到 1946 年五六月間宣告停業，前後經歷了二十多年的時間。在我國近現代眾多的中小型出版機構中，算得上是歷史比較悠久、影響也比較大的一家。（王余光、吳永貴：《中國出版通史》（民國卷），中國書籍出版社，2008 年，第 116～121 頁）良友公司是股份制的形式，起初主要從事印刷，稱良友印刷公司。

據曾擔任過《良友畫報》主編的馬國亮回憶：在良友公司史上，有幾次招股融資活動。「良友開創之初，曾先後招股了兩期：第一期爲四萬元，第

二期爲六萬元。」「一九二九年初，爲了更大地發展業務，良友公司又再一次擴充招股。」這次「共招十萬元，分爲一千股，每股百元，然後成立『良友圖書印刷股份有限公司』」。（馬國亮：《良友憶舊：一家畫報與一個時代》，生活・讀書・新知三聯書店，2002 年，第 47 頁）而我們參照《上海通史 第10 卷・民國文化》，注意到兩點不同：一是公司成立時間。二是第三期招股時間。（許敏：《上海通史 第 10 卷・民國文化》，上海人民出版社，1999 年，第 200 頁）該書論述如下：「1926 年底將公司遷至北四川路 20 號 B（商務印書館對面、伊文思書局隔壁），增添機器，經營出版，加設出版部，爲良友圖書印刷公司，並且開始編輯出版其它書籍。」「1928 年公司全年營業額二十五萬多元，其中印刷占 33%，出版占 52%，其它體育用品占 15%。另外，已在香港、廣州、梧州設立分公司。1928 年 11 月公司利用良友雜誌良好的社會影響，向社會公開招募 10 萬元（每股 100 元，共 1,000 股，其中 400 股向老股東定向募集，另外 600 股向社會公開發售），將股本擴大到 20 萬元。到 1931 年，在公司創辦 7 週年之際，公司的年營業額已達到 53.4 萬餘元，還在全國和海外設立了 10 家分公司。良友已經成爲全國一家知名的文化機構。這年 10 月，良友公司又一次擴充資本，向社會公開招股。此次同樣招股 1,000 股（每股 100 元），40%向老股東定向募集，60%面向社會。經過這樣擴張，公司的實力大大加強。」筆者的這些數據主要來自《上海良友圖書印刷有限公司第二次擴充招股簡章》、《創業七週年記》（《良友》1931 年 10月第 62 期）、《1930 年 8 月 15 日上海良友圖書印刷有限公司第二次公開招股簡章》。

到底是 1928 年 11 月還是 1929 年初，良友公司再次面向社會招股，合理的解釋是，1928 年 11 月公司公開發佈招股簡章，實際招股工作的完成在 1929年初。馬國亮先生是憑記憶寫作的，說的大體也不錯。至於良友圖書印刷股份有限公司正式註冊成立的時間，馬國亮說是 1929 年，許敏說是 1926 年，看來值得商榷。筆者覺得，《舊中國的股份制（一八六八年～一九四九年）》所收錄的有關良友公司的幾種史料有助於解開這個疑惑。

書中收錄的第一種史料是《良友圖書印刷股份有限公司創立會議決錄（1927 年 7 月 15 日）》。這個《會議決錄》文字不多，抄錄如下：

> 中華民國十六年七月十五日，良友圖書印刷股份有限公司在上
> 海北四川路本公司內舉行創立會，計劃到會股東五十二戶，計五百

六十二股；每股一權，計五百六十二權。即行開會，會推余漢生君
爲臨時主席，報告籌備經過情形，經眾認爲滿意，遂由主席將公司
章程逐條宣誦，略經修改，即行通過。繼由各股東投票選舉董事、
監察人，選舉結果如後

　　董事：李自重　　五百六十權

　　　　　李偉才　　五百三十二權

　　　　　洪我仙　　五百十二權

　　　　　伍聯德　　五百零四權

　　　　　陳爵信　　四百八十四權

　　　　　余漢生　　四百六十八權

　　　　　劉維賀　　四百四十權

　　　　　黃保民　　三百八十五權

　　監察人：陳炳洪　　五百五十四權

　　檢查資產員，當議決由全體董事、監察人依照公司條例第一一
四條之規定，詳細檢查報告本會。會議畢，略用茶點，遂即宣告散
會。

　　臨時主席　　余漢生

　　可見，股東正式議決成立良友圖書印刷股份有限公司是 1927 年 7 月 15
日。此前公司自行如何稱謂，與到政府有關部門登記註冊，還是有出入的。
此次會後，公司應該是正式向國民政府的全國註冊局遞交了有關材料。1928
年，全國註冊局批令（第 2260 號）就是給良友公司的回覆：

　　批良友圖書印刷股份有限公司代理人潘序倫呈乙件，代理呈請
公司成立註冊由。呈件均悉。查所報告各件大致尚無不合，惟公司
章程第三十六條關於公積金之提存未按照《公司條例》第一百八十
三條辦理，應修正；又股票樣張印有摘錄章程，其第三項載本公司
股息訂週年一分，按之原章，並無此項規定，究以何爲據，應刪除。
統仰遵辦具覆。此批。

　　中華民國十七年九月十五日

　　局　長　李宗侗

　　　　副局長　任祖棻

　　這便是有關良友公司的第二種史料。全國註冊局批覆下達後，良友圖書印刷股份有限公司就算名正言順了。公司按照有關法律要求，很快在 1928 年 9 月出臺了《良友圖書印刷股份有限公司章程》和《上海良友圖書印刷公司董事會章程》。這兩份文件與一般公司章程和董事會章程沒有很大的區別。《公司章程》的原始檔案缺第十一條。章程的「第一章　總則」如下：「第一條　本公司依照現行公司條例股份有限公司之規定，定組織名為：良友圖書印刷股份有限公司。第二條　本公司設總公司於上海北四川路，分公司在香港、廣州及其它大城市。第三條　本公司專營印刷及出版事業。第四條　本公司營業年限自成立起永遠成立。第五條　本公司之公告方法以通函及登載上海通行日報兩種以上。」公司的註冊資本是 20 萬元，分為 2,000 股。全部章程除「總則」外，另有「股份」，「股東會」，「董事、監察人」，「會計」，「附則」幾章。《董事會章程》有 18 條，對董事的產生及補選辦法、董事的任職資格及責權利、董事會的召開等有明確細緻的規定，不再贅述。看來，馬國亮先生說良友圖書印刷股份有限公司正式成立是 1929 年是不夠確實的。公司大致的發展過程及名稱演變應該是：良友印刷公司（1925 年）——良友圖書印刷公司（1926 年）——良友圖書印刷股份有限公司（1928 年）。

（原載《出版史料》2012 年第 4 期）

參考文獻

一、著作部分

1. 商務印書館編，商務印書館九十年——我和商務印書館〔M〕，北京：商務印書館，1987。

2. 商務印書館編，商務印書館九十五年——我和商務印書館〔M〕，北京：商務印書館，1992。

3. 商務印書館編，商務印書館一百年〔M〕，北京：商務印書館，1998。

4. 商務印書館編，商務印書館百年大事記（1897～1997）〔M〕，北京：商務印書館，1997。

5. 商務印書館編，商務印書館一百一十年〔M〕，北京：商務印書館，2009。

6. 朱聯保編撰，近現代上海出版業印象記〔M〕，上海：學林出版社，1993。

7. 王學哲，方鵬程，勇往直前　商務印書館百年經營史（1897～2007）〔M〕，臺北：臺灣商務印書館，2007。

8. 王學哲，方鵬程，商務印書館百年經營史（1897～2007）〔M〕，武漢：華中師範大學出版社，2012。

9. 中共上海市委黨史研究室，上海市總工會編，上海商務印書館職工運動史〔M〕，北京：中共黨史出版社，1991。

10. 汪耀華編選，民國書業經營規章〔M〕，上海：上海書店出版社，2006。

11. 〔法〕戴仁，上海印書館 1897～1949〔M〕，李桐實，譯，北京：商務印書館，2000。

12. 王雲五，商務印書館與新教育年譜（全二冊）〔M〕，南昌：江西教育出版社，2008。

13. 史春風，商務印書館與中國近代文化〔M〕，北京：北京大學出版社，2007。

14. 李家駒，商務印書館與近代知識文化的傳播〔M〕，北京：商務印書館，

2005。

15. 汪家熔，商務印書館史及其它——汪家熔出版史研究文集〔M〕，北京：中國書籍出版社，1998。

16. 楊揚，商務印書館：民間出版業的興衰〔M〕，上海：上海教育出版社，2000。

17. 王建輝，出版與近代文明〔M〕，開封：河南大學出版社，2006。

18. 胡國祥，近代傳教士出版研究〔M〕，武漢：華中師範大學出版社，2013。

19. 〔美〕何凱立，基督教在華出版事業（1912～1949）〔M〕，陳建民，王再興，譯，成都：四川大學出版社，2004。

20. 范軍，中國出版文化史研究書錄（1978～2009）〔M〕，開封：河南大學出版社，2011。

21. 吳相，從印刷作坊到出版重鎮〔M〕，南寧：廣西教育出版社，1999。

22. 吳方，仁智的山水——張元濟傳〔M〕，上海：上海文藝出版社，1994。

23. 王紹曾，近代出版家張元濟〔M〕，北京：商務印書館，1984。

24. 郭太風，王雲五評傳〔M〕，上海：上海書店出版社，1999。

25. 李西寧，人淡如菊——張元濟〔M〕，濟南：山東畫報出版社，1998。

26. 柳和城，張元濟傳〔M〕，南京：南京大學出版社，1996。

27. 張人鳳，張菊生先生年譜〔M〕，臺灣：商務印書館，1995。

28. 張人鳳，柳和誠編著，張菊生年譜長編〔M〕，上海：上海交通大學出版社，2011。

29. 張人鳳，張元濟研究文集〔M〕，上海：上海辭書出版社，2007。

30. 海鹽縣政協文史資料委員會，張元濟圖書館編，出版大家張元濟——張元濟研究論文集〔M〕，上海：學林出版社，2006。

31. 張樹年，我的父親張元濟〔M〕，上海：東方出版中心，1997。

32. 陸廷玨等校點，張元濟日記（上、下）〔M〕，北京：商務印書館，1981。

33. 張人鳳整理，張元濟日記（上、下）〔M〕，石家莊：河北教育出版社，2001。

34. 王建輝，文化的商務——王雲五專題研究〔M〕，北京：商務印書館，2000。

35. 朱永剛，王雲五的出版經營管理思想與實踐〔M〕，上海：華東師範大學出版社，2009。

36. 王建輝，老出版人肖像〔M〕，南京：江蘇教育出版社，2003。

37. 王雲五著，王學哲編，岫廬八十自述（節錄本）〔M〕，上海：上海人民出版社，2007。

38. 徐載平，徐瑞芳，清末四十年申報史料〔M〕，北京：新華出版社，1988。

39. 吳永貴主編，中國出版史（上、下冊）〔M〕，長沙：湖南大學出版社，2008。

40. 宋原放，李白堅，中國出版史〔M〕，北京：中國書籍出版社，1991。

41. 萬啓盈編著，中國近代印刷工業史〔M〕，上海：上海人民出版社，2012。

42. 張秀民著，韓琦增訂，中國印刷史（插圖珍藏增訂本）〔M〕，杭州：浙江古籍出版社，2006。

43. 蕭東發，中國圖書出版印刷史論〔M〕，北京：北京大學出版社，2001。

44. 汪家熔，中國出版通史·清代卷（下）〔M〕，北京：中國書籍出版社，2008。

45. 王餘光，吳永貴，中國出版通史·民國卷〔M〕，北京：中國書籍出版社，2008。

46. 吳永貴，民國出版史〔M〕，福州：福建人民出版社，2011。

47. 葉再生，中國近代現代出版通史〔M〕，北京：華文出版社，2002。

48. 王餘光，吳永貴，阮陽，中國新圖書出版業的文化貢獻〔M〕，武漢：武漢大學出版社，1998。

49. 中國近代現代出版史編纂組編，中國近代現代出版史學術討論會文集〔M〕，北京：中國書籍出版社，1990。

50. 范軍，中國出版文化史論稿〔M〕，武漢：華中師範大學出版社，2012。

51. 楊麗瑩，掃葉山房史研究〔M〕，上海：復旦大學出版社，2013。

52. 戚福康，中國古代書坊研究〔M〕，北京：商務印書館，2007。

53. 錢君匋，書衣集〔M〕，太原：山西人民出版社，1986。

54. 應國靖，現代文學期刊漫話〔M〕，廣州：花城出版社，1986。

55. 俞子林編，百年書業〔M〕，上海：上海書店出版社，2008。

56. 方漢奇主編，中國新聞傳播史（第二版）〔M〕，北京：中國人民大學出版社，2009。

57. 方漢奇，中國近代報刊史〔M〕，太原：山西教育出版社，1981。

58. 秦紹德，上海近代報刊史論〔M〕，上海：復旦大學出版社，1993。

59. 戈公振，中國報學史〔M〕，北京：中國新聞出版社，1985。

60. 胡太春，李之傑，中國報業經營管理史〔M〕，太原：山西教育出版社，1998。

61. 胡道靜，上海的日報〔M〕，上海：上海通志館，1935。

62. 虞和平主編，中國現代化歷程（第一卷）〔M〕，南京：江蘇人民出版社，2007。

63. 熊月之，西學東漸與晚清社會（修訂本）〔M〕，北京：中國人民大學出

版社，2011。

64. 姚民權，羅偉虹，中國基督教簡史〔M〕，北京：宗教文化出版社，2000。

65. 陳伯海主編，上海文化通史（上、下卷）〔M〕，上海：上海文藝出版社，2001。

66. 馬光仁主編，上海新聞史（一八五〇～一九四九）〔M〕，上海：復旦大學出版社，1996。

67. 汪耀華編，上海書業名錄（一九〇六～二〇一〇）〔M〕，上海：上海書店出版社，2011。

68. 忻平，從上海發現歷史——現代化進程中上海人及其社會生活〔M〕，上海：上海人民出版社，1996。

69. 蘇智良主編，上海：近代新文明的形態〔M〕，上海：上海辭書出版社，2004。

70. 沈祖煒主編，近代中國企業：制度和發展〔M〕，上海：上海社會科學院出版社，1999。

71. 張忠民，艱難的變遷——近代中國公司制度研究〔M〕，上海：上海社會科學院出版社，2002。

72. 江滿情，中國近代股份有限公司形態的演變——劉鴻生企業組織發展史研究〔M〕，武漢：華中師範大學出版社，2007。

73. 朱蔭貴，中國近代股份制企業研究〔M〕，上海：上海財經大學出版社，2008。

74. 嚴亞明，晚清企業制度思想與實踐的歷史考察〔M〕，北京：人民出版社，2007。

75. 李彤，近代中國公司法中股東權制度研究〔M〕，北京：法律出版社，2010。

76. 上海市檔案館編著，舊中國的股份制（一八六八年～一九四九年）〔M〕，北京：中國檔案出版社，1996。

77. 林德發，中國近代民族企業文化〔M〕，北京：經濟管理出版社，2010。

78. 鄧榮霖，現代企業制度概論〔M〕，北京：中國人民大學出版社，1995。

79. 劉明慧，現代企業制度概論〔M〕，北京：中國財政經濟出版社，2005。

80. 程愛娟，現代企業經濟學〔M〕，上海：華東理工大學出版社，2002。

81. 張彥寧，現代企業管理思想〔M〕，北京：中國展望出版社，1988。

82. 陳桂玲，情感管理〔M〕，北京：中國紡織出版社，2002。

83. 甘忠澤，品牌形象策劃——透視品牌經營〔M〕，上海：復旦大學出版社，2000。

84. 魏傑，等，產權與企業制度分析〔M〕，北京：高等教育出版社，1997。

85. 郭紅玉，股份制與股份有限公司〔M〕，北京：人民出版社，1992。

86. 夏樂書，等，資本運營：理論與實務〔M〕，大連：東北財經大學出版社，2000。

87. 牛國良，現代企業制度〔M〕，北京：北京大學出版社，2002。

88. 黃保強，現代企業制度〔M〕，上海：復旦大學出版社，2004。

89. 葛樹榮，徐培新，現代企業管理學〔M〕，青島：青島出版社，1996。

90. 〔英〕艾蘭·佈雷克，董事會的構建：企業成功的基點〔M〕，劉有發，等，譯，北京：經濟管理出版社，2003。

91. 周蔚華，出版產業研究〔M〕，北京：中國人民大學出版社，2005。

92. 史正富，劉昶，看不見的所有者——現代企業的產權革命〔M〕，上海：格致出版社、上海人民出版社，2012。

93. 周蔚華，出版產業散論〔M〕，上海：復旦大學出版社，2009。

94. 于友先，現代出版產業發展論〔M〕，蘇州：蘇州大學出版社，2003。

95. 于友先，現代出版產業論集〔M〕，北京：中國書籍出版社，2004。

96. 吳贇，文化與經濟的博弈：出版經濟學理論研究〔M〕，北京：中國社會科學出版社，2009。

97. 劉益，等，出版社經營管理〔M〕，北京：中國書籍出版社，2009。

98. 王關義，等，中國出版業管理科學化案例研究〔M〕，北京：經濟管理出版社，2008。

99. 魯湘元，稿酬怎樣攪動文壇——市場經濟與中國近現代文學〔M〕，北京：紅旗出版社，1998。

二、論文部分

1. 劉東林，關於公司產權制度的理論探索〔J〕，北華大學學報（社會科學版），2004（1）：58～62。

2. 羅必良，李孔嶽，公司產權：一個理論假說及其政策含義〔J〕，華中師範大學學報（人文社會科學版），2004（2）：26～30。

3. 游依群，論公司產權的控制與運行〔J〕，上海大學學報（社會科學版），2002（6）：73～77。

4. 陳金威，公司產權關係芻議〔J〕，財貿研究，2003（1）：111～116。

5. 蔡秀平，股份公司的產權及其保護〔J〕，閩江學院學報，2004（3）：32～34。

6. 王代敬，股份有限公司的產權關係〔J〕，當代經濟研究，1996（5）：44～45。

7. 張仲懷，建立現代企業組織制度及運行機制的設想〔J〕，蘭州大學學報（社會科學版），1994（4）：18～22。

8. 李鵬，公司規模與組織制度〔J〕，企業管理，2003（11）：92～95。

9. 熊國勝，建立科學高效的現代企業組織制度〔J〕，鄂州大學學報，1997
（1）：9～12。

10. 王長春，完善公司組織機構　實施現代企業制度〔J〕，經濟管理學報，
1997（5）：11～13。

11. 張秀麗，完善現代企業制度　調整企業組織結構〔J〕，黃河科技大學學
報，2004（6）：57～64。

12. 石五學，論現代企業組織制度〔J〕，河南師範大學學報（哲學社會科學
版），1996（5）：30～31。

13. 李曉冰，出版集團的資本運作與財務管理〔J〕，出版廣角，2003（12）：
27～28。

14. 劉學，莊乾志，如何正確認識企業資本運營〔J〕，中國民營科技與經濟，
1998（3）：14～15。

15. 李旭茂，出版資本運營要點——出版資本運營若干問題之三〔J〕，出版
經濟，2001（8）：23～26。

16. 李華，從遼寧出版傳媒上市談出版業的資本經營〔J〕，科技與出版，2008
（2）：23～24。

17. 邱勤，買房市場下的出版經營觀〔J〕，天津商學院學報，2004（6）：67
～71。

18. 長洲，試論商務印書館的成功之路——祝商務印書館建館 100 週年〔J〕，
編輯學刊，1997（3）：57～58。

19. 高曉東，20 世紀 30 年代商務印書館科學管理改革述評〔J〕，理論界，2009
（10）：109～110。

20. 潘文年，20 世紀前半期的商務印書館給我國現代出版企業的啓示〔J〕，
出版科學，2007（2）：90～92。

21. 錢益民，1920～1921 年商務印書館的改革〔J〕，浙江師範大學學報（社
會科學版），2002（3）：54～58。

22. 陳江，百年風雨　人間正道——商務印書館百年簡述〔J〕，中國出版，
1997（5）：7～9。

23. 汪家熔，抗日戰爭時期的商務印書館〔J〕，編輯學刊，1995（3）：85～
90。

24. 汪家熔，抗日戰爭時期的商務印書館（二）〔J〕，編輯學刊，1995（4）：
90～95。

25. 汪家熔，抗日戰爭時期的商務印書館（三）〔J〕，編輯學刊，1995（5）：
84～90。

26. 汪家熔，抗日戰爭時期的商務印書館（四）〔J〕，編輯學刊，1995（6）：88～92。

27. 汪家熔，抗日戰爭時期的商務印書館（五）〔J〕，編輯學刊，1996（1）：72～74。

28. 張志成，創新與商務印書館早期成長關係探析〔J〕，北京印刷學院學報，2008（6）：13～17。

29. 房鑫亮，國難後商務印書館的復興〔J〕，探索與爭鳴，2005（8）：49～53。

30. 張志強，記錄百年商務的光輝足跡——近20年來商務印書館史研究著作述評〔J〕，中國出版，2001（5）：51～52。

31. 王建輝，舊時代商務印書館與政府關係之考察（1897～1949）〔J〕，出版廣角，2001（1）：65～70。

32. 王建輝，舊時商務印書館內部關係分析〔J〕，武漢大學學報（人文科學版），2002（4）：503～509。

33. 林爾蔚，商務印書館前期經營管理思想〔J〕，上海大學學報（社會科學版），1987（3）：14～17，43。

34. 張麗明，商務印書館早期成功因素簡析〔J〕，出版科學，2007（1）：89～90。

35. 田潔，談商務印書館人力資源管理之理念〔J〕，科技創新導報，2008（3）：70。

36. 林君，早期商務印書館資金開拓〔J〕，編輯之友，2007（6）：83～85。

37. 魏玉山，孫煜華，百戰不殆的秘密——建國前商務印書館、中華書局成功原因淺析〔J〕，編輯之友，1995（1）：60～63。

38. 張麗明，商務印書館早期成功因素探析〔J〕，學習月刊，2006（10）：32～33。

39. 吳永貴，商務印書館：近代出版機構中保持活力的典範〔J〕，編輯之友，2008（5）：75～78。

40. 李映輝，論商務印書館早期成功之道〔J〕，長沙大學學報，2003（3）：54～57。

41. 應中偉，夏洪勝，商務印書館核心能力的特徵及其構成〔J〕，企業經濟，2005（4）：55～56。

42. 宋纓，商務印書館與中國現代出版文化〔J〕，出版科學，2004（5）：71～74。

43. 李輝，激動文化潮流——新文化運動中商務印書館的改革〔J〕，中國出版，1998（4）：49～51。

44. 王建輝，上海商務印書館編輯薪水和作者稿酬問題〔J〕，出版發行研究，2002（8）：65～72。

45. 高信成，商務印書館發行隊伍培訓之回顧〔J〕，圖書發行研究，1995（3）：42～45。

46. 高信成，商務印書館發行隊伍培訓之回顧（續完）〔J〕，圖書發行研究，1995（4）：44～45。

47. 高小坤，從「漢譯名著（珍藏本）」的校對看商務印書館的校對管理〔J〕，中國出版，2010（2）：62～63。

48. 王清，商務印書館與中國近代版權保護（上）〔J〕，出版發行研究，1992（6）：53～55。

49. 王清，商務印書館與中國近代版權保護（下）〔J〕，出版發行研究，1993（1）：55～58。

50. 王清，商務印書館近代版權工作實踐〔J〕，法學雜誌，1992（6）：11～13。

51. 李輝，從張元濟到王雲五：以教育爲己任——商務印書館早期出版選題普及教育内涵初探〔J〕，中國出版，1998（9）：51～53。

52. 李鳳雨，開近代文化企業先河——商務印書館的創始人夏瑞芳〔J〕，科技文萃，1994（10）：143～144。

53. 柳和城，商務印書館法律顧問丁榕〔J〕，出版史料，2003（3）：86～92。

54. 李輝，試論王雲五在中國現代出版史上的地位〔J〕，河南大學學報（社會科學版），2009（1）：92～96。

55. 高生記，王雲五的出版理論與實踐〔J〕，山西師範大學學報（社會科學版），2002（2）：143～147。

56. 嚴如平，試論王雲五在中國近代出版史中的地位〔J〕，民國檔案，1992（4）：91～97。

57. 王中忱，新式印刷、租界都市與近代出版資本的形成〔J〕，中國現代文學研究叢刊，1999（1）：125～135。

後　記

　　做出版工作，最大的矛盾是文化與經濟的衝突。實現二者的平衡，達到兩個效益的統一，一直是出版人孜孜以求的目標。而無論是對宏觀層面的出版行業來說，還是對微觀層面的出版機構而言，要想出版事業健康持續發展，出版產業不斷進步壯大，制度建設與路徑選擇無疑是至關重要的。

　　筆者長期在出版機構從事實際的經營管理工作，深知平衡文化與經濟之不易，也深感企業制度建設之重要，於是在產、學、研的結合中嘗試將出版企業制度問題作爲一個關注點。五年前，我的碩士研究生何國梅做學位論文時，便一起商定以晚清民國時期的商務印書館企業制度研究作爲主題。後來，本人又指導其它研究生選做書業企業制度的碩士、博士學位論文。自己也圍繞這個方面寫作和發表了幾篇文章，引起了同行和學界的注意，得到學術圈子裏一些朋友的鼓勵。這無疑激發了我對此問題進行更加深入探究的興趣。

　　我國大陸地區是在 20 世紀 90 年代初提出建立現代企業制度的。此後，對於企業制度尤其是股份有限公司制度的研究，逐漸成爲學術界的一個熱點。但在出版業界和出版學界，直到 2003 年中央提出文化體制改革方案，後來又啓動出版機構的轉制改企工作，現代企業制度的探索與研究才在這個領域逐漸受到重視。也正是在這一背景之下，我和何國梅商議將老商務的企業制度研究進一步拓寬和拓深。後來這一研究課題有機會申報了上海「文匯·彭心潮優秀圖書出版基金」項目，並幸運地獲得了批准。這裏要特別感謝基金會秘書長潘大明先生的關心和一再督促，也要特別感謝時任復旦大學出版社有限責任公司董事長的賀兄聖遂給予的極大信任和鼎力支持。倘若沒有他們的關愛與督責，這個項目有可能半途而廢。

　　承接任務之後，由於何國梅初入職場，剛到編輯行列工作，不久又面臨結婚生子的人生重任，加之我本人諸事繁雜，俗務纏身，書稿撰寫任務一再延宕。現在，我們克服困難，勉力而爲，同時適當調整寫作策略，終於在 2014 年歲末之前交出了這份實在自己都還很不滿意的答卷。其匆忙之中的疏忽、膚淺與錯訛一定在所難免，只好等出版後接受同行與方家批評指正，也希望以後有再版和完善的機會。

　　在書稿的寫作和出版過程中，我指導的博士生歐陽敏、宋泉前期幫忙查找資料，後期參加核實資料、引文，校對文稿，付出了辛勤的勞動；出版社張小新書記、段維總編輯等各位社領導從多方面給予關心、理解和支持，嚴定友副總編輯親自終審把關，張忠、馮會平、劉敏、甘英、章光瓊幾位主任及時安排申報選題、編審加工、排版校對、裝幀設計、下廠印刷等工作，使得相關工作的推進忙而有序，快而不亂，一路順暢。倘若沒有這麼多同道、同事、同學的幫助，本書的問世還可能遙遙無期。

　　寫作這篇「後記」之時我正遠在北國京城，屋外已是寒冷的冬日，室內卻洋溢著濃濃的暖意。今天正是西方的感恩節。我也不妨趕一下時髦，洋爲中用：藉此機會，以感恩之心，爲我的親人和朋友們送上最誠摯的謝意和最美好的祝福。

范軍，2014 年 11 月 27 日

新版後記

對於一個國家、一個民族來說，制度的重要性毋庸置疑。說制度決定成敗、制度決定興亡一點都不爲過。而具體到一個系統、一個行業，一所大學、一家企業，選擇什麼樣的制度同樣也是十分重要的。對它們來說，可以說是制度決定命運。我本人從上世紀 80 年代後期進入編輯出版行當已近三十年，而在出版企業主要負責人的崗位上也服務了十三四年，深感企業制度的選擇、建立和完善對於一家出版公司來說是多麼地關鍵。有鑒於此，我和我的學生何國梅合著了這部《商務印書館企業制度研究（1897～1949）》，希望能夠讓歷史的資源爲現實提供某些參照和啓示。

或許是得益於出版企業制度這個話題的內在價值，加上相關的研究成果在出版史領域比較少見，拙著去年 12 月甫一面世就得到了業界同行和學界專家的關注，書籍的銷路似乎也還不差。有多位相識和不相識的朋友撰寫的書評刊發在數家出版專業雜誌上；業界同仁包括北京商務印書館高管對該書也表現出濃厚的興趣；新近由中華書局創辦的《中國出版史研究》（季刊）專門約稿，讓我主持現代書業企業制度研究方面的專欄。在以感恩之心接受專家和友人厚愛與鼓勵之餘，我更堅定了繼續深入研究出版文化企業制度的決心和信心。

在此，我要特別感謝海峽對岸花木蘭文化出版社的各位同仁，尤其是高小娟社長和楊嘉樂副總編輯，是她們的慷慨允諾使得拙著很快在臺灣得以繁體字版重刊，這也是該社出版的我的第二本專著。我的同事謝琴、龐丹女士在聯繫出版、溝通資訊、簽署協定等方面做了大量工作，其敬業精神和專業素養令人感佩。

　　最後我要特別感謝德高望重的章開沅先生賜序。章老以 90 高齡不久前出席了我所服務的華中師範大學出版社 30 周年作者座談會。在會上，老人家開頭即說：「30 而立，我認為校出版社 30 周年是立起來了的，而且不是一般地立起來了，是有高度、有活力、有影響地立起來了！」這是老校長對我們的肯定和鼓勵，也是殷殷期許。我知道，這些年來我們之所以還有點滴進步和成績，對學校、對社會有所貢獻，主要是靠一流的作者尤其是大師級的作者立社，靠優秀的作品尤其是傳世精品立社，也是靠不斷完善的出版企業制度立社。章老在《序言》中說，對大學來講，好校長不如好制度；出版社也是一樣，如果沒有不斷更新完善的一套相對合理而又穩定的制度，是很難持續健康發展的。老商務的歷史能給當今的出版人以諸多啟示。我們會謹記章先生的教誨，無論是從事出版實際工作，還是進行出版歷史與實務的研究，都將腳踏實地，不懈努力！

范軍，2015 年歲末於武昌桂子山